KB126175

사회주의와 전쟁

060 레닌
전집

Владимир
Ильич
Ленин

사회주의와 전쟁

양효식
옮김

AGORA

차례

일러두기

1. 본 전집의 대본은 V. I. Lenin, *Collected Works*, Progress Publishers, Moscow다.
2. 주석은 모두 각주로 처리했으며, 저자 주는 주석 앞에 '레닌 주'라고 표기했다. 원서 편집자 주는 주석 뒤에 '원서 편집자', 옮긴이 주는 '옮긴이'라고 표기했다.
3. 원문에서 이탤릭체로 강조된 것은 고딕체로 표기했으며, 볼드체로 강조된 것은 굵은 글씨로, 대문자로 강조된 것은 권점을 사용해 표기했다. 밑줄이 그어진 것은 동일하게 처리했다.
4. 신문이나 잡지의 이름은 우리말로 번역되어 익히 알려져 있거나 사용되고 있는 경우에는 번역된 우리말로 표기했으나, 그렇지 않은 경우에는 소리 나는 대로 표기했다.
5. 날짜는 러시아 구력이며, 신력을 표기할 때는 구력을 먼저 적고 괄호 안에 신력을 표기했다.

'평화' 슬로건 평가에 부쳐

오스트리아 사회민주당 중앙기관지인 빈의 《노동자 신문 *Wiener Arbeiter-Zeitung*》 1915년 6월 27일 호는 독일 정부 신문 《노르트도이체 알게마이네 차이퉁*Norddeutsche Aligemeine Zeitung*》에 실린 매우 교훈적인 성명을 인용하고 있다.

성명은 크바르크(Quarck)라고 하는 독일 '사회민주'당의 가장 저명한(그리고 가장 비열한) 기회주의자의 글을 취급하고 있는데, 그 글에서 크바르크는 다음과 같이 말했다.

"우리 독일 사회민주주의자와 우리의 오스트리아 동지들은 강화교섭을 시작하기 위해 (영국과 프랑스의 사회민주주의자들과) 접촉할 용의가 있다고 거듭 밝혀왔다. 독일 제국 정부는 이에 대해 알고 있고, 우리를 조금도 방해하지 않는다."

독일의 민족적 자유주의 신문인 《나치오날리베랄레 코레스폰덴츠*Nationalliberale Korrespondenz*》는 앞의 인용문의 맺음말은 이중의 해석이 가능하다고 말했다. 첫 번째 해석은, 사회민주주의자들의 '국제적 정치 행동'이 법질서의 틀을 넘지 않고 '국가에 위험이 되지 않는' 한, 정부는 그러한 '국제적 정치 행동'을 방해하지 않는다는 것이다. 이것은 '정치적 자유'의 견지에서 볼 때 지극히 당연한 것이라고 그 신문은 말한다.

두 번째 해석은, 독일 정부가 "사회민주주의자들의 국제주의적 평화 선전을 적어도 묵인하고 있고, 심지어 그러한 선전을 강화 가능성을 탐색하기 위한 첫 기초를 놓는 적당한 수단으로 바라보기까지 한다"는 것이다.

이 민족적 자유주의 신문은 당연히 이 두 번째 해석을 가당치 않은 것으로 여긴다. 정부 신문도 공식적으로 이 신문에 동조하여, 다음과 같은 성명으로 보충해주고 있다. "정부는 국제주의적 평화 선전과 어떠한 관계도 없을 뿐만 아니라, 사회민주주의자들이든 그 밖의 다른 조정자든 누구에게도 이러한 선전을 수행하는 것을 허가한 바 없다."

교훈적인 희극이군. 그렇지 않은가? 《포어베르츠*Vorwärts*》에 계급투쟁에 대해 쓰는 것을 금지한 독일 정부, 가혹한 군법으로 인민의 집회를 탄압하고 프롤레타리아트에게 진짜 '군사적 노예제'를 들씌우는 정부, 이러한 정부가 크바르크 씨와 쥐데쿰(Südekum) 씨를 '방해하지 않는' 것이 순수한 **자유주의**의 발로라는 말을, 또는 이들 신사양반과 부단한 접촉 관계를 가지고 있지 않다는 말을 어느 누가 믿겠는가?

크바르크 씨가 **무심코** 진실(말하자면, 독일 사회민주주의자들이 평화 선전을 시작한 것은 그들이 직간접적으로 그들의 정부와 협정을 맺었을 때였다는 진실)을 발설했고, 그의 말이 '공식적으로 부인 당한'

것은 단지 그 진실을 은폐하기 위한 것일 뿐이라는 게 천 배는 더 그럴듯하지 않은가.

이것은 트로츠키(Trotsky)처럼 우리의 반대 입장에 서서 평화 슬로건을 옹호하면서(《나셰 슬로보*Nashe Slovo*》 105호를 보라), 그 이유로 무엇보다도 '좌파 전체'가 바로 이 슬로건 아래에서 '행동'하기 위해 단결했기 때문이라고 주장하는 공문구 애호가들에게 꼭 필요한 교훈이다! 이제 융커[1] 정부가 우리의 베른 결의(《사회민주주의자*Sotsial-Demokrat*》 40호)의 올바름을 증명한 것이다. 베른 결의는 다음과 같이 선언하고 있다. "혁명적 대중행동에 대한 요구가 동반되지 않은" 평화 선전은 오직 "환상을 유포"하는 것일 수밖에 없으며, "프롤레타리아트"를 "교전국의 비밀외교에 놀아나게 만"드는 것일 수밖에 없다.[2]

이 선언은 문자 그대로 확증되었다!

수년 안에 외교사는 평화 교섭을 둘러싼 기회주의자와 정부 간의 직간접적 협정이 존재했다는 것, 그리고 그것은 독일 한 나라만의 일이 아니었다는 것을 증명해줄 것이다! 외교가 이 같은 일들을 숨길 수 있을지 모르지만, 나쁜 짓은 탄로나는 법!

---

[1] 중세 이래 프로이센의 전통적인 토지 귀족. 19세기 중엽부터는 대토지 소유자를 포괄적으로 융커라고 칭했으며, 자유주의와 사회주의가 등장한 후로는 보수주의자와 동일한 의미로 사용되었다.—옮긴이

[2] 「러시아 사회민주노동당 재외지부 회의The Conference of the R.S.D.L.P. Groups Abroad」(본 전집 59권에 수록—편집자)를 보라.—원서 편집자

좌파가 평화 슬로건 아래에서 단결하기 시작했을 때 그것이 배외주의자들에 대한 항의의 **첫걸음**이었던—가퐁 운동이 차르에 대한 러시아 노동자들의 첫 번째 수줍은 항의였던 것과 같은 방식으로—한에서는 장려될 가치가 있었다. 그러나 좌파가 지금도 이 슬로건(슬로건은 자각한 정치 지도자의 일이다)에 머물고 있는 한, 그들은 부정직한 좌파이며, 그러므로 그들의 결의에는 **손톱만큼의 '행동'**도 없고, 그 결과로 그들은 쥐데쿰들과 크바르크들, 셈바(Sembat)들, 하인드먼(Hyndman)들, 조프르(Joffre)들, 힌덴부르크(Hindenburg)들의 수중에 있는 노리개인 것이다.

이것을 현 시점에도 이해하지 못하는 자, 즉 베른슈타인(Bernstein)과 카우츠키(Kautsky) 및 그 일파가 샤이데만(Scheidemann) 무리들(포어슈탄트, 즉 독일 당의 집행부)과 함께한 빈 회의[3]에서 평화 슬로건(혁명적 대중행동에 대한 요구가 동반되지 않은)이 타락하고 오염되어버렸다는 사실을 오늘에도 모르는 자는 그가 누구든 인민을 사회배외주의적으로 기만하는 짓거리에 무의식적으로 참가하고 있는 것에 불과하다.

| 1915년 7~8월에 집필

3 1915년 4월에 빈에서 열린 독일 및 오스트리아-헝가리 사회주의자들의 회의. 독일 및 오스트리아 사회주의 당의 지도부가 취한 사회배외주의적 입장을 승인하여 전쟁을 정당화했다. 그리고 결의를 통해 이런 입장이 프롤레타리아의 단결에 배치되지 않으며, 평화를 위한 투쟁에서 노동자들의 국제적 연대와도 충돌하지 않는다고 천명했다.—원서 편집자

평화 문제

당면 행동 강령으로서 평화의 문제, 그리고 그와 연관된 강화 조건의 문제가 사회주의자들의 보편적인 관심사가 되어 있다. 《베르너 타그바흐트*Berner Tagwacht*》가 이 문제를 예의 소부르주아 민족적 관점에서가 아니라 진정한 프롤레타리아 국제주의적 관점에서 제기하려고 노력한 것에 대해 감사할 따름이다. 평화를 바라는 독일의 사회민주주의자들은 융커 정부의 정책과 단절해야(sich lossagen) 한다는 이 신문 73호의 편집국 논평(「평화의 갈망Friedenssehnsucht」)은 훌륭했다. 또한 소부르주아적 관점에서 평화 문제를 해결하려고 헛된 시도를 하고 있는 '무력한 웅변가들의 거만한 태도(Wichtigtuerei macht loser Schönredner)'에 대한 A. P.[1] 동지의 비판(73호와 75호)도 훌륭했다.

이 문제가 사회주의자들에 의해 어떻게 제기되어야 하는지 살펴보자.

평화 슬로건은 특정한 강화 조건과 관련지어 제기될 수도

---

[1]   안톤 파네쿡(Anton Pannekoek)을 가리킨다. 네덜란드의 좌파 사회주의자다.—원서 편집자

있지만, 특정한 구체적 평화를 위한 투쟁으로서가 아니라 평화 일반(Frieden ohne weiters)을 위한 투쟁으로서 아무런 조건 없이 제기될 수도 있다. 후자의 경우는 비사회주의적 슬로건일 뿐만 아니라, 전적으로 의미와 내용이 없는 슬로건이다 이는 명백하다. 평화 일반에 대해서는 키치너(Kitchenor), 조프르, 힌덴부르크[2], 피로 물든 니콜라이 황실에 이르기까지 모든 사람이 무조건적으로 찬성하고 있다. 왜냐하면 그들 각자는 전쟁의 종결을 바라기 때문이다. 문제는 그들 모두가 제국주의적(즉 타인민들에 대해 약탈적이고 억압적인)이고 '자'민족에 유리한 강화 조건을 제기한다는 것이다. 선전·선동을 통해 대중이 사회주의와 자본주의(제국주의) 사이의 메울 수 없는 차이를 알 수 있게 하기 위해 슬로건이 제출되어야 하는 것이지, 완전히 다른 것을 '통일'시키는 공식을 끌어들여 두 개의 적대적인 계급과 두 개의 적대적인 정치노선을 화해시키기 위한 것이 아니다.

다음으로, 특정한 강화 조건에서는 서로 다른 나라의 사회주의자들이 단결할 수 있을 것인가? 만약 그것이 가능하다면, 모든 민족에게 자결권을 인정하는 것과 모든 '영토 병합'의 포기, 즉 자결권에 대한 침해를 포기하는 것이 그 같은 강화 조건에 무조건적으로 포함되어야 한다. 그렇지 않고 자결권이 몇몇 민족에게만 인정된다면, 그것은 특정 민족의 **특권**을 옹호하

---

2   키치너, 조프르, 힌덴부르크는 1차 세계대전 당시 각각 영국, 프랑스, 독일의 육군 원수다.—옮긴이

는 것이며, 이는 사회주의자가 아니라 민족주의자와 제국주의자가 취하는 행동이다. 반면 이러한 권리가 **모든** 민족에게 인정된다면, 예컨대 벨기에와 같은 한 나라에만 적용되면 안 되고, 유럽의 모든 피억압 인민들(영국의 아일랜드인, 니스의 이탈리아인, 독일의 덴마크인, 러시아의 주민 57퍼센트 등)과 **유럽 밖의** 모든 피억압 인민들, 즉 모든 식민지에도 적용되어야 한다. A. P. 동지가 이러한 피억압 인민들에 대해 잘 상기시켜주었다. 영국, 프랑스, 독일은 인구가 합해서 약 1억 5천만 명인데 이들 세 나라에 억압받는 식민지의 주민 수는 4억이 넘는다! 자본가의 이익을 위해 수행되는 전쟁인 제국주의 전쟁의 본질은 새로운 민족을 억압하고 식민지를 분할하기 위한 목적으로 전쟁이 수행되고 있다는 것만이 아니다. 지구상의 주민 대부분을 점하는 많은 타민족을 억압하는 선진국들이 일차적으로 전쟁을 수행하고 있다는 점이 또한 제국주의 전쟁의 본질이다.

　벨기에의 점령을 정당화하거나 거기에 타협하는 독일의 사회민주주의자는 사실상 사회민주주의자가 아니라 제국주의자, 민족주의자다. 왜냐하면 그들이 벨기에인, 알자스인, 덴마크인, 폴란드인, 아프리카 흑인 등을 억압하는 독일 부르주아지(부분적으로는 독일 노동자들)의 '권리'를 옹호하고 있기 때문이다. 그들은 사회주의자가 아니라 독일 부르주아지의 하수인이며, 독일 부르주아지가 타민족을 약탈하는 데 협력하고 있는 부역자들이다. 그러나 벨기에 한 나라만의 해방과 배상을 요구하는 벨기에의 사회주의자도 사실상 벨기에 부르주아지—계속해서 1,500만 콩고 주민을 약탈하고 다른 나라들에서 이권과 특권을 손에 넣고자 하는 벨기에 부르주아지—의 요구를 옹호하고 있는 것이다. 벨기에 부르주아지의 대외투자는 약 30억 프랑에 달한다. 온갖 사기와 음모를 동원하여 이 투자로부터 얻는 이윤을 보호하는 것이 '용감한 벨기에'의 '민족적 이익'인 것이다. 동일한 내용이 훨씬 더 큰 규모로 러시아, 영국, 프랑스, 일본에 적용된다.

따라서 민족의 자유라는 요구가 **특정한 개별 나라들의** 제국주의와 민족주의를 덮어 가리는 허위 문구가 되어서는 안 된다면, 그 요구는 모든 나라 인민들과 모든 식민지로 확장되어야 한다. 그러나 모든 선진국에서 일련의 혁명을 동반하지 않는다면 그 요구는 명백히 공문구다. 더욱이 성공적인 사회주의 혁명 없이는 그것은 실현될 수 없다.

이 얘기는 점점 더 많은 인민대중이 제기하고 있는 평화 요구에 대해 사회주의자가 무관심한 채로 남아 있어도 괜찮다는 의미인가? 결코 아니다. 계급의식적인 노동자 전위의 슬로건과 대중의 자생적인 요구는 구별되어야 한다. 평화에 대한 갈망은 자본가계급이 군중을 호도하기 위한 '해방' 전쟁, '조국 방위' 따위의 부르주아적 기만과 거짓에 대해 사람들이 **환멸**을 느끼기 시작하고 있다는 가장 중요한 징후 중의 하나다. 사회주의자는 이 같은 징후에 가장 세심하게 주의를 기울여야 한다. 온갖 노력을 기울여 대중의 평화 갈망을 **활용**해야 한다. 그러나 대중의 평화 갈망은 어떻게 활용되어야 하는가? 사회주의자가 평화 슬로건을 인정하고 그 슬로건을 그대로 받아 되뇌인다면, 그것은 '무력한(많은 경우 더욱 나쁘게는 위선적인) 웅변가들의 과장된 태도'를 조장하는 것을 의미할 것이다. 그것은 기존 정부, 현재의 지배계급이—일련의 혁명에 의해 교훈을 '가르침 받지' 않고서도(또는 보다 정확하게는 타도되지 않고서도)—민주주의와 어떤 식으로든 노동자계급을 만족시킬 평화를 가져다줄 수 있다는 환상으로 인민을 기만하는 것이다. 이런 기만보다 더 해로운 것은 없다. 어떤 것도 이보다 노동자의 눈에 재를 뿌리는 것은 없으며, 어떤 것도 이보다 자본주의와 사회주의 간의 모순이 깊지 않다는 기만적인 사상을 노동자에게 주입하는 것은 없다. 어떤 것도 이보다 자본주의적 노예제를 **미화**하는 것은 없다. 우리는 대중이 평화로부터 기대하고 있는 혜택은, 일련의 혁명 없이는 얻어질 수 없다는 것을 대중에게 설명하기 위해 평화에 대한 갈망을 활용해야 한다.

전쟁의 종결, 모든 민족 간의 평화, 약탈과 폭력행위의 중지—이러한 것은 우리의 이상이지만, 만약 이 이상이 직접적이고 즉각적인 혁명적 행동에 대한 요구와 분리된다면, 오직 그럴 경우에만 부르주아 궤변가들이 이러한 이상을 가지고 대중을 유혹할 수 있다. 선전을 위한 기반은 준비되어 있다. 이 선전을 실행하기 위해 필요한 유일한 것은 부르주아지의 동맹군,

즉 직접적으로든(심지어 당국에 정보를 넘기기까지 하는) 간접적으로든 혁명적 작업을 방해하고 있는 기회주의자들과 단절하는 것이다.

민족자결의 슬로건도 자본주의의 제국주의 시대와 연관하여 제기되어야 한다. 우리는 현상(status quo)유지도, 전쟁에서 비켜서 있는 속물적 유토피아도 지지하지 않는다. 우리는 제국주의, 즉 자본주의에 맞선 혁명적 투쟁을 지지한다. 제국주의는 다수의 타민족을 억압하는 민족이 그 억압을 확대·강화하고 식민지를 재분할하려는 지향을 그 속성으로 한다. 오늘날 민족자결 문제가 억압 민족 사회주의자들의 행동에 달려 있게 된 것도 바로 이 때문이다. 피억압 민족의 자결권(즉 자유롭게 분리할 권리)을 인정하고 그것을 위해 투쟁하지 않는 억압 민족(영국, 프랑스, 독일, 일본, 러시아, 미국 등)의 사회주의자는 실제로 사회주의자가 아니라 배외주의자다.

오직 이러한 관점만이 제국주의에 대한 위선적이지 않은 일관된 투쟁으로 나아가는 길이며, 민족 문제를 (오늘) 속물적으로가 아니라 프롤레타리아적으로 접근하는 길이다. 오직 이러한 관점만이 모든 형태의 민족 억압에 맞서 싸운다는 원칙을 일관되게 적용함으로써 억압 민족의 프롤레타리아트와 피억압 민족의 프롤레타리아트 사이의 불신을 제거하고, 사회주의 혁명을 위한(즉 완전한 민족 간 평등이 실현될 수 있는 유일한 체제—자본주의하의 모든 소국가 일반의 자유라는 속물적 유토피아와는 구별되는 바의—를 위한) 단결된 국제적 투쟁으로 나아가는 길이다.

이것이 우리 당, 즉 중앙위원회 중심으로 결집한 러시아 사회민주주의자들이 채택하고 있는 관점이다. 마르크스가 "타민족을 억압하는 민족은 결코 자유로울 수 없다"고 프롤레타리아트에게 가르쳤을 때 그가 채택한 것도 바로 이러한 관점이었다. 바로 이러한 관점에서 마르크스가 영국으로부터 아일랜드의 분리를 요구했을 때, 그것은 아일랜드 노동자들의 해방운동만이 아니라 특히 **영국** 노동자들의 해방운동의 이익을 위한 것이기도 했다.

만약 영국의 사회주의자가 아일랜드의 분리독립권을 인정하고 지지하지 않는다면, 만약 프랑스의 사회주의자가 이탈리아령 니스에 대해, 독일의 사회주의자가 알자스-로렌과 덴마크령 슐레스비히와 폴란드에 대해, 러시아의 사회주의자가 폴란드와 핀란드와 우크라이나 등에 대해, 폴란드의 사회주의자가 우크라이나에 대해, 모든 '대'국, 즉 대강도 국가의 사회주의자들이 식민지에 대해 그러한 권리를 지지하지 않는다면, 그것은 오로지 그들이 사회주의자가 아니라 실제로는 제국주의자이기 때문이다. 따라서 억압 민족에 속하면서 피억압 민족의 '자결권'을 위해 투쟁하지 않는 사람은 결코 사회주의 정치를 실천할 수 없다. 그럴 수 있다는 환상을 품는 것은 조롱거리밖에 안 된다.

사회주의자는 위선적인 웅변가들이 민주주의적 강화의 가

능성에 대해 공문구와 거짓 약속으로 인민을 기만하도록 놓아두어서는 안 된다. 사회주의자는 대중에게, 일련의 혁명이 없다면, 그리고 모든 각각의 나라에서 '자'국 정부에 대항하는 혁명적 투쟁이 수행되지 않는다면 민주주의적 강화 따위란 불가능하다는 사실을 설명해야 한다. 사회주의자는 부르주아 정치가들이 민족의 자유 같은 담론으로 인민을 기만하도록 허용해서는 안 된다. 사회주의자는 억압 민족의 대중에게, 그들이 타민족에 대한 억압의 부역자가 되어 그 타민족의 자결권, 즉 분리할 자유를 인정하지 않고 지지하지 않는다면 자신의 해방도 바랄 수 없다는 사실을 설명해야 한다. 이것이 평화 문제 및 민족 문제와 관련하여 모든 나라에 적용되는 사회주의적 정치—제국주의적 정치가 아닌—다. 실로 이 정치는 대부분의 경우에 국가반역죄 처벌법과 양립할 수 없는 노선이다. 바젤 결의, 즉 억압 민족의 거의 모든 사회주의자가 그리도 파렴치하게 배반한 그 바젤 결의 또한 그 법과 양립할 수 없다.

사회주의인가, 조프르 원수와 힌덴부르크 장군의 법에 대한 굴복인가? 혁명적 투쟁인가, 제국주의에 대한 복종인가? 여기서 중도란 없다. 프롤레타리아트에게 가장 큰 해악을 끼치고 있는 것은 '중도' 정치를 하는 이 위선적인(또는 우둔한) 인물들이다.

| 1915년 7~8월에 집필

사회주의와 전쟁

전쟁에 대한
러시아 사회민주노동당의 태도

(이 글은 레닌과 G. Y. 지노비예프(Zinoviev)가 공동 집필한 것이다.—편집자) 레닌은 1차 국제사회주의대회 준비와 관련하여 이 글을 집필하여 소책자로 출간하기로 결정했다. 레닌이 대부분의 초안을 작성하고 전문을 편집했지만, 집필 과정에서 지노비예프의 도움을 받았다.

이 글은 1915년 9월에 독일어 소책자로 제작되어 치머발트 사회주의자 대회에 파견된 대표단들에게 배포되었다. 1916년 프랑스어로도 출판되었다.—원서 편집자

1판(국외판) 서문

전쟁이 계속된 지 이미 1년이 넘었다. 우리 당은 개전 초부터 중앙위원회 선언으로 이 전쟁에 대한 태도를 정한 바 있다. 이 선언은 1914년 9월에 작성되어 (중앙위원회 성원들과 국내의 책임 있는 당 대표자들에게 전달되어 그들의 동의를 얻은 후에) 1914년 11월 1일 당 중앙기관지 《사회민주주의자》[1] 33호에 발표되었다. 이후 《사회민주주의자》 40호(1915년 3월 29일)에 베른 회의[2]의 결의가 발표되었는데 여기에 우리의 원칙과 전술이 보다 정확하게 제시되어 있다.

현재 러시아에서는 대중들 사이에서 혁명적 기운이 확연히 자라나고 있다. 다른 나라들에서도 같은 현상의 징후들이

[1] 「전쟁과 러시아 사회민주주의The War and Russian Social-Democracy」(본 전집 58권에 수록—편집자)를 보라.
　《사회민주주의자》는 러시아 사회민주노동당의 중앙기관지로서 1908년 1월부터 1917년 1월까지 비합법 신문으로 발행되었다. 통권 58호가 나왔는데 첫호는 러시아에서, 나머지는 해외에서, 파리와 나중에 제네바에서 발행되었다. 《사회민주주의자》는 레닌이 쓴 80여 개의 논설과 기타 기사를 발표했다. 1911년 12월에 레닌이 이 신문의 편집자가 되었다.—원서 편집자

곳곳에서 목격된다. 자국 정부와 자국 부르주아지의 편에 선 공식 사회민주주의 당들 다수에 의해 프롤레타리아트의 혁명적 열망이 억눌리고 있음에도 말이다. 바로 이러한 상황 때문에 전쟁과 관련한 사회민주주의 전술을 개괄한 소책자를 긴급히 펴낼 필요가 있다. 앞에서 언급한 당 문서들을 전문 재발행하면서 우리는 그 문서들에 간략히 해설을 달았다. 문헌들과 당 회합들에서 표명되어온 모든 주요 주장들을—부르주아적 전술에 우호적인 주장과 프롤레타리아적 전술에 우호적인 주장 각각을—평가하고자 했다.

2 「러시아 사회민주노동당 재외지부 회의」를 보라.
    베른 회의는 1915년 2월 27일에서 3월 4일까지 스위스 베른에서 열린 러시아 사회민주노동당 재외지부 회의다. 레닌이 발의하여 소집된 이 회의는 전쟁 중에 러시아 전국적 차원의 볼셰비키당 회의를 소집할 수 없어서 당 총회의 지위를 가졌다. 파리, 취리히, 제네바, 센, 로잔의 볼셰비키당 지부들의 대표자들과 '보기(Baugy)' 그룹의 대표자가 회의에 참석했다. 레닌은 중앙위원회와 중앙기관지《사회민주주의자》를 대표하여 회의를 주재했고, 회의 주요 의안인 '전쟁과 당의 임무'에 대해 보고했다. 회의는 레닌이 기초한 전쟁에 대한 결의안을 채택했다.—원서 편집자

2판(1918년판) 서문

이 소책자는 치머발트 대회[3] 직전, 1915년 여름에 씌어졌다. 독일어와 프랑스어로도 출판되었고, 노르웨이 사회민주주의 청년동맹의 기관지에 전문이 게재되기도 했다. 독일어판 소책자는 몰래 독일—베를린, 라이프치히, 브레멘을 비롯한 기타 도시들—로 반입되어 치머발트 좌파 지지자들과 카를 리프크네히트(Karl Liebknecht) 그룹에 의해 비밀리에 배포되었다. 프랑

[3] 치머발트 대회는 1915년 9월 5일부터 8일까지 스위스 치머발트에서 열린 국제사회주의자들의 최초 회의였다. 대회에는 유럽 11개국에서 파견된 39명의 대표자가 참석했다. 대회에서는 카우츠키주의자 다수파와 레닌이 주도하는 혁명적 국제주의자가 서로 가열차게 투쟁했다. 레닌은 국제주의자들을 치머발트 좌파 그룹으로 조직했다.

이 대회는 전쟁의 제국주의적 성격을 폭로하는 선언을 채택했다. 이 선언은 전쟁공채에 찬성표를 던지고 부르주아 정부에 참가한 '사회주의자들'을 비난했다. 그리고 유럽 각국의 노동자들에게 전쟁에 반대하는 투쟁을 전개하고 무병합·무배상의 강화 체결을 위해 싸울 것을 촉구했다.

또한 전쟁 희생자들에 대한 동정을 표하는 결의안을 채택했고, 국제사회주의위원회(I.S.C)를 선출했다. 대회에 대한 평가로는 레닌의 글, 「첫걸음」과 「1915년 9월 5~8일 국제사회주의자 회의에서의 혁명적 마르크스주의자들」(두 편 모두 이 책에 수록—편집자)을 보라.—원서 편집자

스어판은 파리에서 비밀리에 인쇄되어 프랑스 치머발트 그룹에 의해 배포되었다. 러시아어판은 매우 한정된 부수가 도착된 관계로 모스크바에서는 노동자들이 손으로 쓴 필사본이 배포되었다.

우리는 지금 이 소책자를 기록 문서로서 전문 재간행한다. 독자들은 이 소책자가 1915년 8월에 씌어졌다는 것을 항상 기억해야 한다. 특히 러시아에 관해 언급한 구절들과 관련해서는 이 점을 잊지 말아야 한다. 당시 러시아는 여전히 차르 러시아, 로마노프 왕조의 러시아였다.

1장
사회주의의 원칙과 1914∼5년 전쟁

전쟁에 대한 사회주의자의 태도

사회주의자들은 언제나 국가 간 전쟁을 야만적이고 야수적이라고 비난해왔다. 그러나 전쟁에 대한 우리의 태도는 부르주아 평화주의자들(평화 설교자·지지자들)이나 아나키스트들의 태도와 근본적으로 다르다. 우리는 일국 내에서 전쟁과 계급투쟁 사이에 불가피한 연관이 있다는 것을 인식하고 있다는 점에서 평화주의자들과 다르다. 즉 우리는 계급이 없어지고 사회주의가 실현되지 않고서는 전쟁도 사라질 수 없다는 것을 알고 있다. 우리는 또한 내란, 즉 억압계급에 대항하여 피억압계급이 수행하는 전쟁, 노예 소유주에 대항하여 노예가 수행하는 전쟁, 지주에 대항하여 농노가 수행하는 전쟁, 부르주아지에 대항하여 임금노동자가 수행하는 전쟁 등을 적법하고 진보적이며 필연적인 것으로 간주한다는 점에서 평화주의자와 다르다. 우리 마르크스주의자들은 각각의 전쟁을 (마르크스의 변증법적 유물론의 관점에서) 역사적으로, 그리고 분리시켜 그 자체로 연구할 필요가 있다고 생각한다는 점에서 평화주의자들과도,

아나키스트들과도 다르다. 전쟁에 불가피하게 따르는 모든 공포, 잔학 행위, 비탄과 고통에도 불구하고 역사상에는 진보적이었던 전쟁들이 많이 있었다. 대단히 해악적이며 반동적인 제도(예를 들면 전제정과 농노제)와 유럽에서 가장 야만적인 폭정(터키나 러시아의)을 깨부수는 데 도움을 줌으로써 인류의 발전에 유익했던 전쟁들 말이다. 그러므로 지금의 전쟁에 대해서도 그 역사 특수성(역사적으로 종별적인 특징들)을 검토하는 것이 필요하다.

근대 전쟁의 역사적 유형들

프랑스 대혁명은 인류의 역사에 새 시대를 열어주었다. 그때부터 파리 코뮌에 이르기까지는, 다시 말해 1789년과 1871년 사이에는 전쟁의 유형이 부르주아 진보적·민족해방적 성격의 것이었다. 달리 말하면 이들 전쟁의 주요 내용과 역사적 의미는 절대주의와 봉건제의 타도, 그리고 외세의 억압의 타도에 있었다. 따라서 이들 전쟁은 진보적인 전쟁이었고, 그 같은 전쟁들의 경우 모든 진지한 혁명적 민주주의자들, 그리고 모든 사회주의자들은 봉건제와 절대주의, 타민족 억압을 전복하고 붕괴시키는 데 일조했던 그러한 나라의(즉 그러한 부르주아지의) 승리에 동조하는 입장을 언제나 취했다. 예를 들어 프랑스가 수행한 혁명적 전쟁들은 타국 영토의 정복과 약탈이라는 요소를 포함하고 있었지만, 그렇다고 이 측면 때문에 낡은 농노제적 유럽 전체의 봉건제와 절대주의를 파괴하고 분쇄한 이 전쟁들의 근본적인 역사적 의의가 달라지는 것은 아니다. 프로이센-프랑스 전쟁(보불전쟁)에서 독일은 프랑스를 약탈했으나, 그렇다고 이 측면 때문에 수천만 독일 인민을 봉건적 분열 상태로부터 해방시키고, 러시아의 차르와 나폴레옹 3세라는 두 폭군의 압제로부터 해방시켰다는 그 전쟁의 근본적인 역사적 의의가 달라지는 것은 아니다.

공격 전쟁과 방어 전쟁의 차이

1789~1871년의 시대는 깊은 흔적과 혁명적 기억을 남겼다. 봉건제와 절대주의, 외세의 억압이 타도되기 전에 프롤레타리아트의 사회주의를 위한 투쟁이 발전할 수는 없었다. 그 같은 시대의 전쟁들과 관련하여 사회주의자들이 '방어적' 전쟁의 정당성을 말할 때는 이들 전쟁이 중세적 유제와 농노제에 대항하는 혁명에 다름 아니었음을 언제나 염두에 둔 것이었다. 사회주의자들이 '방어적' 전쟁을 말할 때는 언제나 이러한 의미의 '정의전(正義戰)'을 뜻했다(빌헬름 리프크네히트(W. Liebknecht)가 바로 이런 식으로 표현한 바 있다). '오직' 이런 의미에서만 사회주의자들은 '조국 방위' 전쟁이나 '방어적' 전쟁을 적법하며 진보적이고 정당하다고 간주해왔고, 지금도 그렇게 간주하고 있다. 예를 들어 내일 모로코가 프랑스에 대해, 인도가 영국에 대해, 페르시아나 중국이 러시아에 대해 전쟁을 선포한다면 선제공

격을 누가 하느냐와 관계 없이 그 전쟁들은 '정의전', '방어전'이 될 것이며, 사회주의자들은 모두 피억압 국가, 종속 국가, 불평등한 관계에 있는 국가가 억압 국가, 노예 소유주 국가, 약탈 국가 등의 '대'국에게 승리하는 것에 동조할 것이다.

그러나 100명의 노예를 소유하고 있는 노예주가 200명의 노예를 소유하고 있는 노예주에 대항하여 보다 '정당한' 노예 재분배를 내걸고 전쟁을 하고 있다고 상상해보자. '방어적' 전쟁이나 '조국 방위'를 위한 전쟁이란 용어를 이런 경우에 갖다 붙인다면 이는 분명히 역사적으로 오류이며, 현실에서 그것은 교활한 노예주가 평범한 사람들과 속인들, 무지한 사람들을 상대로 벌이는 순전한 사기극이다. 바로 이런 식으로 오늘날 제국주의 부르주아지는 현재의 전쟁, 즉 노예제를 강화할 목적으로 수행되고 있는 노예주들 간의 이 전쟁에서 '민족' 이데올로기와 '조국 방위'라는 용어를 가지고 인민을 기만하고 있다.

현재의 전쟁은 제국주의 전쟁이다

현재의 전쟁이 제국주의 전쟁이라는 것은 거의 모두가 인정한다. 그러나 대부분의 경우에 이 용어는 왜곡되고 있거나 일면적으로 적용되고 있으며, 또는 이 전쟁이 부르주아 진보적·민족해방적인 의의를 지닐 수 있다는 주장이 뚫고 들어올 틈을 열어두고 있다. 제국주의는 20세기에 비로소 도달한 자본주의 발전의 최고 단계다. 자본주의는 지금 낡은 민족국가―이 민족국가의 형성 없이는 자본주의가 봉건제를 전복시킬 수 없었다―가 너무 협소해서 갑갑해 하고 있다. 자본주의는 산업 전 분야를 신디케이트와 트러스트와 자본가 백만장자 연합이 장악하기에 이를 정도로 자본 집적을 발전시켰으며, 식민지의 형태로나 수천 갈래의 금융적 착취로 타국을 얽어매는 것을 통해 거의 세계 전체를 '자본의 영주들' 간에 완전히 분할해놓았다. 자유무역과 경쟁은 독점을 향한 쟁투로, 자본 투자와 원료 획득 등을 위한 영토 쟁탈전으로 대체되었다. 봉건제에 대항해 투쟁했을 때의 자본주의는 민족들의 해방군이었다. 이제 제국주의적 자본주의는 민족들의 최대 억압자가 되었다. 전에는 진보적이었던 자본주의가 반동적인 것이 된 것이다. 인류가 사회주의로 넘어갈 것인가, 아니면 식민지와 독점과 특권을 통해, 그리고 모든 종류의 민족 억압을 통해 자본주의의 인위적 보존을 꾀하는 '강대'국들 간의 수년, 심지어 수십 년간의 무장투쟁의 고통을 겪을 것인가 하는 선택에 직면할 정도로 자본주의는 생산력을 발전시켜놓았다.

노예제의 유지·강화를 위한 최대 노예주들 간의 전쟁

제국주의의 의미를 설명하기 위해 우리는 이른바 '강대'국(대약탈에 성공한 국가라는 의미에서)들 간에 이루어진 세계 분할의 정확한 수치를 인용하려 한다.

| 노예주 강대국 사이의 세계 분할 |

단위: 백만

구분 열강	식민지				식민모국		1914년 합계	
	1876년		1914년		1914년			
	km²	명	km²	명	km²	명	km²	명
영국	22.5	251.9	33.5	393.5	0.3	46.5	33.8	440.0
러시아	17.0	15.9	17.4	33.2	5.4	136.2	22.8	169.4
프랑스	0.9	6.0	10.6	55.5	0.5	39.6	11.1	95.1
독일			2.9	12.3	0.5	64.9	3.4	77.2
일본			0.3	19.2	0.4	53.0	0.7	72.2
미국			0.3	9.7	9.4	97.0	9.7	106.7
열강 6개국 합계	40.4	273.8	65.0	523.4	16.5	437.2	81.5	960.6
열강 외의 국가(벨기에, 네덜란드 등)에 속한 식민지			9.9	45.3			9.9	45.3
반식민지 3개국(터키, 중국, 페르시아)							14.5	361.2
이상 합계							105.9	1,367.1
기타 국가들							28.0	289.9
전세계 총계 (극지 제외)							133.9	1,657.0

이 표로부터 알 수 있는 것은, 1789~1871년의 시기에 자유를 위해 선두에서 싸운 민족들 대부분이 이제 1876년 이후 고도로 발전한, '과도 성장한' 자본주의의 기초 위에서 지구상의 주민들 및 민족들 다수에 대한 억압자와 노예주가 되었다는 사실이다. 1876년과 1914년 사이에 6개의 '강대'국이 2,500만 평방킬로미터, 즉 유럽의 두 배 반에 해당하는 영토를 약탈했다. 6개 강대국은 5억이 넘는 식민지 주민을 노예로 예속시키고 있다. '강대'국 주민 4명당 식민지 주민이 5명 꼴이다. 또한 식민지들이 대포와 칼로써 정복되었고, 식민지 주민들이 짐승 취급을 받았으며 온갖 방식으로(자본 수출을 통해, 조차지 등 각종 이권을 통해, 재화 판매에서의 속임수를 통해, '지배' 민족의 총독부 통치를 통해 등) 착취당했다는 것은 모두가 아는 일이다. 영국과 프랑스의 부르주아지가 민족들의 자유를 위해, 또는 벨기에를 위해 전쟁을 수행하고 있다고 말할 때 그들은 인민을 기만하고 있는 것이다. 왜냐하면 그들은 강탈한 식민지들에 대한 지배를 계속 유지하기 위해 전쟁을 벌이고 있기 때문이다. 독일 제국주의자들은 영국과 프랑스 제국주의자들이 그들 식민지를 자신들과 '공평하게' 나눠 갖는 데 동의한다면 즉시 벨기에 등을 독립시킬 것이다. 이 전쟁 상황의 특징은 식민지의 운명이 유럽 대륙에서의 전쟁에 의해 결정되고 있다는 점이다. 부르주아적 정의와 민족적 자유(또는 민족의 생존권)라는 관점에서 보면 독일이 영국·프랑스에 비하여 절대적으로 옳다고 여겨질 것이다. 왜냐하면 독일은 식민지에 대한 접근이 차단되어 있기 때문에, 그리고 독일의 적들은 독일보다 헤아릴 수 없이 많은 민족들을 억압하고 있기 때문에, 또한 독일의 동맹국 오스트리아에게 억압받고 있는 슬라브인들은 그야말로 '민족들의 감옥'이라 할 수 있는 차르 치하 러시아의 슬라브인들보다 의심할 바 없이 훨씬 더 많은 자유를 누리고 있기 때문에. 그러나 독일은 민족들의 해방이 아니라 민족들의 억압을 위해 싸우고 있다. 보다 젊고 보다 강한 강도(독일)가 늙고 너무 처먹어서 비만한 강도를 강탈하도록 돕는 것이 사회주의자가 할 일은 아니다. 사회주의자는 이들 강도 모두를 타도하기 위해 이들 사이의 싸움을 이용해야 한다. 그러기 위해 사회주의자는 우선 사람들에게 진실, 즉 이 전쟁이 세 가지 점에서 노예제 강화를 목표로 하는 노예주들 간의 전쟁이라는 사실을 폭로해야 한다. 첫째, 이 전쟁은 식민지에 대한 '보다 공평한' 분할과 그에 이어지는 보다 일사불란한 착취를 통해 예속화를 강화시키기 위한 전쟁이다. 둘째, '강대'국 내 소수 민족들에 대한 억압을 강화시키기 위한 전쟁이다. 왜냐하면 오스트리아와 러시아는 (러시아가 오스트리아보다 더 심하고 더 악랄하지만) 그 같은 억압을 통해서만 자신들의 지배를 유지할 수 있고, 또 전쟁을 통해 이 억압의 강도를 높일 수 있기 때문이다. 셋째, 임금노예제를 확대하고 연장하기 위한 전쟁이다. 왜냐하면 프롤레타리아트는 전쟁으로 분열되어 있고 탄압당하고 있는 반면, 자본가들은 전쟁으로 부를 모으고, 민족적 편견에 불을 붙여 반동을 강화시킴으로써 이득을 보고 있기 때문이다. 지금 모든 나라에서, 가장 자유롭고 가장 공화제적인 나라에서조차 반동이 득세하고 있다.

"전쟁은 다른(폭력적인) 수단에 의한 정치의 계속이다."[4]

이 유명한 경구는 전쟁 문제에 관한 가장 심오한 저술가 중 한 사람인 클라우제비츠(Clausewitz)가 한 말이다. 마르크스주의자들은 언제나 이 테제를 모든 전쟁의 의미와 관련하여 자기 견해를 세우는 이론적 기초로 여겨왔다. 마르크스와 엥겔스도 항상 바로 이러한 관점으로 다양한 전쟁을 고찰했다.

이 견해를 지금의 전쟁에 적용해보자. 수십 년 동안, 거의 반세기에 걸쳐 영국과 프랑스, 독일과 이탈리아, 오스트리아와 러시아의 정부와 지배계급이 식민지를 약탈하고 타민족을 억압하고 노동계급 운동을 탄압하는 정치를 추구했음을 보게 될 것이다. 현 전쟁에서 계속되고 있는 것이 바로 이러한 정치다. 그리고 오직 이 정치일 뿐이다. 특히 오스트리아와 러시아 양자의 정치는 전시뿐만 아니라 평화 시에도 민족들을 해방시키는 것이 아니라 예속화하는 정치다. 반대로 중국, 페르시아, 인도와 다른 종속국들에서 우리는 수천만, 수억의 인민들에

4   Karl von Clausewitz, *Vom Kriege*, Berlin, 1957, 1권 4쪽을 보라.—원서 편집자

게 민족적 생명을 불러일으키고 반동적인 '강대'국의 억압으로부터 이 민족들을 해방시키는 정치를 지난 수십 년 동안 보아왔다. 그러한 역사적 지반 위에서 수행되는 전쟁은 오늘날에도 부르주아 진보적·민족해방적인 전쟁일 수 있다.

현 전쟁을 '강대'국의 정치, 그 내부 주요 계급의 정치의 계속이라는 관점에서 고찰한다면, 언뜻 보기만 해도 현 전쟁에서 '조국 방위' 이념이 정당화될 수 있다는 견해가 얼마나 터무니없는 반역사성과 허위와 위선으로 가득 차 있는지를 알게 될 것이다.

벨기에의 예

사회배외주의적 3자(지금은 4자) 협상국5(러시아의 경우 플레하노프(Plekhanov)와 그 일파)이 가장 좋아하는 구실이 벨기에의 예다. 그러나 이 예는 그들의 주장과 정면으로 대립한다. 독일의 제국주의자들은, 교전국들이 언제 어디서든 그랬던 것처럼, 필요한 경우 모든 조약과 의무를 짓밟아가면서 벨기에의 중립을 뻔뻔스럽게 침해했다. 국제 조약 준수에 관심이 있는 모든 국가들이 벨기에가 해방되어 배상을 받아야 한다고 요구하면서 독일에 선전포고를 했다고 가정해보자. 그런 경우에 물론 사회

---

5 Entente. 영국·프랑스·러시아·이탈리아의 제국주의 동맹. 이탈리아는 독일·오스트리아와의 3국동맹으로부터 이탈한 뒤 영국·프랑스·러시아의 3국협상에 가담했다.—원서 편집자

주의자는 독일의 적국들에게 동조할 것이다. 그러나 문제는 3 국(및 4국)협상 측이 벨기에를 둘러싸고 전쟁을 치르고 있는 것이 아니라는 점이며, 이 점은 아주 잘 알려져 있는 사실이다. 오직 위선자들만이 이 사실을 은폐하려 한다. 영국은 독일의 식민지와 터키에 손을 뻗치고 있다. 러시아는 갈리치아와 터키에 손을 뻗치고 있고, 프랑스는 알자스 로렌과 라인 강 서안까지도 원하고 있다. 전리품(알바니아와 소아시아)의 분할을 위해 이탈리아와 협정이 체결되었으며, 불가리아와 루마니아에 대해서도 교섭이 진행되고 있다. 현 정부들에 의해 수행된 현 전쟁에서 오스트리아나 터키 등의 목을 조르는 데 일조하지 않고서 벨기에를 돕는다는 것은 불가능하다! 여기서 '조국 방위'가 어떻게 끼어드는가? 바로 여기에 제국주의 전쟁의 고유한 특징이 있다. 타민족을 억압하는 목적을 위해 역사적으로 퇴물이 된 반동적 부르주아 정부들 사이에 벌어지고 있는 전쟁인 제국주의 전쟁 말이다. 현 전쟁에 가담하는 것을 정당화하는 자는 그 누구든 민족들에 대한 제국주의적 억압을 영속화하고 있는 것이다. 반면 정부들이 보이고 있는 현재의 혼란 상태를 이용하여 사회혁명을 위해 투쟁할 것을 주창하는 자는 그 누구든 진심으로 모든 민족들의 진정한 자유를 옹호하는 것이며, 이는 오직 사회주의하에서만 가능하다.

러시아는 무엇을 위해 전쟁을 하고 있는가?

러시아에서는 최근 유형의 자본주의적 제국주의가 페르시아·만주·몽골에 대한 차리즘의 정책 속에서 완전하게 모습을 드러냈지만, 일반적으로는 군사적·봉건적 제국주의가 우세하다. 세계 어느 나라도 러시아만큼 주민 대다수가 억압받는 곳은 없다. 대러시아인들은 주민의 절반에 못 미치는 43퍼센트에 불과하며, 나머지 모든 주민들은 이민족으로 취급되어 권리가 부정되고 있다. 러시아의 1억 7천만 거주자 중에서 약 1억에 달하는 사람들이 억압받고 있고, 권리가 부정되고 있다. 차리즘은 갈리치아를 강탈하고 이로써 우크라이나인들의 자유를 짓밟기 위해, 그리고 아르메니아, 콘스탄티노플 등을 강탈하기 위해 전쟁을 벌이고 있다. 차리즘은 전쟁을 국내의 점증하는 불만을 다른 곳으로 돌리고, 성장하는 혁명운동을 탄압하기 위한 수단으로 삼고 있다. 오늘날 러시아에는 대러시아인 2명당 무권리의 '이민족' 2, 3명이 존재한다. 차리즘은 전쟁이라는 수단으로 러시아에 억압받는 민족의 수를 늘리고, 이 억압을 영속화하며, 그럼으로써 다름 아닌 대러시아인들의 자유를 위한 투쟁을 와해시키려고 혈안이 되어 있다. 타민족들을 억압하고 강탈할 수 있는 가능성이 곧 경제 침체를 영속화시키고 있는데, 왜냐하면 많은 부분 소득의 원천이 생산력 발전에 있지 않고 '이민족'들에 대한 반(半)봉건적 착취에 있기 때문이다. 따라서 러시아에 관한 한 전쟁은 뿌리 깊이 반동적이고 반(反)해방적인 성격을 특징으로 하고 있다.

사회배외주의란 무엇인가?

사회배외주의란 현 전쟁에서 '조국 방위' 사상을 주창하는 것이다. 나아가 이 사상은 논리적으로 볼 때, 전쟁 중에 계급투쟁의 포기로, 전쟁공채에 대한 찬성 투표로 이어진다. 실제로 사회배외주의자들은 반프롤레타리아적·부르주아적 정책을 추구하고 있다. 실제로 그들이 옹호하고 있는 것은 외국의 억압에 대해 싸운다는 의미에서의 '조국 방위'가 아니라, '강대'국의 하나로서 식민지를 약탈하고 타민족을 억압할 '권리'기 때문이다. 사회배외주의자들은 전쟁이 민족들의 자유와 생존을 보호하기 위해 수행되고 있다는 부르주아적 기만을 되풀이하며, 그럼으로써 프롤레타리아트에 맞서 부르주아지의 편으로 넘어간다. 사회배외주의자들의 범주에는 카우츠키처럼 모든 교전국의 사회주의자들이 동등하게 '조국을 방어'할 권리가 있다고 주장하는 자들뿐만 아니라, 교전국 양 진영 중 일방의 정부와 부르주아지를 정당화하고 미화하는 자들도 포함되어 있다. 사회배외주의는 실제로 '자'국의(또는 모든 나라의) 제국주의 부르주아지의 특권과 이익, 약탈과 폭력에 대한 옹호이면서 동시에 모든 사회주의적 신념들과 바젤 국제사회주의 대회의 결정에 대한 전적인 배반이다.

바젤 선언[6]

1912년에 바젤에서 만장일치로 채택된 전쟁에 관한 선언은 1914년에 터진 영국과 독일, 그리고 그들의 현 동맹국들 간의 전쟁, 바로 그 전쟁에 대한 것이다. 아무리 인민의 이익을 핑곗거리로 내세운다 하더라도 강대국들의 제국주의적·약탈적 정책에 토대를 두고 '자본가들의 이익과 왕조의 야망을 위해' 수행되는 그 같은 전쟁은 결코 정당화될 수 없다고 선언은 천명한다. 선언은 전쟁이 '정부들'(예외 없이 모든 정부들)에게 위험하다고 선포하며, '프롤레타리아 혁명'에 대한 정부들의 공포를 지적하면서 1871년의 파리 코뮌과 1905년 10~12월 혁명의 선례, 즉 혁명과 내란의 선례를 아주 명확하게 제시하고 있다. 따라서 바젤 선언은 바로 현 전쟁과 관련하여 국제적 규모로 노동자들이 그들 정부를 겨냥하여 전개할 혁명적 투쟁의 전술,

6 1912년 11월 4~25일에 스위스 바젤에서 열린 제2인터내셔널 임시대회에서 전쟁 문제에 관한 '바젤 선언'이 만장일치로 채택되었다. 선언은 제국주의자들이 준비하고 있는 전쟁의 약탈적 성격을 밝히고, 모든 나라 노동자들에게 전쟁 위험에 맞서 단호히 싸울 것을 촉구했다. 또 선언은 제국주의 전쟁 발발 시에 사회주의자들은 사회주의 혁명을 촉발하기 위해 경제적·정치적 위기를 이용해야 한다는 입장을 밝혔다(바젤 선언에 대해서는 레닌의 「제2인터내셔널의 붕괴The Collapse of the Second International」(본 전집 59권에 수록―편집자)도 보라).

   대회에서 카우츠키와 반데르벨데(Vandervelde)를 비롯한 제2인터내셔널 지도자들은 선언에 찬성 투표를 했지만, 1914년에 전쟁이 발발하자마자 선언에 등을 돌리고 자국 제국주의 정부의 편을 들었다.―원서 편집자

프롤레타리아 혁명의 전술을 규정한 것이다. 바젤 선언은 전쟁 발발 시에 사회주의자들이 '자본주의의 붕괴를 앞당기기' 위해 전쟁이 야기하는 '경제적·정치적 위기'를 이용해야 한다는, 즉 사회주의 혁명을 앞당기기 위해 전쟁으로 인한 정부의 곤란과 대중의 분노를 이용해야 한다는 슈투트가르트 결의의 선언을 재확인하고 있다.

사회배외주의자들의 정치, 즉 부르주아적 자유의 관점에서 전쟁을 정당화하고, '조국 방위'를 지지하고, 전쟁공채에 찬성 투표를 하고, 정부 내각에 입각하는 것 등은 사회주의에 대한 노골적인 배반이며, 우리가 곧 보겠지만 이 배반은 유럽의 사회민주주의 당들 다수에서 다름 아닌 기회주의의 승리를, 그리고 그에 따른 민족적 자유주의(national-liberal) 노동자 정치의 승리를 말해주는 것이다.

마르크스와 엥겔스에 대한 그릇된 인용

러시아의 사회배외주의자들(플레하노프를 필두로 한)은 1870년 전쟁 당시 마르크스가 사용했던 전술을 인용하고 있다. 또한 독일의 사회배외주의자들(렌쉬(Lensch)와 다비트(David) 및 그 일파들 등)은 러시아와 프랑스에 대항하는 전쟁이 발발할 경우 조국을 방위하는 것이 독일 사회주의자들의 임무가 될 것이라는 엥겔스의 1891년 진술을 인용하고 있다. 마지막으로, 국제 배외주의를 조정하고 정당화시키고 싶어하는 카우츠키류의

사회배외주의자들은 마르크스와 엥겔스가 전쟁을 비난했음에
도 1870~1년 및 1876~7년에 일단 전쟁이 발발하자 언제나 교
전 당사국 중 어느 한편에 섰던 사실을 인용하고 있다.

이러한 모든 인용은 아나키스트 기욤(Guillaume)과 그 일파
가 아나키즘을 정당화하기 위해 마르크스·엥겔스의 견해를
왜곡시켰던 것과 똑같은 방식으로 부르주아지와 기회주의자
들을 위해 마르크스·엥겔스의 견해를 터무니없이 왜곡한 것
이다. 1870~1년의 전쟁은 나폴레옹 3세가 패퇴할 때까지 독일
의 입장에서는 역사적으로 진보적인 전쟁이었다. 왜냐하면 나
폴레옹 3세는 차르와 더불어 수년 동안 독일을 억압했으며, 독
일을 봉건적 분열 상태로 매어놓았기 때문이다. 그러나 전쟁이
프랑스에 대한 약탈 전쟁(알자스·로렌의 병합)으로 발전하자마자
마르크스와 엥겔스는 독일을 강력히 비난했다. 그리고 심지어
이 전쟁의 초기에도 마르크스와 엥겔스는 베벨(Bebel)과 리프
크네히트의 전쟁공채 거부 입장을 지지했고, 독일 사회민주당
원들에게 부르주아지와 손잡지 말고 프롤레타리아트의 독자
적 계급 이익을 견지하라고 충고했다. 이러한 부르주아 진보적
·민족해방적 전쟁에 대한 평가를 현재의 제국주의 전쟁에 적
용하는 것은 진리를 조롱하는 짓일 것이다. 1854~5년의 전쟁
에 대해서는 말할 것도 없고, 현대 제국주의도, 사회주의를 위
해 무르익은 객관적 조건도, 그리고 교전국 중 어느 나라에서도
대중적 사회주의 당이 존재하지 않았던, 즉 바젤 선언이 강대국

간의 전쟁과 관련하여 '프롤레타리아 혁명' 전술을 끌어냈던 조건들 중 그 어느 것도 존재하지 않았던 19세기의 전쟁들에 대한 평가를 현 제국주의 전쟁에 적용하는 것은 사회배외주의를 정당화하기 위한 기만술이다.

진보적 부르주아지 시대의 전쟁에 대한 마르크스의 태도를 오늘 인용하면서 '노동자에게는 조국이 없다'는 마르크스의 선언―다름 아닌 반동적이고 퇴화한 부르주아지 시대, 다름 아닌 사회주의 혁명의 시대에 적용되는 그 선언―을 망각하는 자는 그 누구든 뻔뻔스럽게 마르크스를 왜곡하는 자이며 사회주의적 관점을 부르주아적 관점으로 대체하는 자다.

제2인터내셔널의 붕괴

1912년 바젤에서 전세계의 사회주의자들은 당면 유럽의 전쟁을 모든 정부의 '범죄적'이고 반동적인 행위로 간주하며, 그에 반대하는 혁명을 불가피하게 불러일으킴으로써 자본주의의 붕괴를 앞당길 수밖에 없는 전쟁이라고 엄숙히 선언했다. 전쟁이 왔고 위기가 왔다. 사회민주당들 다수는 혁명적 전술 대신에 반동적 전술을 실행했고, 그들 각자의 '자'국 정부와 '자'국 부르주아지의 편으로 넘어가버렸다. 이러한 사회주의에 대한 배반은 제2인터내셔널(1889~1914년)의 붕괴를 상징하는 것으로, 우리는 무엇이 이러한 붕괴를 가져온 원인인지, 무엇이 사회배외주의를 낳고 힘을 불어넣었는지 정확히 인식해야 한다.

사회배외주의는 기회주의의 완결판이다

제2인터내셔널이 존속한 기간 내내 어디서나 사회민주당들 내에서는 혁명적 진영과 기회주의 진영 간의 거센 투쟁이 진행되었다. 많은 나라들에서 이러한 분리선에 따라 분열이 일어났다(영국, 이탈리아, 네덜란드, 불가리아). 기회주의가 노동계급 운동 내 부르주아적 정치의 표현이라는 점, 프롤레타리아 대중과 피억압 대중의 이익에 반하는 소부르주아지의 이익의 표현이라는 점, 부르주아화한 소수의 노동자들이 그들 '자국'의 부르주아지와 동맹을 맺고 있는 것에 대한 표현이라는 점을 마르크스주의자라면 누구도 의심해본 적이 없다.

19세기 말의 객관적 조건은 이례적으로 기회주의가 활짝 꽃피게 했으며, 부르주아적 합법성을 이용하는 것이 아니라 그것에 투항하게 했고, 노동자계급 내 소수의 관료 및 귀족층을 탄생시켰으며, 수많은 소부르주아 '동반자들'이 사회민주당 대열로 들어오게 했다.

전쟁은 이러한 사태 발전을 가속화시켰고, 기회주의를 사회배외주의로 변형시켰으며, 기회주의자들과 부르주아지 간의 은밀한 동맹을 공공연한 동맹으로 탈바꿈시켰다. 이와 동시에 어디서나 군 당국이 계엄령을 선포하여 노동자 대중의 입을 막았다. 기존 노동운동 지도부들은 거의 모두가 부르주아지의 편으로 넘어가버렸다.

　기회주의와 사회배외주의는 동일한 경제적 토대를 갖고 있다. 특권을 갖고 있는 소수의 노동자층과 소부르주아지의 이익이 그러한 토대인데, 이들은 '자'국 부르주아지가 타국을 강탈해서 얻는 이윤의 일부 부스러기를 누릴 '권리'와 지배 민족으로서의 지위에서 오는 특권을 방어하고 있다.

　또한 기회주의와 사회배외주의는 동일한 이데올로기적·정치적 내용을 갖고 있다. 계급투쟁 대신에 계급협조, 혁명적 투쟁 방법의 포기, 혁명을 앞당기기 위해 정부의 혼란을 이용하는 대신에 혼란에 처한 '자'국 정부를 돕는 것 등이 그것이다. 우리가 (가장 권위 있는 개인에게조차) 개인들에게 관심을 집중하지 않고 모든 유럽 나라들을 하나의 전체로 본다면, 사회배외주의의 핵심 보루가 된 것이 바로 기회주의 조류라는 것을, 반면 혁명가들의 진영으로부터는 많든 적든 사회배외주의에 대한 일관된 항의가 거의 도처에서 들려오고 있다는 것을 알게 될 것이다. 그리고 우리가 예를 들어 1907년 슈투트가르트 국제사회주의대회7의 조류들을 분류해본다면, 국제 마르크스주의가 제국주의에 반대하고 있었던 데 비해 국제기회주의는 이미 그 당시에 제국주의를 지지하고 있었다는 사실을 알게 될 것이다.

기회주의자들과의 연합은 노동자들과 그들 '자'국의 부르주아지 간 동맹을 의미하며, 혁명적 국제 노동자계급을 분열시키는 것이다

전쟁 전, 지난 시대에는 기회주의가 사회민주당 내 '편향주의', '극단주의' 세력으로 간주되긴 했지만 그래도 사회민주당의 적법한 일부로 여겨졌다. 전쟁은 이것이 앞으로는 불가함을 보여주었다. 기회주의는 '성숙하여' 이제는 노동계급 운동에서 부르주아지의 첩자로서 그 역할을 철저히 수행하고 있다. 기회주의자들과의 연합은 전적으로 위선이 되었는데, 우리는 그 하나의 예를 독일 사회민주당에서 볼 수 있다. 모든 중요한 경우(예를 들어 8월 4일의 찬성 표결)[8]에서 기회주의자들은 최종안을

---

7 1907년 8월 18일부터 24일까지 열린 이 대회에서 러시아 사회민주노동당은 37명의 대의원을 파견했다. 볼셰비키를 대표하여 레닌, 루나차르스키(Lunacharsky), 리트비노프(Litvinov) 등이 참가했다.

　　대회의 업무 대부분은 본회의에 제출할 결의안 초안을 담당한 위원회들이 수행했다. 레닌은 '군국주의와 국제 분쟁'에 관한 결의안을 기초한 위원회의 위원이었다. 로자 룩셈부르크(Rosa Luxemburg)와 공동으로 레닌은 베벨의 결의안에 그의 역사적인 수정안을 냈다. 수정안은 전쟁이 야기한 위기를 이용하여 자본주의 타도를 향해 대중을 분기시키는 것이 사회주의자의 의무라고 선언했다. 대회는 이 수정안을 통과시켰다. (대회에 대해서는 레닌의 다음 글을 보라. "The International Socialist Congress in Stuttgart"(본 전집 36권에 수록—편집자).)—원서 편집자

8 1914년 8월 4일, 독일 제국의회의 사회민주당 의원단은 빌헬름 2세 정부의 전쟁공채에 찬성 투표를 하고 제국주의 전쟁을 지지했다. 독일 사회민주당 지도부는 노동자계급을 배반하여 사회배외주의와 제국주의 부르주아지를 방어하는 입장을 취했다.—원서 편집자

제출해놓고, 부르주아지와의 수많은 커넥션과 노동조합 집행부에서의 다수파 지위 등을 이용해 그것을 통과시킨다. 오늘날 기회주의자들과의 연합은 노동자계급을 그들 '자'국의 부르주아지에게 종속시키는 것을 실제로 의미하며, '자'국 부르주아지와 동맹하여 타국을 억압하고 강대국의 특권을 위해서 싸우는 것을 의미한다. 곧 그것은 모든 나라의 혁명적 프롤레타리아트를 분열시키는 것을 의미한다.

개별적으로 볼 때 많은 조직에서 지배적 지위에 있는 기회주의자들에 대항하는 투쟁이 아무리 힘들더라도, 각국에서 노동자 당 내 기회주의자들을 숙정하는 과정이 나라마다 아무리 특수하더라도, 이 과정은 불가피하며 생산적인 결실을 맺을 것이다. 개량주의적 사회주의는 사멸하고 있다. 그리고 프랑스의 사회주의자 폴 골레(Paul Golay)의 적절한 표현을 빌리자면, 재건되는 사회주의는 "혁명적이고 비타협적이며 반란적일 것이다."

'카우츠키주의'

제2인터내셔널의 최대 권위 카우츠키는, 말로만 마르크스주의를 승인하는 것이 실제로 어떻게 '스트루베(Struve)주의'[9]나 '브렌타노(Lujo Brentano)주의'[10]로의 전향을 낳았는가에 대

---

9   스트루베주의에 대해서는 이 글의 4장을 보시오.—원서 편집자

한 매우 전형적이고 생생한 실례가 되고 있다. 또 하나의 예는 플레하노프다. 이들은 명백한 궤변을 가지고 마르크스주의로부터 살아있는 혁명적 정신을 제거해버렸다. 이들은 혁명적 투쟁 방법과 그러한 방법의 전파와 준비, 이 방향으로 대중을 훈련시키는 것 등을 제외하고는 마르크스주의에서 무엇이든 다 인정한다. 카우츠키는 사회배외주의의 근본 사상인 현 전쟁에서의 조국 방위의 승인을 좌익에 대한 외교적인 거짓 양보—전쟁공채 찬반 투표 기권, 말로만의 반대 입장 자처 등—와 무원칙한 방식으로 '화해'시킨다. 1909년에 책 한 권 분량을 할애해 다가오는 혁명의 시대에 대해, 전쟁과 혁명의 연관에 대해 썼던 카우츠키, 1912년에는 임박한 전쟁을 혁명적으로 이용해야 한다는 바젤 선언에 서명하기도 했던 카우츠키, 그런 카우츠키가 이제 갖은 방식으로 사회배외주의를 정당화하고 미화하면서, 플레하노프와 마찬가지로 부르주아지에게 합류하여 모든 혁명 사상을 조롱하며 혁명적 투쟁을 향한 모든 직접적 발걸음들을 비웃고 있다.

10 브렌타노주의는 "'자본주의의 학교'는 인정하지만 혁명적 계급투쟁의 학교는 거부한"(레닌) 부르주아 개량주의 이론이다. 루요 브렌타노는 독일 부르주아 경제학자로서 이른바 '국가사회주의'의 주창자다. 그는 개혁을 통해, 그리고 자본가와 노동자의 이해를 화해시키는 것을 통해 자본주의 체제 내에서 사회적 평등을 이룩하는 것이 가능함을 입증하려고 했다. 브렌타노와 그의 추종자들은 마르크스주의적 언사를 앞세워 노동계급 운동을 부르주아지의 이익에 종속시키고자 했다.—원서 편집자

이러한 변절과 비굴, 기회주의에의 굴종, 마르크스주의 이론의 유례 없는 속류화에 대하여 노동자계급이 가차 없는 투쟁을 수행하지 않는다면 자신의 세계 혁명 역할을 수행할 수 없다. 카우츠키주의는 우연적인 것이 아니라 제2인터내셔널 내의 모순이 빚은 사회적 산물로서, 입으로는 마르크스주의에 대한 충성을 이야기하면서 행동은 기회주의에 종속되어 있는 것이 결합된 혼합물이다.

'카우츠키주의'의 이러한 근본적 허위성은 나라마다 다른 방식으로 나타나고 있다. 네덜란드에서 롤란트-홀스트(Roland-Holst)는 조국 방위 사상을 거부하면서도 기회주의자들의 당과의 연합은 옹호하고 있다. 러시아에서 트로츠키도 이 사상을 거부하였지만 기회주의적이고 배외주의적인《나샤 자리야Nasha Zarya》[11] 그룹과의 연합을 옹호하고 있다. 루마니아에서 라콥스키(Rakovsky)는 제2인터내셔널이 붕괴한 데에는 기회주의에 책임이 있다며 기회주의에 대해 선전포고를 하면서도 조국 방위 사상이 정당하다고 승인할 태세다. 이 모든 것은 네덜란드 마르크스주의자들(호르터(Gorter)와 파네쿡)이 '수동적 급진주의'라 일컬은 해악이 표출된 것이다. 이는 이론적으로는 마르크스주의를 절충주의로 대체하는 것이고 실천적으

---

[11] '우리의 새벽'이라는 뜻. 멘셰비키 청산파의 합법 월간지로서 1910년부터 1914년까지 페테르부르크에서 발행됐다. 이 잡지를 중심으로 러시아의 청산파가 결집했다.—원서 편집자

로는 기회주의에 굴종하여 무기력을 보이는 것일 뿐이다.

마르크스주의자들의 슬로건은 혁명적 사회민주주의의 슬로건

전쟁은 의심할 바 없이 가장 첨예한 위기를 낳았으며, 믿기 힘들 정도로 대중의 고통을 증대시켰다. 이 전쟁의 반동적 성격, 그리고 모든 나라 부르주아지가 자신들의 약탈적 목표를 '민족' 이데올로기로써 은폐하기 위해 쏟아낸 파렴치한 거짓말들은 객관적으로 혁명적인 상황의 토대 위에서 필연적으로 대중들 사이에 혁명적 분위기를 만들어내고 있다. 대중들로 하여금 이러한 분위기를 의식케 하고, 이 분위기를 심화시키고 구체적 표현으로 정식화시키도록 돕는 것이 우리의 의무다. 이 임무는 제국주의 전쟁을 내란으로 전화시키라는 슬로건에 의해서만 올바르게 표현된다. 그리고 전쟁 중에 모든 일관되게 수행되는 계급투쟁과 모든 진지하게 행해지는 '대중행동' 전술은 필연적으로 이 슬로건에 이르게 된다. 강력한 혁명운동이 강대국들의 첫 번째 전쟁 중에 불타오를지, 아니면 두 번째 전쟁 중에 불타오를지, 전쟁 중일지 아니면 후일지 예언하는 것은 가능하지 않다. 어느 경우든, 바로 이러한 방향으로 체계적이고 확고한 작업을 하는 것이 우리의 본연의 임무다.

바젤 선언은 파리 코뮌이 보여준 예, 즉 정부 간 전쟁의 내란으로의 전화라는 그 예를 직접 언급하고 있다. 반세기 전에 프롤레타리아트는 너무 미약했다. 사회주의를 위한 객관적 조건은 아직 성숙하지 못했으며, 모든 교전국에서 혁명운동들 간의 호응이나 협력도 있을 수 없었다. 일단의 파리 노동자들에게 스며들어 있던 '민족 이데올로기'(1792년의 전통)는 당시에 마르크스가 지적했던 대로 그들의 소부르주아적 취약성으로서, 코뮌 몰락의 원인들 중 하나였다. 그때로부터 반세기가 지난 지금, 당시 혁명을 약화시켰던 조건들은 사라졌다. 현 시기에 사회주의자가 파리 코뮌 전사들의 다름 아닌 그 취약한 이념에 따라 스스로를 활동 포기에 내맡기는 것은 용서할 수 없는 일이다.

참호 안에서의 우애가 보여준 실례

참호 안에서 교전국 병사들 간에 형성된 우애의 예들이 모든 교전국 부르주아 신문에 보도된 적이 있었다. 각국 정부와 부르주아지가 그 문제를 대단히 중요하게 여기고 있다는 것이, 그 같은 우애관계에 대해 군 당국(영국과 독일의)이 내린 엄벌 조치로 입증된다. 기회주의가 서유럽 사회민주주의 정당들의 최상층부를 완전히 장악하고 있을 때조차, 그리고 사회배외주의가 전체 사회민주주의 언론과 제2인터내셔널의 모든 공식 기구들의 지지를 받을 때조차 그 같은 우애관계가 가능했다는 사실은 우리에게 무엇을 보여주는가? 그 사실은 교전국에서 최소한 좌익 사회주의자들에 의해서라도 이러한 방향으로 체계적인 작업이 행해질 경우, 현재의 범죄적이며 반동적인 노예

주들의 전쟁을 단축시키고 혁명적 국제 운동을 조직하는 것이
충분히 가능하다는 것을 우리에게 보여주는 것이다.

비합법 조직의 중요성

기회주의자들 못지않게 전세계의 가장 저명한 아나키스트
들도 이 전쟁에서 (카우츠키와 플레하노프의 정신에 따라) 사회배외
주의로 스스로를 욕되게 하고 있다. 이 전쟁이 아나키즘과 기
회주의를 모두 근절할 것이라는 점이야말로 의심할 바 없이 이
전쟁의 유용한 결과들 중 하나일 것이다.

어떤 상황, 어떤 조건에서도 사회민주주의 정당들은 대중
을 조직하고 사회주의를 선전하기 위한 모든 합법적인 가능성
들을—아무리 작은 가능성이라도—활용하는 것을 주저하지
않아야 하지만, 합법성에 대한 굴종과는 단절해야 한다. 엥겔
스는 부르주아지가 합법성을 침해한 **연후**에는 다름 아닌 우리
가 합법성을 침해할 필요성과 내란을 암시하면서, "부르주아
여러분, 부디 먼저 쏘아주게"[12]라고 썼다. 부르주아지들이 모든
나라에서, 가장 자유로운 나라에서조차 합법성을 침해하고 있
다는 점, 혁명적 투쟁 방법을 주창하고 토론, 평가하고 준비하
기 위한 목적으로 비합법 조직이 건설되지 않으면 대중을 혁
명으로 인도할 수 없다는 점을 위기는 보여주고 있다. 예를 들

12 Karl Marx and Frederick Engels, *Der Sozialismus in Deutschland*,
   Collected Works, Ger. ed., Berlin, 1963, Vol.XXII, p. 251.—원서 편집자

어 독일에서는 비열한 기회주의와 위선적인 '카우츠키주의'에
도 불구하고, 사회주의자들에 의해 모든 정직한 일들이 행해지
고 있으며, 더구나 비밀리에 행해지고 있다. 영국에서는 입대
에 반대하는 호소문을 인쇄한 죄로 사람들에게 징역형이 선고
되었다.

비합법 선전 방법을 거부하고, 합법적으로 출판되는 간행
물을 통해 이 비합법 선전 방법을 조롱하는 것이 사회민주당
의 당원에게 어울리는 행동이라고 생각한다면, 그것은 사회주
의에 대한 배반이다.

제국주의 전쟁에서 '자'국 정부의 패배에 대하여

현 전쟁에서 자국 정부의 승리를 주창하는 자들과 '승리도
아니고, 패배도 아니다' 슬로건을 주창하는 자들 모두 똑같이
사회배외주의의 입장을 취하고 있다. 혁명적 계급은 반동적 전
쟁에서 자국 정부의 패배를 바랄 수밖에 없으며, 정부의 군사
적 패배는 반드시 정부의 타도를 용이하게 하리라는 것을 알
수밖에 없다. 정부에 의해 시작된 전쟁은 반드시 정부 간의 전
쟁으로 끝나야 한다고 믿고, 또한 그처럼 끝나기를 바라는 부
르주아만이, 모든 교전국의 사회주의자들이 모든 '자'국 정부
의 패배를 바라야 하고 이 바람을 표현해야 한다는 생각을 '엉
뚱한' '터무니없는' 짓이라고 여길 수 있다. 그러나 오히려 이런
생각이야말로 모든 계급적으로 각성한 노동자들이 품고 있는

평소의 생각과 일치하고, 제국주의 전쟁의 내란으로의 전화를 위한 우리의 활동과 합치한다.

영국·독일·러시아의 사회주의자들이 수행하고 있는 진지한 반전 선동은 의심할 바 없이 각국 정부의 '군사력을 약화'시켰지만, 그것은 사회주의자들의 명예다. 사회주의자들은 대중에게 '자'국 정부를 혁명으로 타도하지 않고서는 어떤 다른 구원의 길도 없다는 것을 설명해야 하며, 현 전쟁에서 이들 정부가 처해 있는 난관을 바로 이러한 목적을 위해 이용해야 한다.

평화주의와 평화 슬로건

평화를 바라는 대중의 감정은 종종 전쟁의 반동적 성격에 대한 초보적 항의와 분노로 표현된다. 이러한 감정을 활용하는 것이 모든 사회민주주의자들의 의무다. 사회민주주의자들은 이러한 지반 위에서 일어나는 모든 운동과 모든 시위에 가장 열심히 참여할 것이지만, 혁명적 운동이 부재한 상태에서 병합 없는 평화가, 민족들에 대한 억압 없는 평화가, 약탈 없는 평화가, 현 정부들과 지배계급들 사이에 새로운 전쟁의 조짐 없는 평화가 가능하다는 생각을 용인함으로써 인민을 기만하는 일은 하지 않을 것이다. 그런 식의 인민 기만은 교전국 정부들의 비밀외교에 놀아나는 것일 뿐이며, 그들의 반혁명적 계획을 용이하게 만들어줄 것이다. 항구적이고 민주적인 평화를 원하는 사람은 누구나 정부와 부르주아지에 맞선 내란을 지지하지 않으면 안 된다.

민족자결권

현 전쟁에서 부르주아지가 인민을 기만하는 것 중 가장 널리 유포된 것은 그들의 약탈적 목적을 은폐하기 위한 '민족해방' 이데올로기다. 영국은 벨기에의 해방을 약속하고, 독일은 폴란드 등의 해방을 약속한다. 그러나 우리가 살펴보았듯이, 실제로 이 전쟁은 세계 대다수 민족들에 대한 억압자들이 그러한 억압을 확대·강화하기 위한 목적으로 벌이는 전쟁이다.

사회주의자들은 민족들에 대한 모든 억압에 맞선 투쟁 없이는 자신들의 위대한 목표를 달성할 수 없다. 그러므로 사회주의자들은 억압국들의(특히 이른바 '강대'국들의) 사회민주주의 당들이 피억압 민족의 자결권을,—다름 아닌 그 말의 정치적 의미에서—즉 정치적 분리의 권리를 인정하고 옹호할 것을 단호하게 요구해야 한다. 이 권리를 옹호하지 않는 지배국이나 식민지 보유국의 사회주의자는 배외주의자다.

이 권리의 옹호는 소규모 국가들의 형성을 촉진하기보다는 오히려 매우 대규모의 국가들 및 국가들의 연방이 더 자유롭고 두려움 없이, 따라서 더 광대하게 형성되도록 할 것이며, 이 것은 대중에게 더 유리하고 경제적 발전에도 더 완벽하게 부합할 것이다.

한편, 피억압 민족의 사회주의자들은 피억압 민족과 억압 민족 **노동자**의 완전한 단결(조직적 단결을 포함하여)을 위해 단호히 투쟁해야 한다. 한 민족으로부터 다른 한 민족의 법적 분리(바우어와 레너가 주창하는 이른바 '문화적·민족적 자치')라는 관념은 반동적이다.

제국주의는 세계의 민족들에 대한 한 줌의 '강대'국들의 억압이 부단히 증대하는 시대다. 그러므로 민족자결권이 인정되지 않는다면 제국주의에 맞선 국제 사회주의 혁명을 위해 투쟁하는 것은 불가능하다. "다른 민족을 억압하는 민족은 결코 자유로울 수 없다."(마르크스·엥겔스) 아무리 사소한 것일지라도 타민족에 대한 '자'민족의 폭력을 용인하는 프롤레타리아트는 사회주의적 프롤레타리아트일 수 없다.

2장
러시아의 계급들과 당들

부르주아지와 전쟁

한 가지 점에서 러시아 정부는 유럽의 정부들에 뒤처지지 않았다. '자'국 인민을 대대적으로 기만하는 데서 유럽 정부들 못지않게 성공한 것이다. 배외주의로 대중을 감염시키고, 차르 정부가 '정의의' 전쟁을 수행하고 있다는, 사욕 없이 '슬라브 동포들'을 지키고 있다는 등의 인상을 주기 위해 러시아에서도 거대한 괴물 같은 기만과 날조의 기계가 작동하고 있다.

지주계급과 상층 상공업 부르주아지는 차르 정부의 호전적 정책을 열렬히 지지했다. 그들은 터키와 오스트리아의 유산을 분할함으로써 자신들에게 당연히 거대한 물질적 이득과 특권이 떨어질 것으로 기대하고 있다. 그들의 의회는 차르 군대가 승리하면 그들의 호주머니로 흘러들어올 이윤 냄새를 이미 맡고 있다. 게다가 반동들은 로마노프 왕조의 몰락을 늦추고 러시아에서 새로운 혁명을 지연시킬 수 있는 것이 있다면, 그것은 오직 차르의 승리로 끝나는 대외 전쟁일 수밖에 없다는 것을 아주 잘 알고 있다.

도시 '중간' 부르주아지와 부르주아 인텔리겐차, 전문직 등의 광범한 계층도 배외주의에—어쨌든 전쟁 초기에는—감염되었다. 러시아 자유주의 부르주아지의 당인 카데츠는 차르 정부를 전면적이고 무조건적으로 지지했다. 대외정책의 영역에서 카데츠는 오랜 동안 여당이었다. 범슬라브주의—이것을 통해 차르 정부의 외교가 거대한 정치적 협잡을 행한 게 한두 번이 아니다—는 카데츠의 공식 이데올로기가 되었다. 러시아 자유주의는 민족적 자유주의로 타락했다. 러시아 자유주의는 흑백인조(Black Hundreds)와 '애국주의'를 놓고 경쟁하고 있으며, 언제나 거리낌 없이 군국주의를 지지하고 자진해서 해군 군비증강 등에 찬성 투표를 한다. 독일에서 1870년대에 보았던 바, '자유롭게 사고하는' 자유주의가 퇴락하여 그로부터 민족적 자유주의 정당이 생겨났던 것과 대체로 비슷한 현상이 러시아 자유주의 진영에서 목격된다. 러시아 자유주의 부르주아지는 명백히 반혁명의 길을 걷고 있다. 이 문제에 대한 러시아 사회민주노동당의 관점이 옳았음은 완전하게 확인되었다. 실생활은, 러시아 자유주의가 여전히 러시아에서 혁명의 동력이라고 말해온 러시아 기회주의자들의 견해를 산산이 부서뜨렸다.

　지배 도당은 부르주아 언론과 성직자 등의 도움으로 농민층 사이에서 배외주의 감정을 불러일으키는 데에도 성공했다. 그러나 병사들이 살육의 전장으로부터 귀환하면서 농촌 지역의 감정은 의심할 바 없이 차르 군주제에 등을 돌릴 것이다. 농민층과 접촉에 나선 부르주아 민주주의 정당들은 배외주의 물결을 견뎌내지 못했다. 두마에서 트루도비키당[13]은 전쟁공채에 반대했지만, 그 지도자 케렌스키의 입을 통해 그 당은 군주제의 수중에 완벽히 놀아나는 '애국적' 선언을 했다. '나로드니키' 일반의 합법 출판물 전체가 자유주의자들의 뒤를 그대로 좇아갔다. 부르주아 민주주의의 좌익—국제사회주의사무국에 가맹되어 있는 이른바 사회주의혁명가당—조차 같은 흐름 속에서 허우적거리고 있다. 그 당의 국제사회주의사무국 대표인 루바노비치(Rubanovich) 씨는 공공연한 사회배외주의자로 나서고 있다. '앙탕트'(협상국) 사회주의자들의 런던 대회에 파견된 이 당의 대표자들 중 절반이 배외주의적 결의안에 찬성 투표를 했다(다른 절반은 투표에 기권했다). 사회주의혁명가당의 합법 출판물(신문으로는 《노보스티*Novosti*》[14] 등이 있다)은 배외주의자들이 지배하고 있다. '부르주아 서클들 출신의' 혁명가들, 즉 노동

[13] 나로드니키 경향의 농민과 지식인으로 구성된 소부르주아 민주주의 두마 의원단. 트루도비키 그룹은 1906년 4월, 1차 두마에 파견된 농민 의원들을 중심으로 하여 결성되었다. 두마에서 트루도비키는 카데츠와 사회민주주의자들 사이에서 계속 동요했다.

　　1차 세계대전 중에 사회혁명가당과 인민사회주의자당과 트루도비키당은 대부분 사회배외주의 입장을 취했다.—원서 편집자

[14] '뉴스'라는 뜻. 1914년 8월부터 1915년 5월까지 파리에서 발행된 사회주의혁명가당의 일간지.—원서 편집자

자계급과 연결되지 않은 부르주아 혁명가들은 이 전쟁에서 철저히 파산을 겪었다. 크로포트킨(Kropotkin), 부르체프(Burtsev), 루바노비치의 슬픈 운명은 꽤나 의미심장하다.

노동자계급과 전쟁

그들이 배외주의를 감염시키는 데 성공하지 못한 러시아의 유일한 계급은 프롤레타리아트다. 노동자들 중 가장 무지한 부류만이 전쟁 초기에 발생한 일부 무절제한 행위에 연루되었다. 모스크바의 반독일 폭동에서 노동자들이 담당했던 역할은 크게 과장되었다. 대체로 러시아의 노동자계급은 배외주의가 먹히지 않는 것으로 입증되었다.

이 점은 나라의 혁명적 상황과 러시아 프롤레타리아트의 일반적 생활조건에 의해 설명된다.

1912~4년은 러시아에서 새로운 거대한 혁명적 상승이 시작된 시기다. 세계적으로 유례가 없는 거대한 파업운동이 다시 일어났다. 1913년에 혁명적 대중파업에 참가한 인원은 가장 낮게 잡은 수치로도 150만 명이었고, 1914년에는 1905년 수준에 근접하여 200만을 넘어섰다. 전쟁 전야에 페테르부르크에서는 이미 바리케이드 전투가 나타나는 상황으로 발전했다.

지하의 러시아 사회민주노동당은 인터내셔널에 대한 의무를 다했다. 국제주의의 기치는 우리 당에서 움츠러들지 않았다. 우리 당은 오래전에 기회주의 그룹들과 조직적으로 단절했다. 우리 당은 기회주의와 '무조건적 합법주의'의 족쇄에 발목 잡히지 않았는데, 이는 우리 당이 혁명적 의무를 수행하는 데 도움이 되었다. 비솔라티(Bissolati)의 기회주의적 당과 결별한 것이 이탈리아 동지들에게 도움이 되었던 것처럼.

우리나라의 일반적 상황은 노동자 대중 사이에서 '사회주 의적' 기회주의가 개화하기에는 전혀 좋은 조건이 아니다. 러 시아의 인텔리겐차와 소부르주아지 같은 계층들 사이에서 일 련의 기회주의와 개량주의의 기미들을 찾을 수 있지만, 정치 적으로 능동적인 노동자층 사이에서 그런 기미는 의미를 갖 지 못하는 소수에게만 영향을 미칠 뿐이다. 우리나라에서 노 동자와 사무소 피고용인들 중 특권적 계층은 매우 미약하 다. 합법성에 대한 물신숭배가 여기서는 생겨날 수 없었다. 전 쟁 전에 청산파(악셀로드〔Axelrod〕, 포트레소프〔Potressov〕, 체레바닌 〔Cherevanin〕, 마슬로프〔P. Maslov〕 등이 이끄는 기회주의자들의 당)는 노동자 대중 사이에서 그 어떤 진지한 지지도 받지 못했다. 4 차 두마 선거에서는 반청산파 노동자 의원 6인 전원이 다시 당 선되는 결과가 나왔다. 페트로그라드와 모스크바에서 합법적 으로 발행되는 노동자 언론의 보급 및 그것을 위한 모금은 계 급적으로 각성한 노동자의 5분의 4가 기회주의와 청산주의에 반대하고 있음을 이론의 여지 없이 입증했다.

전쟁이 시작된 이래 차르 정부는 우리 사회민주노동당 비 합법 조직의 당원들인 수백만 선진노동자들을 체포하고 추방

했다. 국가계엄령 도입, 우리 당 신문에 대한 탄압 등과 함께 이러한 상황은 운동의 성장을 지체시켰다. 그러나 이 모든 것에도 불구하고 우리 당은 비합법 혁명적 활동을 지속하고 있다. 페트로그라드에서 우리 당 위원회는 비합법 신문《프롤레타르스키 골로스*Proletarsky Golos*》[15] 를 발행하고 있다.

국외에서 발행된 중앙기관지《사회민주주의자》의 기사들은 페트로그라드에서 다시 인쇄되어 각 지방으로 배달된다. 선언문들은 비밀리에 인쇄되어 병영에도 배포된다. 도시 외곽의 여러 격리된 장소에서 비밀리에 노동자 모임들이 열린다. 최근에는 대규모 금속노동자 파업이 페트로그라드에서 시작되었다. 이 파업과 관련하여 우리 당 페트로그라드 시 위원회는 노동자들에게 보내는 몇몇 호소문을 발표했다.

러시아 사회민주노동당 두마 의원단과 전쟁

1913년에 사회민주주의 두마 의원단 사이에 분열이 일어났다. 한쪽에는 치헤이제(Chkheidze)가 이끄는 기회주의 지지자 7인이 있었는데, 그들은 전체 노동자 수가 21만 4천 명인 일곱 곳의 비프롤레타리아 주(州)에서 당선되었다. 다른 한쪽에는

15 '프롤레타리아의 목소리'라는 뜻. 1915년 2월과 1916년 12월 사이에 지하에서 발행된 신문으로서 러시아 사회민주노동당 페테르부르크 시 위원회의 기관지이다. 총 4호가 나왔는데, 그 첫 호에 〈전쟁과 러시아 사회민주주의〉라는 제목으로 러시아 사회민주노동당 중앙위원회 선언이 실렸다.—원서 편집자

전체 노동자 수가 100만 8천 명인 러시아에서 가장 산업화된 중심지들에서 선출된 6인의 의원들이 있었는데, 그들은 모두 노동자 지구 출신이었다.

분열의 주된 쟁점은 이렇다. 혁명적 마르크스주의의 전술인가, 아니면 기회주의적 개량주의의 전술인가? 실제로 불일치가 드러난 지점은 주로 의회 밖 대중적 활동 영역에서였다. 러시아에서 이러한 의회 밖 활동은 그 활동을 수행하는 자들이 혁명적 기반 위에 남아 있기를 원한다면 비밀리에 수행하지 않으면 안 되는 것이었다. 치헤이제파 의원단은 비합법 활동을 거부한 청산파의 충성스런 맹우로 남아, 노동자들과의 모든 대화, 모든 모임에서 청산파를 옹호했다. 여기서 분열이 일어났다. 6인 의원들이 러시아 사회민주노동당 두마 의원단을 결성했다. 한 해 동안의 활동이 반박의 여지 없이 보여주고 있듯이, 이들이야말로 러시아 노동자들의 압도 다수가 지지한 의원단이다.

전쟁이 발발하자 불일치가 전면화되었다. 치헤이제파 의원단은 활동을 의회 안으로 가두었다. 치헤이제파 의원단은 전쟁공채에 찬성 투표를 하지는 않았는데, 만약 찬성 투표를 했다면 노동자들 사이에서 그에 대한 분노의 폭풍을 불러일으켰을 것이다(우리가 보았듯이, 러시아에서는 소부르주아 트루도비키당조차도 전쟁공채에 찬성 투표를 하지 않았다). 그러나 그들 치헤이제파 의원단은 사회배외주의에 대한 항의도 표명하지 않았다.

러시아 사회민주노동당 의원단은 당의 정치 노선을 표현할 때 그들 치헤이제파 의원단과는 다르게 행동했다. 러시아 사회민주노동당 의원단은 전쟁에 대한 항의를 노동자계급의 깊숙한 부위로까지 실어 날랐고, 광범한 러시아 프롤레타리아 대중 속에서 반제국주의 선전을 수행했다.

러시아 사회민주노동당 의원단은 또한 노동자들 사이에서 매우 동정적인 반응을 얻었는데 이에 놀란 정부는 자신의 법을 스스로 노골적으로 위반하면서 우리 동지들과 의원들을 체포하여 시베리아 종신유형을 선고하지 않을 수 없는 상황으로 몰렸다. 차르 정부는 우리 동지들의 체포를 밝힌 첫 공식 발표문에서 다음과 같이 썼다.

일부 사회민주주의 단체 성원들은 이 점에서 완전히 이례적인 입장을 취했는데, 그들의 활동 목표는 비합법 호소문이나 구두 선전을 통해 전쟁 반대를 선동함으로써 러시아의 군사력을 흔드는 것이었다.

차리즘에 대한 투쟁을 '잠정적으로' 중단하자는 반데르벨데의 유명한 호소에 대한 대응에서 오직 우리 당만이 중앙위원회를 통해 부정적으로 대답했다. 이 반데르벨데의 호소문은 차르가 파견한 벨기에 주재 전권공사 쿠다셰프(Kudashev) 대공의 증언으로 밝혀진 바, 반데르벨데 혼자서가 아니라 쿠다셰프 대공과 협력하여 작성했다는 것이다. 청산파 지도부는 반데르벨데에 동의했고, '전쟁을 방해하는 활동은 하지 않을 것'이라는 공식 입장을 언론에 표명했다.

차르 정부가 우리 당 의원들을 비롯한 동지들을 기소하면서 내세운 일차적 근거는 동지들이 반데르벨데에 대한 이러한 부정적 대답을 노동자들 사이에서 유포시켰다는 것이다.

공판에서 차르의 검찰관 네나로코모프(Nenarokomov) 씨는 우리 동지들에게 독일과 프랑스의 사회주의자들의 예를 들었다. "독일 사회민주주의자들은 전쟁공채에 찬성 투표를 함으로써 정부의 친구임을 입증했다. 이것이 독일 사회민주주의자들이 보여 준 모습인데, 음침한 러시아 사회민주주의자들은 그런 식으로 행동하지 않았다…… 벨기에와 프랑스의 사회주의자들도 하나같이 다른 계급들과의 분쟁을 잊고, 정쟁도 잊고, 주저 없이 국기의 주위로 결집했다." 그러나 러시아 사회민주노동당 의원단 성원들은 당 중앙위원회의 훈령을 준수하여 그렇게 행동하지 않았다는 것이다.

우리 당이 프롤레타리아 대중 사이에서 수행하고 있던 광범한 비합법 반전 선동의 당당한 모습이 공판을 통해 드러났다. 차르의 법정이 우리 동지들이 이 영역에서 수행하고 있던 활동들을 다 드러낸 것이 아님은 말할 필요도 없지만, 드러난 것만으로도 두세 달의 짧은 기간 내에 얼마나 많은 것들이 행해졌는가를 보여주었다.

전쟁에 반대하고 국제적인 전술에 찬성하여 우리 당 그룹들과 위원회들이 발표한 비밀 선언문들이 공판 과정에서 낭독되었다. 전 러시아의 계급적으로 각성한 노동자들로부터 러시아 사회민주노동당 의원단 성원들에게로 이어지는 연결망이 작동했고, 의원단은 노동자들이 마르크스주의적 관점에서 전쟁을 평가할 수 있도록 전력을 다해 도왔다.

하르코프 주의 노동자 의원인 무라노프(Muranov) 동지는 공판에서 다음과 같이 말했다.

"인민들이 두마 안락의자에 앉아서 자리나 닳게 하라고 나를 두마에 보낸 것이 아님을 알고 있는 나는 노동자계급의 분위기를 확인하기 위해 전국을 돌아다녔다." 그는 공판에서 자신이 우리 당의 비밀 선동자 임무를 맡았으며, 우랄 지방의 베르흐네이세츠키 공장 등에서 노동자위원회를 조직한 사실을 인정했다. 전쟁이 발발한 후 러시아 사회민주노동당 의원단 성원들이 선전 목적을 위해 러시아 전국을 거의 다 다닌 사실, 무라노프, 페트롭스키(Petrovsky), 바다예프(Badayev) 등이 반전 결의안이 통과된 수많은 노동자 회합을 주재한 사실 등이 공판에서 드러났다.

차르 정부는 피고인들을 극형에 처하겠다며 위협했다. 이때문에 피고인들 모두가 무라노프 동지처럼 실제 공판에서 용감하게 행동하지는 못했다. 그들은 차르의 검찰관들이 유죄 증명을 확보하기 어렵게 만들려고 노력했다. 러시아의 사회배외주의자들은 지금 비열하게 이 점을 활용하여 문제의 본질을 흐리려고 하고 있다. 노동자계급은 어떤 종류의 의회 활동을 필요로 하는가?

의회 활동은 쥐데쿰과 하이네(Heine), 셈바와 바이양(Valiant), 비솔라티와 무솔리니(Mussolini), 치헤이제와 플레하노프가 인정하고 있고, 우리 러시아 사회민주노동당 의원단 동지들, 그리고 배외주의와 단절한 불가리아와 이탈리아의 동지들도 인정하고 있다. 그러나 서로 다른 종류의 의회 활동이 존재한다. 한쪽에는 정부의 호감을 얻기 위해, 또는 기껏해야 치헤이제파 의원단처럼 모든 것으로부터 손을 씻기 위해 의회 무대를 활용하는 자들이 있다. 다른 한쪽에는, 끝까지 혁명가로 남기 위해, 가장 어려운 상황에서도 사회주의자로서, 국제주의자로서 자신들의 의무를 수행하기 위해 의회 활동을 활용하는 자들이 있다. 전자의 의회 활동은 그들을 정부 각료직에 앉히며, 후자의 의회 활동은 그들을 투옥과 유형, 징역형으로 이끈다. 전자는 부르주아지에게 봉사하고, 후자는 프롤레타리아트에게 봉사한다. 전자는 사회제국주의자들이다. 후자는 혁명적 마르크스주의자들이다.

3장
인터내셔널의 재건

인터내셔널은 어떻게 재건되어야 하는가? 그러나 먼저, 인터내셔널이 어떻게 재건되어서는 안 되는지에 대해 잠깐 얘기해보자.

사회배외주의자들과 '중앙'파의 방법

오! 모든 나라의 사회배외주의자들은 위대한 '국제주의자들'이다! 바로 전쟁 초기부터 그들은 인터내셔널에 대한 걱정을 도맡아왔다. 한편으로 그들은 인터내셔널의 붕괴에 관한 이야기들은 과장되었다고 우리를 안심시킨다. 실제로 예상 밖의 일은 전혀 일어나지 않았다는 것이다. 카우츠키에 따르면, 인터내셔널은 단지 '평화 시의 도구'이며, 당연히 이 도구가 전시에 걸맞을 것으로 생각하지 않았다. 다른 한편으로, 모든 나라의 사회배외주의자들은 발생한 상황으로부터 벗어날 매우 단순한—그리고 주되게는 국제적인—탈출구를 발견했다. 단순한 탈출구란 이렇다. 전쟁이 끝날 때까지 기다리는 것이 오직 필요하다. 그러나 전쟁이 끝날 때까지 각국의 사회주의자들은 그들의 조국을 방어하고 '자'국 정부를 지지해야 한다. 전쟁이 끝날 때 서로 '사면'하고 모두가 옳았다는 승인을 하면 된다. 평화시에 우리는 형제처럼 지내고, 전시에 우리는—여차저차한 결의들에 기초해서—독일 노동자들에게 그들과 같은 프랑스 형제들을 절멸시킬 것을 촉구하고, 거꾸로 프랑스 노동자들에게는 독일 형제들을 절멸시킬 것을 촉구한다.

카우츠키와 플레하노프, 빅토르 아들러(Victor Adler)와 하이네 모두가 이에 동의한다. 빅토르 아들러는 "우리가 어려운 시기를 겪고 난 뒤 우리의 첫 번째 의무는 서로의 눈에서 티끌 찾기를 삼가는 것이 될 것이다"라고 쓰고 있다. 카우츠키는 인터내셔널의 운명에 관해 "진지한 사회주의자는 그 누구도 불안을 부추기는 소리를 낸 적이 없으며, 지금까지 어느 쪽으로부터도 그런 소리가 들린 적이 없다"고 주장한다. 플레하노프는 "무고하게 살육당한 사람들의 피비린내가 나는"(독일 사회민주주의자들의) "손을 잡는 것은 불쾌한 일이다"라고 말한다. 그러나 그는 곧이어 '사면'을 제안한다. "여기서는 가슴을 머리에 종속시키는 것이 참으로 적절할 것이다. 더 큰 대의를 위해 인터내셔널은 뒤늦은 후회를 받아들이는 것까지도 고려하지 않으면 안 될 것이다." 하이네는 《월간 사회주의*Sozialistische Monatshefte*》에서 반데르벨데의 행동을 "용기 있고 자랑스러운" 것으로 묘사하면서, 그를 독일 좌익을 위한 본보기라고 치켜세운다.

요컨대, 전쟁이 끝나면 카우츠키와 플레하노프, 반데르벨데와 아들러로 구성되는 위원회를 선임해보라. 그러면 상호용서의 정신으로 '만장일치'의 결의안이 바로 작성될 것이다. 분쟁은 안전하게 덮혀 가려질 것이다. 무엇이 일어났는지 노동자들이 이해하도록 돕기는커녕 서류상의 기만적인 '단결'로 노동자들을 속일 것이다. 각국 사회배외주의자들과 위선자들의 융합이 인터내셔널의 재건으로 묘사될 것이다.

우리는 그러한 '재건'의 위험성이 매우 크다는 사실에 눈을 감으면 안 된다. 각국 사회배외주의자들은 한결같이 그러한 '재건'에 관심이 있다. 그들 모두가 한결같이 노동자 대중이 '사회주의인가 아니면 민족주의인가?'라는 문제를 스스로 이해하려 노력하는 것을 달가워하지 않는다. 그들 모두가 한결같이 서로의 죄를 은폐하는 데 관심이 있다. 그들 중 누구도 저 '국제적' 위선의 대가 카우츠키가 제안한 것 외에 그 어떤 것도 제안할 수 없다.

그러나 이 위험은 거의 현실화되지 않았다. 전쟁 중에 우리는 국제 연결망을 복구하기 위한 많은 시도를 목격해왔다. 우리는 노골적인 배외주의자들이 '조국'의 군참모부와 부르주아지를 돕기 위해 모인 런던 회의와 빈 회의에 대해서는 말하지 않겠다. 우리는 루가노 회의[16]와 코펜하겐 회의[17], 국제여성대

16 1914년 9월 27일 스위스 루가노에서 열린 이탈리아·스위스 사회주의자 대회.—원서 편집자

회[18]와 국제청년회의[19]를 염두에 두고 있다. 이 회의들은 가장 선한 소망을 가지고 개최된 것이지만, 위에서 언급한 위험을 인식하는 데 완전히 실패했다. 그 회의들은 국제주의자들을 위한 투쟁 노선을 제시하지도 못했고, 사회배외주의자들의 인터내셔널 '재건' 방법이 어떻게 프롤레타리아트를 위협하고 있는지, 그 위험성도 프롤레타리아트에게 지적해주지 않았다. 또한 사

17 제2인터내셔널을 재건할 목적으로 1915년 1월 17일부터 18일까지 코펜하겐에서 열린 중립국(스웨덴, 노르웨이, 덴마크, 네덜란드) 사회주의자들의 회의. 회의는 중립국 사회주의 당의 국회의원들을 통해 이들 나라 정부에게 교전국 간 중재자로 나서서 전쟁의 종결을 가져오기 위해 노력해줄 것을 호소하기로 결의했다.—원서 편집자

18 1915년 3월 26일부터 28일까지 스위스 베른에서 전쟁에 대해 취해야 할 태도를 의제로 해서 국제사회주의여성대회가 열렸다. 러시아 사회민주노동당 중앙위원회와 연결된 여성 조직들이 국제 여성운동 지도자 클라라 체트킨(Clara Zetkin)과 합동으로 발의해서 소집된 회의다. 영국, 독일, 프랑스, 네덜란드, 스위스, 이탈리아, 폴란드를 대표하는 25명의 대의원이 참석했다. 러시아 대의원들 중에는 N. K. 크룹스카야(Krupskaya)와 이네사 아르망(Inessa Armand)이 있었다.
    국제사회주의여성대회의 의결 사항 보고는 1915년 6월 1일자《사회민주주의자》42호 증보판에 실렸다.—원서 편집자

19 1915년 4월 4일부터 6일까지 스위스 베른에서 전쟁에 대해 취해야 할 태도를 의제로 해서 국제사회주의 청년회의가 열렸다. 러시아, 노르웨이, 네덜란드, 스위스, 불가리아, 독일, 폴란드, 이탈리아, 덴마크, 스웨덴 등 10개국 청년 조직들의 대표자들이 참석했다. 회의는 국제청년의 날을 해마다 기념하기로 결정했고, 국제사회주의청년사무국을 선출했다. 사무국은 회의의 결정에 따라《청년 인터내셔널Jugend-Internationale》을 발간하기 시작했다. 이 잡지에는 레닌과 카를 리프크네히트도 기고했다.—원서 편집자

회배외주의에 대한 투쟁이 수행되지 않으면 사회주의의 대의는 가망 없는 것이 될 것이라는 점을 노동자들에게 밝히지 않고 기껏해야 옛 결의들을 반복하는 데 그쳤다. 기껏해야 제자리걸음을 한 것 이상이 아니다.

반대파의 상황

모든 국제주의자들의 가장 큰 관심사는 의심할 바 없이 독일 사회민주당 내 반대파의 상황이다. 제2인터내셔널에서 가장 강하고 지도적인 당이었던 공식 독일 사회민주당은 국제 노동자 조직에 가장 심각한 타격을 입혔다. 그러나 동시에 가장 강력한 반대가 일어난 것도 독일 사회민주당에서였다. 모든 큰 유럽 당들 가운데 여전히 사회주의의 기치에 충성하는 동지들의 우렁찬 항의 목소리가 최초로 제기된 곳도 독일 당에서였다. 우리는 잡지 《리히트슈트랄렌Lichtstrahlen》과 《인터나치오날레Die Internationale》를 읽고 기뻤다. 예를 들어 "주적은 국내에 있다"는 제목의 선언문을 비롯해 비밀리에 인쇄된 선언문들이 독일에서 배포되었다는 이야기를 듣고 더욱더 기뻤다. 이것은 사회주의의 정신이 독일 노동자들 사이에 살아있다는 것, 혁명적 마르크스주의를 옹호할 수 있는 사람들이 독일에 아직 존재한다는 것을 보여주었다.

오늘날 사회주의 운동의 분열은 독일 사회민주주의 내에서 가장 현저하게 드러나고 있다. 여기서 우리는 매우 뚜렷하게 세 가지 경향을 볼 수 있다. 첫 번째는 기회주의적 배외주의자들로서, 이들의 변절은 그 어디서보다도 특히 독일에서 최악의 형태를 취했다. 두 번째는 카우츠키주의 '중앙'파로서, 이들은 앞의 기회주의자들의 시녀 역할 외에는 어떤 다른 역할도 할 수 있는 게 없음을 입증해 보였다. 세 번째는 좌파로서, 독일에서 유일한 사회민주주의자들이다.

당연히 우리가 가장 관심을 두는 것은 독일 좌파의 상황이다. 그들 속에서 우리는 우리의 동지들을 보며, 모든 국제주의 분자들의 희망을 본다.

좌파의 상황은 어떠한가?

《인터나치오날레》는 독일 좌파가 아직 동요 상태에 있고, 여전히 상당한 재편성이 이루어지길 기다려야 하며, 내부에는 보다 단호한 인자와 그렇지 못한 인자가 존재한다고 썼는데, 이 점은 아주 옳았다.

물론 우리 러시아의 국제주의자들은 우리 동지들인 독일 좌파의 상황에 개입할 권리가 우리에게 있다고 전혀 주장하지 않는다. 우리는 그들 홀로도 시간과 장소의 조건에 맞추어서 기회주의자들과 투쟁하는 자신의 방법을 결정할 수 있는 능력을 충분히 갖추고 있다는 것을 알고 있다. 우리는 오직 상황에 관해 우리의 의견을 솔직하게 표현하는 것이 우리의 권리이자 의무라고 생각할 따름이다.

《인터나치오날레》의 논설 집필자는 카우츠키주의 '중앙'파가 공공연한 사회배외주의보다 마르크스주의에 더 해악적이라고 주장했는데, 우리는 그 주장이 정말로 옳다고 확신한다. 그 누구든 지금 불일치를 흐리는 자는, 그 누구든 지금 마르크스주의로 위장하고서 노동자들에게 카우츠키주의의 설교를 전파하는 자는 노동자들을 속이는 자다. 문제를 툭 던져놓고 노동자들에게 쟁점을 이해해보라고 강요하는 쉬데쿰·하이네 일파보다도 더 해악적인 자다.

카우츠키와 하제(Haase)가 '공식 기구들'에 대해 반기를 드는 것을 최근에 스스로 허용하고 있다는 사실에 현혹될 사람은 아무도 없다. 그들과 샤이데만 일파 사이의 불일치는 근본원칙에 관한 것이 아니다. 전자는 힌덴부르크와 마켄젠[20][독일군 장군들]이 이미 승리하고 있다고 믿는다. 또 병합에 반대하여 항의하는 호사 정도는 이들 장군들이 이미 스스로 허용할 수 있을 거라 믿는다. 후자는 이들 장군들이 아직 승리하지 못했다, 따라서 '끝까지 버틸' 필요가 있다고 믿는다.

카우츠키주의는 '공식 기구들'에 대해 단지 가짜 투쟁을 수행하고 있을 뿐이다. 전쟁 후에 노동자들에게 원칙의 대립을 모호하게 하고, 흐릿한 '좌익' 풍으로 작성된 허풍으로 가득한 결의안들—제2인터내셔널의 외교가들이 바로 이런 결의안을 능숙하게 작성하는 대가들이다—을 가지고 문제를 덮어버릴

---

20 두 사람 모두 독일군 장군들이다.—옮긴이

수 있도록 하는 것, 바로 이것이 그러한 가짜 투쟁의 목적인 것이다.

독일의 반대파들이 '공식 기구들'에 맞서 험난한 투쟁을 수행하는 가운데 카우츠키주의가 일으킨 이러한 무원칙한 반대도 또한 활용해야 한다는 것은 충분히 이해할 만하다. 그러나 국제주의자 누구에게나 변함없는 시금석이어야 하는 것, 그것은 신카우츠키주의에 대한 적개심이어야 한다. 오직 카우츠키주의와 투쟁하는 자만이, 근본적으로 '중앙'파는 그들 지도자들이 취한 가짜 전환 이후에도 변함없이 배외주의자들과 기회주의자들의 맹우로 남아 있다는 사실을 놓치지 않는 자만이 진정한 국제주의자다.

인터내셔널 일반에서 동요분자들에 대한 우리의 태도는 엄청나게 중요한 문제다. 이들 분자들—주로 **평화주의적** 색조의 사회주의자들—은 중립국과 일부 교전국 모두에서 발견된다 (예를 들어 영국에서는 독립노동당).[21] 이들 분자들은 우리의 동반자일 수 있다. 사회배외주의자들에 대한 반대 투쟁에서 이들 분자들과 관계를 회복하는 것이 필요하다. 그러나 그들은 단지 동반자일 **뿐**이라는 것, 인터내셔널의 재건과 관련하여 주요 근본문제에서 그들은 우리와 함께 가지 않고, 우리에게 반대하여 카우츠키, 샤이데만, 반데르벨데, 셈바와 함께 갈 것이라는 점을 놓쳐서는 안 된다. 국제 대회에서 우리는 우리의 강령을 이들 분자들이 받아들일 수 있는 수준으로 제한해서는 안 된다. 만약 우리가 그렇게 한다면, 우리는 동요하는 평화주의자들의 포로가 될 것이다. 예를 들면, 베른에서 열린 국제여성대회에서 바로 이런 일이 일어났다. 클라라 체트킨 동지의 관점을 지지한 독일 대표단은 이 대회에서 실제로 '중앙'파의 역할을 했다.   이 여성대회는 트룰스트라(Troelstra)가 이끄는 기회주의적인 네덜란드 당 대표단과 독립노동당 대표단—이들은 런던에서 열린 '앙탕트' 배외주의자들의 대회에서 반데르벨데의 결의안에 찬성 투표를 했다(이것을 우리는 잊지 않을 것이다).—이 받아들일 수 있는 것만을 대회 선언으로 채택했다. 우리는 독립노동당이 전쟁 중에 영국 정부에 반대하여 수행한 용기 있는 투쟁에 대해 우리가 할 수 있는 최대의 경의를 표한다. 그러나 우리는 이 당이 마르크스주의적 입장을 취하지 않아왔다는 것을 알고 있다. 하지만 현 시점에서 사회민주주의적 반

21 독립노동당은 1893년에 제임스 케어 하디(James Keir Hardie)와 램지 맥도널드(Ramsay MacDonald) 같은 지도자들을 중심으로 하여 결성되었다. 이 당은 부르주아 정당들에 대해 정치적으로 독립적인 당임을 자처했으나 실제로는 "사회주의에 독립적이고, 자유주의에 의존적인"(레닌) 당이었다. 제국주의 세계 전쟁(1914~8년) 초기인 1914년 8월 13일에 독립노동당은 전쟁에 반대하는 선언을 냈지만, 그후 1915년 2월에 런던에서 열린 앙탕트 사회주의자 대회에서 그 당의 대표자들은 이 대회가 채택한 사회배외주의적 결의를 지지했다. 1919년에 공산주의 인터내셔널이 결성되자 독립노동당 지도자들은 좌경화하는 평당원들의 압력에 굴하여 제2인터내셔널 탈퇴를 결정했다. 1921년에 독립노동당은 이른바 2.5인터내셔널에 가입했고, 이 2.5인터내셔널이 붕괴한 후에는 제2인터내셔널에 재가입했다.—원서 편집자

대파의 주된 임무는 혁명적 마르크스주의의 깃발을 드는 것, 그리고 우리가 제국주의 전쟁들을 어떻게 생각하고 있는지 노동자들에게 단호하고 분명하게 밝혀주고, 대중의 혁명적 행동 슬로건을 내오는 것, 즉 제국주의 전쟁 시대를 내란 시대의 시작으로 전화시키는 것이다.

온갖 어려움에도 불구하고 많은 나라에 혁명적 사회민주주의 인자들이 존재한다. 그들은 독일에서, 러시아에서, 스칸디나비아에서(회글룬트(Höglund) 동지가 유력한 일파를 대표하고 있다), 발칸제국에서(불가리아의 테스냐키(Tesnyaki)당[22]이 있다), 이탈리아에서, 영국에서(영국사회당[23]의 일부), 프랑스에서(바이양 자신이 국제주의자들로부터 항의 편지들을 받았다고《뤼마니테 L'Humanité》에서 인정하고 있으나 그 편지들 중 어느 하나도 전문을 발표한 적은 없다), 네덜란드에서(트리뷴파[24]), 그리고 그 밖의 여러 나라에서 활동하고 있다. 처음에 그 숫자가 아무리 작더라도 이들 마르크스주의 인자들을 모아내서 그들의 이름으로 지금 망각된 진정한 사회주의의 약속들을 되살리고 만국의 노동자들에게 배외주

---

22 테스냐키는 불가리아 사회민주노동당이다. 1903년에 사회민주당으로부터 혁명적 조류가 분립하여 결성한 당이다. 당의 창건자이자 지도자인 디미트리 블라고예프(Dimitr Blagoyev)의 뒤를 이어 그의 지지자들인 게오르기 디미트로프(Georgi Dimitrov)와 바실 콜라로프(Vasil Kolarov)가 당을 대표했다. 1914~8년 동안 테스냐키는 제국주의 전쟁에 반대했다. 1919년에 공산주의 인터내셔널에 가입했고 불가리아공산당을 결성했다.—원서 편집자

의자들과 단절하여 마르크스주의의 기치 아래 서도록 요구하는 것, 이것이 시대의 과업이다.

이른바 '행동' 강령을 내건 대회들은 지금까지 단순한 평화주의 강령을 선언하는 데 그쳐왔다. 물론 가장 신속한 전쟁 종결을 위해 투쟁하는 것이 필요하다. 그러나 '평화' 요구는 **혁명적 투쟁**을 동반할 때에만 프롤레타리아적 의미를 획득한다. 일련의 혁명 없이는 이른바 민주주의적 평화란 속물적 유토피아

23　영국사회당은 1911년에 결성되었다. 마르크스주의 선전·선동을 수행했기 때문에 레닌은 이 당을 "기회주의가 아닌", "자유주의자들로부터 정말로 독립적인" 세력이라고 묘사했다. 대중으로부터 고립됐고 소규모 조직이라서 다소 종파주의적 성격을 띠었다.

　　제국주의 세계 전쟁(1914~8년) 동안 당에 두 가지 경향이 드러났다. 하나는 헨리 하인드먼이 주도하는 공공연한 사회배외주의 경향이고 다른 하나는 앨버트 잉크핀(Albert Inkpin) 등이 이끄는 국제주의 경향이다. 1916년 4월에 분열이 일어났다. 하인드먼과 그의 지지자들은 소수파가 되어 당에서 철수했다. 이 시점부터 국제주의자들이 영국사회당의 지도부를 맡아서 이후 1920년에 영국공산당 결성을 주도했다.―원서 편집자

24　트리뷴파는 네덜란드 사회민주노동당 내 좌파 그룹으로서, 1907년에 《트리뷴Tribun》을 발행했다. 1909년에 트리뷴파는 네덜란드 사회민주노동당에서 축출되어 독자적인 당(네덜란드 사회민주당)을 조직했다. 트리뷴파는 일관되게 혁명적인 당은 아니었지만, 네덜란드 노동자계급 운동의 좌파 진영을 대표했다.

　　1918년에 트리뷴파는 네덜란드 공산당을 결성했다. 1909년부터 《트리뷴》은 네덜란드 사회민주당의 기관지였고, 1918년부터는 공산당의 기관지였다. 1930년대 초부터 1940년까지 이 신문은 《폴크스다그블라드Folksdagblad》(인민일보)라는 제호를 달고 발행됐다.―원서 편집자

다. 진정한 행동 강령이라면 오직 **마르크스주의적** 강령에 의해서만 그 목적을 달성할 수 있을 것이다. 무엇이 일어났는지에 대한 완전하고 명확한 설명을 대중에게 제시하는, 제국주의는 무엇이고 그것과 어떻게 싸워야 하는지 설명해주는, 제2인터내셔널의 붕괴를 초래한 것은 다름 아닌 기회주의임을 공공연하게 밝히는, 기회주의자들을 배제하고 기회주의자들에 대항하여 마르크스주의 인터내셔널의 건설을 공공연하게 요구하는, 그러한 마르크스주의 강령 말이다. 우리가 우리 자신에 대해, 마르크스주의에 대해 믿음을 가지고 있음을 보여주는, 우리가 기회주의에 대항하는 생사를 건 투쟁을 선포한다는 것을 보여주는, 오직 그러한 강령만이 조만간 우리가 진정한 프롤레타리아 대중의 동조를 얻게 해줄 것이다.

러시아 사회민주노동당과 제3인터내셔널

러시아 사회민주노동당은 오래전에 기회주의자들과 갈라섰다. 러시아의 기회주의자들은 이제 한 걸음 나아가 배외주의자들이 되었다. 이 점은 사회주의를 위해 그들과 분립하는 것이 필수불가결하다는 우리의 의견에 더욱 힘을 실어줄 뿐이다. 현재 사회민주주의자들이 사회배외주의자들과 갖는 불일치는 과거 사회주의자들이 아나키스트들과 분립했을 당시의 불일치 못지않게 크다고 우리는 확신한다. 현재의 단결은 그것이 좌파들로 하여금 배외주의자들에게 굴복하도록 강요하고 노동자들로 하여금 논쟁을 이해하지 못하게 함으로써 노동자들이 자신의 진정한 노동자당, 진정한 사회주의 당을 만들지 못하도록 가로막기 때문에 기회주의자들과 부르주아지에게 이롭다고 기회주의자 모니토르(Monitor)가 《프로이센 연보 *Preussische Jahrbücher*》에서 지적한 것은 옳았다. 우리는 현 상황에서 기회주의자들·배외주의자들과의 분립이 혁명가의 일차적 의무라고 굳건히 믿는다. 황색 노조, 반유대주의자, 자유주의 노조 등과의 분립이 후진 노동자들의 계몽을 촉진하고 그들을 사회민주당의 대열로 끌어들이는 데 필수적인 도움이 되었듯이 말이다.

우리의 견해로는 제3인터내셔널은 정확히 그러한 혁명적 기초 위에서 건설되어야 한다. 우리 당에 관한 한 사회배외주의자들과 단절하는 것이 마땅한가, 아닌가는 문제도 아니다. 우리 당으로서는 이 문제는 이미 결정되어 되돌릴 수 없는 것이다. 우리 당의 입장에서 존재하는 단 하나의 문제는 이러한 단절이 가까운 미래에 국제적 규모로 성취될 수 있는가뿐이다.

국제적 마르크스주의 조직을 만들기 위해서는 각국에서 독립적인 마르크스주의 당들을 결성할 준비가 되어 있어야 한다는 이야기는 충분히 이해할 만하다. 노동계급 운동이 가장 오래 전부터 존재했고 가장 강력한 나라인 독일이 결정적으로 중요하다. 가까운 미래에 새로운 마르크스주의 인터내셔널을 결성하기 위한 조건이 이미 성숙해 있는지의 여부가 드러날 것이다. 그러한 조건이 성숙해 있다면 기회주의와 배외주의를 숙정하고 새롭게 시작할 제3인터내셔널에 우리 당은 기꺼이 가입할 것이다. 만약 그러한 조건이 성숙해 있지 못하다면, 다소간에 장기적인 진화 과정이 이러한 숙정을 위해 필요할 것이다. 그 경우에는 각국에서 혁명적 마르크스주의의 기초 위에 선 국제적 노동자 연합을 위한 기반이 형성될 때까지 우리 당은 구 인터내셔널 안에서 강경 반대파로 존재할 것이다.

앞으로 몇 년 안에 국제 무대에서 상황이 어떻게 전개될지는 알지 못하며, 알 수도 없다. 그러나 우리가 확실하게 알고 있고, 흔들림 없이 확신하는 한 가지가 있는데, 그것은 우리 당이 우리나라에서 우리의 프롤레타리아트 속에서 위에서 언급한 방향으로 불굴의 투지로 활동할 것이며, 그 모든 매일 매일의 활동을 통해 **마르크스주의** 인터내셔널의 러시아 지부를 건설할 것이라는 사실이다.

러시아에도 공공연한 사회배외주의자들과 '중앙'파 그룹들이 결코 없지 않다. 이들은 마르크스주의 인터내셔널 결성에 반대하여 투쟁할 것이다. 우리는 플레하노프가 원칙 문제에서 쥐데쿰과 같은 지반 위에 서 있고, 이미 쥐데쿰에게 손을 뻗치고 있다는 것을 알고 있다. 우리는 악셀로드가 이끄는 이른바 '조직위원회'가 러시아 토양 위에서 카우츠키주의를 설파하고 있다는 것을 알고 있다. 이들은 노동자계급 단결을 가장하여 기회주의자들과의 단결을, 그리고 그 기회주의자들을 통해 부르주아지와의 단결을 설파하고 있다. 그러나 러시아에서 현 노동계급 운동에 관해 우리가 알고 있는 모든 것에 의하면, 러시아에서의 계급의식적인 프롤레타리아트는 지금까지처럼 의연히 우리 당과 함께할 것이라고 전적으로 확신할 수 있다.

4장
러시아에서 사회민주주의의 분열의 역사와 현 상태

앞에서 서술한, 러시아 사회민주노동당의 전쟁에 관한 전술은 러시아에서 사회민주주의가 30년간 발전한 결과로 나온 필연적인 결과물이다. 우리 당의 역사를 천착하지 않고는 이 전술과 우리나라 사회민주주의의 현 상태를 제대로 이해할 수 없다. 우리가 여기서 이 역사의 주요 사실들을 독자에게 상기시키지 않으면 안 되는 이유가 바로 그 점에 있다.

이데올로기적 조류로서 사회민주주의는 1883년에 등장했는데, 그해는 러시아에 적용된 사회민주주의 견해들이 국외에서 노동해방단에 의해 최초로 체계적으로 해설된 시점이다. 여전히 1890년대 초까지는 사회민주주의는 러시아 국내의 대중적 노동계급 운동과 연관이 없는 이데올로기 조류로 머물러 있었다. 90년대 초에 운동의 상승과 함께 노동자들 사이에서 소요와 파업운동이 상승함에 따라 사회민주주의는 노동자계급의 투쟁(경제투쟁과 정치투쟁 둘 다)과 뗄 수 없이 연결된 활동적인 정치세력으로 탈바꿈했다. 사회민주주의가 '경제주의자들'과 '이스크라(Iskra)파'로 분열되기 시작한 것도 바로 그때부터였다.

'경제주의자들'과 구 《이스크라》: 1894~1903년

'경제주의'는 러시아 사회민주주의 내 기회주의적 조류였다. 그 조류의 정치적 본질은 "노동자들은 경제투쟁을, 자유주의자들은 정치투쟁을"이라는 강령으로 요약되었다. 그 조류의 주된 이론적 지주는 이른바 '합법 마르크스주의' 또는 '스트루베주의'였는데, 이들은 혁명적 정신이 완전히 거세되고 자유주의 부르주아지의 필요에 맞게 순치된 '마르크스주의'를 '승인'했다. 러시아의 노동자 대중이 미성숙했다는 핑계를 대며 '대중과 함께 행진하기'를 소망하는 '경제주의자들'은 노동계급 운동의 임무와 활동 영역을 경제투쟁과 자유주의에 대한 정치적 지지에 제한시켰다. 그리고 그들 스스로는 독립적인 정치적 임무도, 또는 어떠한 혁명적 임무도 떠안지 않았다.

구 《이스크라*Iskra*》(1900~3년)[25]는 혁명적 사회민주주의의 원칙들을 지키고자 '경제주의'에 반대하는 투쟁을 성공적으로 수행했다. 계급적으로 각성한 프롤레타리아트의 정예 분자들 전체가 《이스크라》에 동조했다. 혁명 전 수년 동안 사회민주주

---

25 '불꽃'이라는 뜻이며, 1900년 레닌이 창간한 최초의 전(全)러시아 마르크스주의 신문으로, 비합법이었다. 러시아 사회민주노동당 2차 대회에서 당의 중앙기관지가 되었다. 레닌이 구 《이스크라》라고 하는 것은 《이스크라》 1호에서 52호까지다. 멘셰비키는 52호부터 《이스크라》를 자기들 분파의 기관지로 탈바꿈시켰다.—원서 편집자

의는 가장 일관되고 비타협적인 강령을 주창했다. 1905년 혁명에서의 계급투쟁과 대중의 행동이 이 강령의 올바름을 확인해주었다. '경제주의자들'은 대중의 후진성에 영합했다. 《이스크라》는 대중을 이끌고 전진할 수 있는 노동자 전위를 훈련시켰다. 현재 사회배외주의자들이 제기하는 주장들(대중을 고려하는 것이 필요하다는 주장, 제국주의는 진보적이라는 주장, 혁명가들이 품고 있는 '환상' 운운하는 주장 등)은 모두 경제주의자들이 제기했던 것들이다. '스트루베주의' 스타일로 마르크스주의를 기회주의적으로 변경시키는 수법은 이미 러시아에서 20년 전 사회민주주의에 알려진 수법이다.

멘셰비즘과 볼셰비즘: 1903~8년

부르주아 민주주의 혁명의 시대는 사회민주주의 내 조류들 간의 새로운 투쟁을 낳았다. 이 투쟁은 앞선 투쟁과 직접적인 연속선상에 있었다. '경제주의'는 '멘셰비즘'으로 전환했다. 구 《이스크라》의 혁명적 전술을 옹호하는 '볼셰비즘'이 탄생했다.

1905~7년의 격동의 시기에 멘셰비즘은 부르주아 자유주의자들의 후원을 받는 기회주의 조류로서 노동계급 운동에 자유주의 부르주아적 경향들을 유입시켰다. 노동자계급의 투쟁을 자유주의에 순응시키는 것, 그것이 멘셰비즘의 본질이었다. 반대로 볼셰비즘은 자유주의의 동요와 배신에도 불구하고 사회민주주의 노동자들에게 민주주의 농민층을 혁명적 투쟁

으로 분기시키는 임무를 배치했다. 멘셰비키 자신들이 여러 번 인정했듯이 노동자 대중도 혁명 중에 중요한 모든 대중행동들에서 볼셰비키와 함께 행진했다.

1905년 혁명은 러시아에서 비타협 혁명적 사회민주주의 전술을 시험했고, 강화하고 심화시켰으며 단련시켰다. 각 계급과 당들의 공개적인 행동으로 사회민주주의적 기회주의와 자유주의 사이의 연관이 거듭 폭로되었다.

마르크스주의와 청산주의: 1908~14년

반혁명의 시대는 또다시 사회민주주의의 기회주의적 전술과 혁명적 전술의 문제를 완전히 새로운 형태로 궤도에 올려놓았다. 멘셰비즘의 주류는 멘셰비즘 최량의 대표자들 다수의 항의에도 불구하고 청산주의 조류를 탄생시켰다. 새로운 혁명을 위한 투쟁의 포기, 비밀 조직 및 비밀 활동의 포기, '비합법'에 대한 경멸과 조롱, 공화제 슬로건에 대한 조롱 등이 러시아에서 청산주의 조류의 특징이다. 《나샤 자리야》에 기고하는 합법적 필자 그룹(포트레소프 씨, 체레바닌 씨 등)이 구 사회민주당에 독립하여 중핵을 이뤘는데, 이들은 노동자들을 혁명적 투쟁으로부터 떼어내고자 하는 러시아 자유주의 부르주아지에 의해 수천 가지 방식으로 지원받고 부양받고 양육되었다.

이 기회주의 그룹은 1912년 1월 러시아 사회민주노동당 전국협의회[26]에서 축출되었다. 이 협의회는 당내 일련의 그룹들 및 이들의 국외 동료들의 거센 반발에도 불구하고 당을 복구시켰다. 2년이 넘게(1912년 초부터 1914년 중반까지) 두 개의 사회민주당들 간에 완강한 투쟁이 휘몰아쳤다. 1912년 1월에 선출된 중앙위원회와 1월 전국협의회를 인정하지 않는 '조직위원회'가 그 두 개의 당인데, 후자는 당을 다른 방식으로, 《나샤 자리야》 그룹과의 단결을 유지하는 방식으로 복구하길 원했다. 두 개의 노동자 일간지(《프라우다Pravda》와 《루치Luch》[27], 그리고 양자 각각의 계승지) 간에, 그리고 4차 두마에서의 두 사회민주주의 의원단(러시아 사회민주노동당 프라우다 그룹 또는 마르크스주의 그룹과 치헤이제가 이끄는 청산파 '사회민주주의 그룹') 간에 격렬한 투쟁이 전개되었다.

프라우다파는 당의 혁명적 원칙에 충실했고 노동계급 운동의 부활 기운(특히 1911년 봄 이후)을 북돋았으며 비합법 조직 활동과 공개 조직 활동을 결합시키고 신문과 선동을 결합시킴으로써 계급적으로 각성한 노동자들의 압도적인 다수를 자기

26 1912년 1월 5일부터 17일까지 프라하에서 열린 러시아 사회민주노동당 6차 전국협의회를 가리킨다. 전국협의회의 결정으로 멘셰비키가 당에서 축출되었고, 하나의 당에서 볼셰비키와 멘셰비키가 형식상 단결하는 것은 최종적으로 종결되었다. 프라하 전국협의회로 볼셰비키당이 출범했다.—원서 편집자

27 '광선'이란 뜻의 멘셰비키 청산파의 일간지로서, 1912년 9월부터 1913년 7월까지 페테르부르크에서 합법적으로 발행됐다. 그 신문은 "부르주아 부자 친구들이 제공한 기금으로"(레닌) 유지되었다.—원서 편집자

주위에 결집시켰다. 반면 청산파—정치 세력으로서는 오로지 《나샤 자리야》그룹을 통해서만 활동한—는 자유주의 부르주아 분자들의 지지에 전면적으로 의존했다.

양 진영의 신문에 노동자 집단들이 공개적으로 금전 기부—당시 러시아의 조건에 맞게 이런 형태로 사회민주당 당비를 냈다(합법적으로 가능하고 모두에 의해 자유롭게 검증할 수 있는 유일한 형태였다)—를 한 것을 보면, 프라우다파 (마르크스주의자들) 의 영향력의 원천은 프롤레타리아트에 있었던 반면, 청산파 (그리고 그들의 '조직위원회')의 영향력의 원천은 부르주아 자유주의자들이었음이 명확하게 확인된다. 여기에 금전 기부에 대한 간단한 수치가 있다. 이 수치는 『마르크스주의와 청산주의*Marxism and Liquidationism*』[28]라는 책에 전문이 제시되어 있고, 독일 사회민주주의 신문 《라이프치히 폴크스차이퉁 *Leipziger Volkszeitung*》[29] 1914년 7월 21일자에 요약본이 실려 있다.

1914년 1월 1일부터 5월 13일까지 페테르부르크의 두 일간

---

28 이 책의 부제는 "현 시기 노동계급 운동의 근본 문제들에 대한 논문집, 2부"다. 1914년 7월에 당 출판사인 프리보이 출판사에서 발행했다. 이 책에는 청산파에 반대하는 레닌의 글들이 실려 있다. 레닌이 이 책을 언급하면서 염두에 두고 있는 글은 다음 두 편이다. "The Working Class and Its Press"(본 전집 56권에 수록—편집자), "How the Workers Responded to the Formation of the Russian Social-Democratic Labour Group in the Duma"(본 전집 57권에 수록—편집자).—원서 편집자

지, 마르크스주의파(프라우다파) 일간지와 청산파 일간지가 받은 금전 기부의 횟수와 총액은 다음과 같다.

	프라우다파		청산파	
	기부 횟수	총액(루블)	기부 횟수	총액(루블)
노동자 집단들의 기부	2,873	18,934	671	5,296
비노동자 집단들의 기부	713	2,650	453	6,760

이와 같이, 1914년까지 우리 당은 러시아의 계급적으로 각성한 노동자들의 5분의 4를 혁명적 사회민주주의 전술 주위로 결집시켰다. 1913년 전 기간 동안 프라우다파는 2,181개의 노동자 집단으로부터 기부를 받았고, 청산파는 661개 노동자 집단으로부터 기부를 받았다. 1913년 1월 1일부터 5월 13일까지의 수치를 보면, 프라우다파가 노동자 집단들로부터 5,054회 기부 받은 것으로, 청산파는 1,322회, 즉 20.8퍼센트를 받은 것으로 나타났다.

29 '라이프치히 인민신문'. 독일 사회민주당 좌파의 기관지로서, 1894년부터 1933년까지 일간지로 발행되었다. 오랜 기간 동안 프란츠 메링과 로자 룩셈부르크는 이 신문 편집위원으로 일했다. 1917년부터 1922년까지는 독일 '독립파'의 기관지였다. 1922년에 우익 사회민주주의자들의 기관지가 되었다.—원서 편집자

마르크스주의와 사회배외주의: 1914~5년

1914~5년의 대유럽 전쟁은 러시아를 포함하여 전 유럽의 사회민주주의자들에게 그들의 전술을 전세계적 차원의 위기 위에 놓고 시험해볼 기회를 제공했다. 노예 소유주들 간의 전쟁인 이 전쟁의 반동적·약탈적 성격은 어느 다른 정부들보다도 차르 정부의 경우에 특히 두드러지게 부각되고 있다. 그럼에도 불구하고 청산파 주류(자유주의와의 커넥션 덕분에 러시아에서 실질적인 영향력을 지닌, 우리 빼고는 유일한 집단)는 사회배외주의로 돌아섰다! 상당히 장기간 동안 유일하게 합법적 지위를 누린 이《나샤 자리야》그룹은 대중들 사이에서 '전쟁에 대한 무저항'에 찬성하고 3국(지금은 4국) 앙탕트의 승리를 호소하며 독일 제국주의에 대해서는 '초악마적 죄악'이라며 비난하는 등의 선전 활동을 수행했다. 1903년 이래 극단적인 정치적 무정견과 기회주의로의 도피 행태를 반복해서 보여준 플레하노프는 러시아 부르주아 언론이 이구동성으로 높게 칭찬한 바로 그 입장을 그 어느 때보다도 더 강경하게 취했다. 플레하노프가 어느 정도 타락했냐 하면, 차리즘이 정의로운 전쟁을 수행하고 있다고 공언하는가 하면, 이탈리아 정부 신문과의 대담에서는 이 전쟁에 참가할 것을 촉구하는 지경이다!!

청산주의에 대한 우리의 평가와 청산파 주류를 우리 당에서 축출한 것이 옳았음은 이와 같이 충분히 확인되었다. 청산파의 실제 강령과 그들 조류의 실제 의미는 기회주의 일반으로 나타날 뿐만 아니라, 대러시아인 지주들과 부르주아지의 제국주의적 특권 및 이권의 옹호로 나타난다. 청산주의는 민족적 자유주의 노동자 정치를 취하는 조류다. 청산주의는 프롤레타리아트 대중에 대항하여 급진 소부르주아지의 일부와 한 줌의 특권적 노동자층이 '자'국 부르주아지와 동맹을 이룬 것이다.

러시아 사회민주주의의 현황

이미 말했듯이, 청산파나 일련의 재외 그룹들(플레하노프 그룹, 알렉신스키(Alexinsky) 그룹, 트로츠키 그룹 등)이나 이른바 '민족적'(즉 비 대러시아인의) 사회민주주의자들 모두가 1911년 1월의 우리 당 전국협의회를 인정하지 않고 있다. 우리에게 퍼부어진 셀 수 없이 많은 욕설 중 가장 자주 반복되는 것이 '찬탈자들', '분열주의자들'이었다. 우리는 우리 당이 러시아에서 계급적으로 각성한 노동자들의 5분의 4를 결집시켰음을 보여주는, 정확하고 객관적으로 검증할 수 있는 수치를 인용함으로써 거기에 대답했다. 이것은 반혁명 시기의 비합법 활동의 어려움을 고려할 때 결코 작은 수치가 아니다.

만약 《나샤 자리야》 그룹을 축출하지 않고서도 러시아에서 사회민주주의 전술을 기초로 한 '단결'이 가능하다면, 왜 우리 당의 수많은 반대자들은 자신들 사이에서조차 그 단결을 해낼 수 없었을까? 1912년 1월 이래 3년 6개월이나 지났지만, 이기간 내내 우리 당의 반대자들은 그들의 바람에도 불구하고 우리 당에 대당하는 사회민주당을 결성하는 데 실패해왔다. 이러한 사실이야말로 우리 당이 옳다는 것을 변론해주는 최상의 근거다.

우리 당에 대항하고 있는 사회민주주의 그룹들의 전 역사는 파탄과 붕괴의 역사다. 1912년 3월에 그들 모두는 우리를 욕하느라 예외 없이 '단결'했다. 그러나 우리에 대항하여 이른바 '8월 블록'이 결성된 1912년 8월에 이미 그들 사이에서 분열이 시작되었다. 몇몇 그룹이 그들로부터 떨어져나갔다. 그들은 당과 중앙위원회를 결성할 수 없었다. '단결을 회복한다는 목적으로' 단지 조직위원회를 설치했을 뿐이다. 실제로 이 조직위원회는 러시아에서 청산주의 그룹을 위한 무력한 도피처임이 판명되었다. 러시아에서 노동계급 운동의 거대한 상승기 및 1912~4년의 대중파업의 전 기간 동안 대중 속에서 활동을 수행한 8월 블록 내 유일한 집단은 《나샤 자리야》 그룹이었는데, 그들의 힘은 그들이 관계 맺고 있는 자유주의와의 커넥션에 있었다. 그리고 1914년 초에는 라트비아 사회민주주의자들이 '8월 블록'으로부터 공식 철수했는가 하면(폴란드 사회민주주의자들은 8월 블록에 가입하지 않았다), 블록의 지도자 중 한 사람인 트로츠키는 비공식적으로 블록을 떠나 다시 그 자신의 독자적 그룹을 결성했다. 국제사회주의사무국 집행위원회와 카우츠키, 반데르벨데가 참가한 1914년 7월 브뤼셀 전국협의회에서는 우리 당에 대당하여 이른바 '브뤼셀 블록'이 결성되었는데 거기에 라트비아 사회민주주의자들은 결합하지 않았고, 폴란드의 반대파 사회민주주의자들은 곧바로 거기서 철수했다. 전쟁이 발발하자 이 블록은 붕괴했다. 《나샤 자리야》와 플레하노프, 알렉신스키, 그리고 캅카스 사회민주주의자들의 지도자 안(An)[30]은 공공연한 사회배외주의자가 되어, 독일의 패배가 바람직함을 설교하는 전도사로 나섰다. 조직위원회와 분트파는 사회배외주의자들과 사회배외주의 논리들을 옹호했다. 치헤이제파 두마 의원단은 전쟁공채에 반대 투표를 했음에도 불구하고(부르주아 민주주의자들인 트루도비키당조차도 러시아에서는 전쟁공채에 반대 투표를 했다), 《나샤 자리야》의 충성스런 맹우로 남아 있었다. 우리나라의 극렬한 사회배외주의자들인 플레하노프와 알렉신스키 일파는 치헤이제파 의원단을 꽤나 맘에 들어했다. 파리에서 마르토프(Martov)와 트로츠키의 주도로 《나셰 슬로보》(《골로스Golos》가 그 전신이다)가 출범했다. 마르토프와 트로츠키는 국제주의에 대한 순수관념적 옹호를, 《나샤 자리야》나 조직위원회나 치헤이제파 의원단과의 단결에 대한 절대적 요구와 결합시키고 싶어했다. 150호를 발행한 뒤 이 신문은 붕괴를 자인하지 않을 수 없었다. 편집위원회의 일부가 우리 당 쪽으로 이끌렸다. 마르토프는 공개적으로 《나셰 슬로보》를 '아나키즘'이라고 비난한(독일의 기회주의자들인 다비트 일

---

30 캅카스 멘셰비키의 지도자 N. N. 조르다니아(Jordania)다.—원서 편집자

파, 《인터나치오날레 코레스폰덴츠*Internationale Korrespondenz*》[31], 레기엔
〔Legien〕 일파 등이 리프크네히트 동지를 아나키즘 혐의로 걸었던 것처럼)
조직위원회에 변함없이 충성했다. 트로츠키는 조직위원회와
의 결별을 선언했지만, 치헤이제파 의원단과는 함께하고자 했
다. 여기에 치헤이제파 의원단의 강령과 전술이 정식화되어 있
다. 플레하노프와 알렉신스키 경향의 잡지 《소브레메니 미르
Sovremenny Mir》[32] 1915년 5호에서 치헤이제파 의원단의 지도
자 중 한 사람인 치크헨켈리(Chkhenkeli)는 다음과 같이 썼다.
"독일 사회민주주의자들이 자기 나라가 전쟁에 돌입하는 것을
막을 수 있는 위치에 있었지만 그렇게 하지 못했다고 누군가 말
한다면 이건 무엇을 뜻하는 것일까? 그건 독일 사회민주주의자
들이 전선의 바리케이드에서 최후를 마쳐야 할 뿐만 아니라 독
일 사회민주주의자들의 조국도 그렇게 최후를 마쳐야 함을 은
밀히 바란다는 것을 뜻하거나, 그것이 아니면 가까이 있는 사물

31 '국제통신'이라는 뜻이며, 독일 사회배외주의자들이 운영한 주간지로서
    국제정치와 노동계급 운동의 문제들을 다뤘다. 1914년부터 1917년까지
    베를린에서 발간되었다.—원서 편집자

32 '현대 세계'라는 뜻이며, 1906년부터 1918년까지 페테르부르크에서 발
    행된 문학·과학·정치 문제 월간지다. 플레하노프를 포함하여 멘셰비키
    가 자주 기고했다. 볼셰비키도 플레하노프의 친(親)당적 멘셰비키 그룹
    과 블록을 형성했던 기간 동안, 그리고 1914년 초에 이 잡지에 기고했다.
      1914년 3월에 이 잡지는 레닌의 글 "Socialism Annihilated Once
    Again"을 게재했다. 제국주의 세계 전쟁 중에 사회배외주의자들의 기관
    지가 되었다.—원서 편집자

을 아나키즘의 망원경을 통해 본다는 것을 뜻할 것이다."[33]

이 몇 줄의 글이 사회배외주의의 요체이자 실체다. '조국 방위' 논리의 정당화와 혁명의 설파·준비에 대한—군 검열관의 허용 아래—조롱을 표현하고 있다. 문제는 독일 사회민주주의가 전쟁을 막을 위치에 있었는가, 없었는가도 아니며, 일반적으로 혁명가들이 혁명의 성공을 보장할 수 있는가, 없는가도 아니다. 문제는 우리가 사회주의자답게 행동할 것이냐, 아니면 정말 제국주의 부르주아지의 품속에서 '최후를 마칠' 것이냐다.

우리 당의 임무

러시아의 사회민주주의는 우리나라에서 부르주아 민주주의 혁명(1905년)이 일어나기 전에 등장했고, 혁명과 반혁명의 기간 동안에 세력을 획득했다. 우리나라에서 소부르주아 기회주의 조류들과 경향들이 극히 다종다양하게 나타난 것은 러시아의 후진성으로 설명된다. 그리고 유럽에서 마르크스주의의 영향과 함께 전쟁 전에 합법적으로 존재하는 사회민주당들의 안정성에 감명 받은 우리나라 자유주의자들은 '합리적

---

33 레닌주 트로츠키는 인터내셔널에서 치헤이제파 의원단의 위신을 높이는 것을 자기 임무로 여긴다고 최근에 말했다. 의심할 바 없이 치크헨켈리도 인터내셔널에서 트로츠키의 위신을 높여주기 위해 똑같이 노력할 것이다.

인' '서구적인'(비혁명적인) '합법 마르크스주의적인' 사회민주주의의 신봉자로 전향했다. 러시아의 노동자계급은 온갖 종류의 기회주의에 맞선 30년간의 단호한 투쟁이 없었다면 자신의 당을 건설할 수 없었을 것이다. 세계 전쟁은 유럽 기회주의의 수치스런 붕괴를 가져왔고 우리나라의 민족적 자유주의자들과 사회배외주의적 청산주의 간의 동맹을 강화시켰다. 이러한 세계 전쟁의 경험은 계속해서 우리 당이 지금까지와 같은 일관된 혁명적 길을 따라 나아가지 않으면 안 된다는 우리의 확신을 한층 더 강화시켜준다.

| 1915년 7~8월에 집필

유럽합중국
슬로건에 대하여

우리는 《사회민주주의자》 40호에서, 우리 당 재외지부 회의가 '유럽합중국' 슬로건 문제를 다루는 것을 이 문제의 경제적 측면이 출판물상에서 토의될 때까지 연기하기로 결정했다고 보도한 바 있다.[1]

우리 협의회에서 이 문제에 대한 토의는 순전히 정치적인 성격을 띠고 있었다. 아마도 그것은 부분적으로는 중앙위원회 선언 속에서 이 슬로건이 다른 수식 없이 오직 정치적인 슬로건으로서("당면의 정치적 슬로건……"이라고 거기에 기술되어 있다) 정식화되었기 때문일 것이다. 중앙위원회 선언은 공화제 유럽합중국 슬로건을 제출했을 뿐 아니라, "독일·오스트리아·러시아 군주제의 혁명적 타도 없이는" 이 슬로건이 무의미하며 허위임을 명시적으로 강조했다.

이 슬로건의 정치적 평가의 범위 내에서 문제를 이와 같이 제기하는 데 반대하는 것—예를 들어 그 슬로건이 사회주의

---

[1] 「러시아 사회민주노동당 재외지부 회의」를 보라.—원서 편집자

혁명 슬로건을 흐린다거나 약화시킨다고 주장하는 것—은 굉장한 오류일 것이다. 진정으로 민주적인 성격의 정치적 변화들, 특히 정치혁명은 어떤 경우에도 결코 사회주의 혁명 슬로건을 흐리거나 약화시킬 수 없다. 반대로 그런 정치혁명은 언제나 사회주의 혁명을 보다 가깝게 하고, 그 기반을 넓히며, 소부르주아지와 반(半)프롤레타리아 대중의 새로운 층들을 사회주의 투쟁으로 끌어들인다. 다른 한편으로 사회주의 혁명으로 가는 과정에서 정치혁명이 일어나는 것은 불가피한데, 왜냐하면 사회주의 혁명은 일회적인 사건이 아니라 폭풍 같은 정치적·경제적 격변, 가장 격렬한 계급투쟁, 내란, 혁명과 반혁명의 일시대로 보아야 하기 때문이다.

그러나 공화제 유럽합중국 슬로건이 러시아 군주제를 선두로 한 유럽의 가장 반동적인 3개 군주제의 혁명적 타도와 결부되어 제기될 경우에 그것은 정치적 슬로건으로서 전혀 비난받을 여지가 없지만, 그 슬로건의 경제적 내용과 의의라는 매우 중요한 문제는 여전히 남아 있다. 제국주의의 경제적 조건들—즉 '선진적'이고 '문명적'인 식민지 영유국에 의한 자본수출과 세계 분할—이라는 관점에서 볼 때, 유럽합중국은 자본주의하에서는 불가능하거나 반동적이다.

자본은 국제적이고 독점적인 것이 되었다. 세계는 한 줌의 대국들, 즉 민족들에 대한 대약탈·억압에 대성공을 거두고 있는 강대국들 사이에서 분할이 완료되었다. 유럽의 4대국—인구 합계가 2억 5천만에서 3억에 이르고, 면적이 약 700만 평방 킬로미터에 달하는 영국, 프랑스, 러시아, 독일—이 거의 5억(4억 9,450만)에 이르는 인구와 6,460만 평방킬로미터의 면적, 즉 지구 표면(남북 극지를 제외하고 1억 3,300만 평방킬로미터)의 절반에 가까운 면적의 식민지를 소유하고 있다. 여기에 아시아 3개국, 중국, 터키, 페르시아가 추가된다. 이 3개국은 지금 '해방' 전쟁을 벌이고 있는 강도들, 즉 일본, 영국, 러시아, 프랑스에 의해 갈가리 찢겨지고 있다. 현재 반(半)식민지(실제로 이 나라들은 지금 90퍼센트 식민지다)라고 부를 수 있는 이 아시아 3개국은 총 3억 6천만의 인구와 1,450만 평방킬로미터(거의 전 유럽의 1.5배에 이르는)의 면적을 갖고 있다.

더욱이 영국, 프랑스, 독일은 700억 루블에 달하는 자본을 국외에 투자하고 있다. 이 상당한 금액으로부터 '적법한' 수익—매년 30억 루블이 넘는 수익—을 확보해주는 비즈니스를 위해 정부라고 알려진 억만장자들의 전국위원회가 육해군을 갖추고 있고, 그들 억만장자들의 자식과 형제에게 총독, 영사, 대사를 비롯해 온갖 종류의 관리, 성직자 등, 식민지, 반식민지의 피를 빠는 거머리의 지위를 제공해주고 있다.

자본주의가 최고의 발전을 이룬 시대에 한 줌의 강대국이 약 10억 지구 인구를 약탈하는 것이 이렇게 조직되고 있다. 이외의 조직은 자본주의하에서는 가능하지 않다. 식민지와 '세력권'과 자본수출을 포기하라? 그것이 가능하다고 생각하는 것은, 매주 일요일 부자들에게 고상한 기독교 정신을 설교하며, 해마다 가난한 사람들에게 수백만 루블은 못 돼도 적어도 수백 루블은 베풀어야 한다고 충고하며 칭얼거리는 목사들의 수준으로 떨어지는 것을 의미한다.

자본주의하에서의 유럽합중국은 식민지 분할 협정과 동의어다. 그러나 자본주의하에서 힘 외에는 분할의 다른 기초나 원칙은 가능하지 않다. 억만장자는 오직 '투자된 자본에 비례해서만'(거대 자본은 자신이 당연히 취득하는 몫 이상으로 받을 수 있도록 할증분을 덤으로 첨가해서) 자본주의 나라의 '국민소득'을 누군가와 나눠 가질 수 있다. 자본주의는 생산수단의 사적소유이며 생산의 무정부성이다. 이와 같은 기초 위에서 소득의 '공평한' 분배를 주장하는 것은 다름 아닌 프루동주의이자, 우매한 속물주의다. 어떠한 분배도 오직 '힘에 비례해서만' 이루어질 수 있으며, 힘은 경제적 발전의 추이에 따라 변화한다. 1871년 이후에 독일의 힘의 증강 속도는 영국과 프랑스에 비해 3배, 또는 4배 빨라졌고, 일본의 경우는 러시아에 비해 10배 정도 빨라졌다. 전쟁 말고 자본주의 나라의 실력을 확인하는 방법은 없으며, 있을 수도 없다. 전쟁은 사적소유의 기초와 모순되지 않으며, 오히려 전쟁은 그러한 기초에서 자라나온 직접적이고도 불가피한 결과물이다. 자본주의하에서 개별 기업이나 개별 국가의 경제적 발전이 균등하게 성장한다는 것은 불가능하다. 자본주의하에서는 산업에서의 공황과 정치에서의 전쟁 말고는 주기적으로 교란되는 균형을 회복할 다른 수단은 없다.

　물론 자본가들 사이 및 국가들 사이에서 일시적인 협정은 가능하다. 이러한 의미에서는 유럽 자본가들의 협정으로서의 유럽합중국도 가능하다……. 그러나 무슨 목적의 협정인가? 오로지 유럽에서 사회주의를 공동으로 진압하고, 일본과 미국에 대항해 식민지의 전리품을 공동으로 보호하려는 목적을 위한 것이다. 일본과 미국은 현 식민지 분할 구도에서 그 몫이 부당하게 작고, 이제 노년에 접어들어 뒤처진 군주제적 유럽에 비해 지난 50년간 훨씬 빠르게 힘을 증강해왔다. 미국과 비교해볼 때 전체적으로 유럽은 경제적 정체를 보이고 있다. 현재의 경제적 토대 위에서, 즉 자본주의하에서 유럽합중국이란 미국이 더욱 급속하게 발전하는 것을 억누르기 위한 반동의 조직을 의미할 것이다. 민주주의와 사회주의의 대의가 유럽하고만 연결되었던 시대는 영원히 가버렸다.

　세계합중국(유럽만의 합중국이 아니라)은―공산주의의 완전한 승리가 민주주의 국가를 포함하여 모든 국가를 최종적으로 소멸시킬 때까지는―우리가 사회주의와 연결시키는 국가 형태, 즉 민족들의 연합과 자유의 국가 형태다. 그러나 독립된 슬로건으로서는 세계합중국 슬로건은 올바른 슬로건이라고 하기 힘든데, 첫째는 그것이 사회주의와 합치하기 때문이고, 둘째는 일국에서의 사회주의의 승리가 불가능하다는 의미로 잘못 해석될 수 있으며, 또한 그러한 일국과 타국들과의 관계에 대한 오해를 낳을 수 있기 때문이다.

경제적·정치적 발전의 불균등성은 자본주의의 절대적 법칙이다. 이로부터 사회주의의 승리는, 처음에는 몇 개의 자본주의 국가에서, 심지어 하나의 자본주의 국가에서도 가능하다는 결론이 나온다. 그 나라의 승리한 프롤레타리아트는 자본가들을 수탈하고 그들 자신의 사회주의적 생산을 조직하고 나서는 세계의 나머지—즉 자본주의 세계—에 대항하여 떨쳐 일어나 타국의 피억압 계급을 자신의 대의로 끌어들이고, 그 나라들에서 자본가들에 대항하는 봉기를 선동하며, 필요한 경우에는 착취 계급과 그들의 국가에 대한 무력 사용도 불사할 것이다. 프롤레타리아트가 부르주아지를 타도하여 승리를 획득한 경우의 사회의 정치 형태는 민주적 공화제일 것이지만, 이 민주적 공화제는 아직 사회주의로 넘어오지 않은 국가들에 대항하는 투쟁에서 해당 민족, 또는 민족들의 프롤레타리아트의 힘을 더욱더 집중시킬 것이다. 계급의 폐지는 피억압 계급, 즉 프롤레타리아트의 독재 없이는 불가능하다. 사회주의에서 민족들의 자유로운 연합은, 뒤떨어진 국가들에 대한 사회주의 공화국들의 다소간에 장기적이고 완강한 투쟁 없이는 불가능하다.

러시아 사회민주노동당 재외지부 회의에서, 그리고 이 회의 후에도 여러 차례에 걸쳐 이 문제를 심의한 결과, 중앙기관지 편집국은 앞에서 설명한 생각을 바탕으로 하여 유럽합중국 슬로건은 잘못된 슬로건이라는 결론에 도달했다.

| 《사회민주주의자》 44호, 1915년 8월 23일

유럽합중국 슬로건에 대하여
(편집국의 주)

러시아 사회민주노동당 중앙위원회의
전쟁에 관한 선언에 덧붙인
《사회민주주의자》 편집국의 주

중앙위원회 선언이 제출했던, 러시아·오스트리아·독일의 군주제 타도에 대한 호소를 동반한 유럽합중국이라는 요구는, 카우츠키 등에 의한 이 슬로건의 평화주의적 해석과는 다른 것이다.

우리 당의 중앙기관지인 《사회민주주의자》 44호는, 유럽합중국 슬로건이 실용적으로 옳지 않음을 논증하는 편집국 논설을 싣고 있다.[1] 유럽합중국 슬로건은 자본주의하에서는 실현 불가능한 요구이거나, 아니면 반동적인 슬로건이다. 즉 한편으로는 식민지, 세력권 등이 개별 나라들 사이에 분할되어 있는 조건에서 그 슬로건이 세계 경제의 계획성 확립을 전제로 하고 있으므로 자본주의하에서는 실행될 수 없는 요구라는 것이며, 다른 한편으로는 식민지 억압을 강화하고 일본과 미국 같은 더 급속히 발전하고 있는 나라들을 약탈하는 것을 목표로 하는 유럽 강대국들의 일시적인 연합을 의미하기 때문에

---

[1] 「유럽합중국 슬로건에 대하여」를 보라.—원서 편집자

반동적인 슬로건이라는 것이다.

| 1915년 8월 말에 집필

1915년에 소책자 『사회주의와 전쟁』(제네바)에 수록

치머발트 좌파의
결의 초안

지금의 전쟁은 제국주의가 낳아놓은 것이다. 자본주의는 이미 이러한 최고 단계에 도달했다. 사회의 생산력과 자본의 규모는 개별 민족국가의 협소한 경계를 넘어 성장했다. 이로부터 강대국이 타민족을 노예화하고, 원료 산지 및 자본 수출지로서의 식민지를 탈취하려는 지향이 생겨난다. 전세계가 하나의 경제적 유기체로 융합되어, 한 줌의 강대국들 사이에 분할되어 있다. 사회주의의 객관적 조건은 완전히 성숙했다. 그리고 지금의 전쟁은 자본주의의 붕괴를 늦추는 것을 가능케 할 특권과 독점을 위한 자본가들의 전쟁이다.

노동을 자본의 압제로부터 해방시키는 것을 목표로 하여, 노동자들의 세계적인 연대를 옹호하는 사회주의자들은 일체의 민족 억압과 민족 간 불평등에 반대하여 투쟁하고 있다. 부르주아지가 진보적인 계급이었던 시대, 봉건제와 절대주의와 민족 억압의 타도가 역사의 일정에 올라 있던 시대에 사회주의자는 민주주의자들 중 언제나 가장 일관되고 가장 단호한 분자들로서 '조국 방위'를 인정했는데, 그것은 그와 같은 목적에

담긴 의미로, 그리고 그 의미로만 인정한 것이다. 오늘에도 동부 유럽이나 식민지들에서 억압자 강대국에 대한 피억압 민족들의 전쟁이 발발한다면, 사회주의자의 동조는 전적으로 피억압자에게로 향할 것이다.

그러나 오늘의 전쟁은, 부르주아지가 진보적 계급에서 반동적 계급으로 바뀌어버린 전혀 다른 역사 시대에 의해 탄생된 전쟁이다. 교전국 양 집단 어느 쪽을 보더라도 이 전쟁은 노예 소유주들의 전쟁으로서, 노예제를 유지하고 확대하는 것을 겨냥한 전쟁이다. 식민지 재분할을 위한 전쟁, 타민족을 억압할 '권리'를 위한 전쟁, 강대국 자본의 특권과 독점을 위한 전쟁이며, 각국의 노동자들을 분열시키고, 반동적 탄압으로 그들을 진압함으로써 임금노예제를 영구화하기 위한 전쟁이다. 교전국 양 집단이 내뱉는 '조국 방위'에 대한 모든 이야기가 인민에 대한 부르주아지의 기만인 것은 바로 이 때문이다. 교전국 어느 한 집단의 승리도, 기존 질서로의 복귀도, 그 어느 것도 한 줌의 강대국에 의한 제국주의적 억압으로부터 세계의 대다수 민족들의 자유를 지켜주지 못하며, 또한 노동자계급에게 그들이 현재 그나마 겨우 누리는 사소한 문화적 획득물조차 보증해주지 못한다. 상대적으로 평화적인 자본주의의 시대는 결코 돌아올 수 없이 지나갔다. 제국주의로 인해 노동자계급은 미증유의 계급투쟁 격화와 궁핍과 실업과 생계비 폭등과 트러스트에 의한 억압의 강화와 군국주의의 강화를 맞이했다.

또한 모든 나라에서, 심지어 가장 자유로운 나라들에서조차 고개를 쳐들고 있는 정치적 반동 세력들과 마주하고 있다.

실제로 현 전쟁에서 '조국 방위' 슬로건은 타민족을 억압할 '자'민족 부르주아지의 권리를 방어하자는 것과 같다. 그것은 사실상 민족적 자유주의 노동자 정치이며, 프롤레타리아와 피착취 대중을 적으로 하여 한 줌도 안 되는 극소수 특권적 노동자층과 그들의 '자'민족 부르주아지가 동맹을 맺는 것이다. 이 같은 정책을 추구하는 사회주의자는 실제로는 배외주의자, 사회배외주의자다. 전쟁공채에 찬성 투표를 하는 정책, 정부 입각 정책, 계급휴전 정책 등은 사회주의에 대한 배반이다. 이제는 끝나버린 '평화'기의 조건에 의해 육성된 기회주의가 이제 사회주의와의 단절을 요구할 정도로까지 성숙했다. 기회주의는 프롤레타리아트의 해방운동의 공공연한 적이 되었다. 노동자계급은 노골적인 기회주의와 사회배외주의(프랑스·독일·오스트리아 사회민주당의 다수파, 영국의 하인드먼과 페비언파와 노동조합주의자들, 러시아의 루바노비치와 플레하노프와《나샤 자리야》등)에 맞서, 그리고 마르크스주의의 진지를 배외주의자들에게 내준 이른바 중앙파에 맞서 가장 단호한 투쟁을 수행하지 않고는 자신의 역사적인 목적을 달성할 수 없다.

지금 발발한 강대국 간의 전쟁과 같은, 바로 그 동일한 전쟁을 예견하여 전세계의 사회주의자들이 만장일치로 채택한 1912년 바젤 선언은 이 전쟁의 제국주의적이고 반동적인 성격을 명확히 인식하여, 한 나라의 노동자가 다른 나라의 노동자에게 발사하는 것을 범죄라고 천명했고, 다름 아닌 이 전쟁과 관련하여 **프롤레타리아 혁명**이 가까이 왔다고 선언했다. 실로 전쟁은 혁명적 정세를 조성하고 있고, 대중 속에서 혁명적 감정과 소요를 낳고 있다. 또 프롤레타리아트의 정예분자들 사이에서 기회주의가 파멸적이라는 의식을 불러일으키고 있고, 기회주의와의 투쟁을 강화시키고 있다. 대중들 속에서 고조되고 있는 평화에 대한 갈구는 그들의 환멸을, 조국 방위에 관한 부르주아의 거짓말의 파산을, 대중의 혁명적 의식의 각성을 표현한다. 사회주의자는 이 기운을 혁명적 선동에 활용할 것이며, 이러한 선동에서 '자'국의 패배를 고려하는 것을 주저하지 않을 것이다. 이렇게 함에 있어서 사회주의자는 현 정부들의 혁명적 타도 없이도, 급속한 민주주의적 평화—어느 정도 항구적이고, 일체의 민족 억압을 배제할 민주주의적 강화—와 군비축소 같은 것이 가능할 것이라는 기대로 인민을 기만하지 않을 것이다. 오직 프롤레타리아트의 사회혁명만이 평화와 민족들의 자유로 나아가는 길을 열어준다.

제국주의 전쟁으로 사회혁명의 시대가 열리고 있다. 최근 시대의 모든 객관적 조건이 프롤레타리아트의 혁명적 대중투쟁을 일정에 올려놓고 있다. 노동자계급의 합법적 투쟁 수단을 빠뜨리지 않고 모두 활용하면서, 그 수단 하나하나를 당면한 가장 중요한 임무에 종속시켜서 노동자들의 혁명적 의식을 발전시키고 그들을 국제적 혁명적 투쟁으로 결집시키며 모든 혁명적 행동을 지지 고무하는 것, 그것이 사회주의자의 의무다. 또한 제(諸) 국민 간의 제국주의 전쟁을 억압자에 대항하는 피억압 계급의 내란으로, 자본가계급의 수탈을 위한 전쟁으로, 프롤레타리아트의 정치권력 획득을 위한 전쟁으로, 사회주의 실현을 위한 전쟁으로 전화시키기 위해 가능한 모든 것을 다하는 것, 그것이 사회주의자의 의무다.

| 1915년 8월 20일(9월 2일) 이전에 집필
1930년에 『레닌 잡록집 *Lenin Miscellany*』 14권에 처음 발표

한 정직한
프랑스 사회주의자의 소리

프랑스에서보다 강도만 조금 덜할 뿐 친(親)프랑스 배외주의가 맹위를 떨치고 있는 프랑스어권 스위스에서 한 정직한 사회주의자의 목소리가 들리고 있다. 이 너절한 시절에 이는 정말 하나의 사건이 아닐 수 없다. 이 소리에 우리가 특히 더 귀를 기울여야 하는 이유가 있는데, 그것은 이 소리의 주인공이 전형적으로 프랑스적인(보다 정확하게는 라틴적인, 왜냐하면 예를 들어 이탈리아인도 그러하므로) 기질과 사고를 지닌 인물이기 때문이다.

로잔에서 발행되는 비주류 사회주의 신문의 편집자 폴 골레가 간략한 소책자를 한 권 냈다. 도시 로잔에서 저자가 1915년 3월 11일에 '죽음에 처한 사회주의와 거듭나야 할 사회주의'라는 주제로 강연을 했는데, 나중에 그 내용을 소책자로 출판한 것이다.[1]

---

1   Paul Golay, *Le socialisme qui meurt et le socialisme qui doit renaître*, *Lausanne*, 1915, 22pages, 15centimes. En vente à l'Administration du "Grutleen", Maison du Peuple, Lausanne.—원서 편집자

"1914년 8월 1일, 전쟁이 발발했다. 이제는 유명해진 이 날짜 전 몇 주 동안, 그리고 이 날짜 후 수백만 사람들이 기다리고 있었다." 이렇게 저자는 시작하고 있다. 사회주의 지도자들의 결의와 선언이 "범죄적인 정부를 일소할 강력한 봉기의 회오리"를 불러일으키지 않을까 해서 수백만 사람들이 기다리고 있었다고 그는 말한다. 그러나 수백만 사람들의 기대는 배반당했다. 골레는 이렇게 말한다. "동지적인 방식으로 우리는 전쟁이 불시에 전격적으로 발발한 것"과 정보가 부족했다는 이유로 사회주의자들을 책임에서 벗어나게 해주려고 시도했지만, 이러한 변명이 우리를 만족시킬 수는 없었다. "우리는 우리 자신의 양심이 얼버무리기와 거짓의 오수(汚水) 속에 잠겨버린다면, 마음이 편치 못할 것이다." 이로부터 독자는 골레가 충심 어린 사람이며 이 시절에 드문 자질을 가진 인사라는 결론을 내릴 것이다.

골레는 프롤레타리아트의 "혁명적 전통"을 상기시킨다. "각각의 정세에는 그에 맞는 행동이 요구된다"는 사실을 충분히 자각하고 있다면, "예외적인 정세에는 예외적인 조치가 필요하며, 중병에는 극약이 필요하다"고 우리에게 환기시킨다. 또 "대중에게 직접 호소하여, 그들에게 혁명과 봉기의 행동을 선동하고 있는" "국제대회의 결정"을 상기시킨다. 이어서 슈투트가르트 결의와 바젤 결의로부터 관련 부분을 발췌, 인용한다. 저자는 "이 각각의 결의는 방위 전쟁 또는 공격 전쟁 운운하는 그 어떤 주장도 포함하고 있지 않다. 따라서 이 결의들은 일반적으로 승인된 기본 원칙을 대신할 어떠한 별도의 민족주의적 전술도 제안하고 있지 않다"고 강조하고 있다.

여기까지 읽고 나면 독자는 골레가 충심 어린 사회주의자일 뿐 아니라, 정직하고 확고한 신념을 지닌 사회주의자임을 알게 될 것이다. 제2인터내셔널 지도자들에게서는 찾아보기 힘든 실로 이례적인 자질이다!

프롤레타리아트는 군 사령관들에게 축하를 받았다. 그리고 부르주아 언론은 이른바 '민족혼'의 부활을 온정 어린 말로 칭송했다. 이 부활을 위해 우리는 300만 명의 시체를 대가로 치러야 했다. ……

지금까지 노동자 조직은 이렇게 회비를 내는 사람이 많았던 적이 없다. 이렇게 국회의원이 많았던 적이 없다. 이렇게 훌륭하게 조직된 언론·출판 활동이 있어본 적이 없다. 그리고 우리가 반대하여 떨쳐 일어서지 않으면 안 되었던 그 행위보다 더 추악한 행위도 있어본 적이 없다. ……

수백만 명의 목숨이 걸려 있는 너무도 비극적인 상황에서는 모든 혁명적 행동이 허락될 수 있을 뿐만 아니라 적법하기까지 하다. 혁명적 행동은 적법한 것 이상으로 신성하다. 프롤레타리아트의 절대적 의무는, 유럽을 도살장으로 바꿔놓고 있는 사건으로부터 우리 세대를 구하기 위해 불가능한 것을 해내도록 요구했다. ……

어떤 힘찬 발걸음도, 어떤 반란의 시도도, 봉기를 불러올 어떤 행동도 없었다……. ……

우리의 적들은 사회주의가 파산했다고 외쳐댄다. 그들은 너무 성급했다. 하지만, 그들이 모든 점에서 틀렸다고 누가 감히 주장할 것인가? 이 순간에 죽음에 처한 것은 사회주의 일반이 아니라, 특정 종류의 사회주의다. 그것은 이상주의의 정신이 없는, 정열이 없는 달짝지근한 사회주의, 정부 관리의 얼굴을 한, 배 나온 근엄한 가장의 모습을 한 사회주의다. 담대함도, 격정도 없는 사회주의고, 자본주의와의 우호적 협조에 푹 빠져버린 통계 애호가의 사회주의다. 오로지 개량에만 집착하는 사회주의, 자신의 생득권을 죽 한 그릇에 팔아넘긴 사회주의, 부르주아지의 이익을 헤아려 인민의 성급함을 통제하는 사회주의다. 담대한 프롤레타리아의 행동에 제동을 거는 일종의 자동 브레이크다. ……

인터내셔널 전체를 감염시킬 기세에 있는 이러한 사회주의가 바로 우리가 비난받고 있는 무능과 무기력에 일정 정도 책임이 있다.

소책자의 다른 곳에서 골레는 "개량주의적 사회주의"와 "기회주의"를 사회주의의 왜곡이라고 솔직하게 밝히고 있다.

이러한 왜곡에 대해 골레는 모든 교전국 프롤레타리아트의

"일반적 책임"을 인정하면서, "이 책임은 대중에게 신임을 받은 지도자들—그리고 대중은 이들 지도자들로부터 슬로건을 기대했다—에게 귀착된다"고 강조했다. 여기서 그는 올바르게도 "가장 잘 조직된, 가장 정돈된, 가장 이념 무장이 잘 된" 독일 사회주의를 견본으로 삼아, "그 수적인 힘에 비해 혁명적 세력으로서의 무력함"을 드러내주고 있다.

혁명적 열정에 고무되었다면, 독일 사회민주주의는 군국주의적 기도에 맞서, 충분히 명확하고 완강한 투쟁을 통해 중부 유럽의 프롤레타리아트가 그 뒤를 좇아 이 유일한 구제의 길로 나서도록 할 수 있었을 것이다……. ……

독일 사회주의는 인터내셔널에서 막강한 영향력을 누렸다. 독일 사회민주당은 다른 모든 당들보다 더 많은 것을 할 수 있었을 것이다. 이 당이 최대의 노력을 할 것이라는 기대가 있었다. 그러나 개인의 에너지가 너무 엄격한 규율에 의해 마비된다면, 그리고 '지도자들'이 자신의 영향력을 이용하여 노력을 가능한 한 적게 들이려고 한다면, 숫자는 아무 소용없게 될 것이다. (이 문장의 뒷부분은 옳은데 앞부분은 옳지 않다. 규율은 훌륭한 것이고 필수적인 것이다. 예를 들어 기회주의자들과 혁명적 행동의 반대자들을 제명하는 당 규율이 그러하다.) 독일 프롤레타리아트는 그들의 책임 있는 지도자들 덕분에 군벌들의 소집에 순순히 응했다……. 인터내셔널의 다른 지부들도 겁

먹고 마찬가지로 행동했다. 프랑스에서는 두 사회주의자가 부르주아 정부에 입각하는 것이 필요하다고 보았다! 그리하여 사회주의자들이 서로에게 총을 쏘는 것을 범죄로 간주한 국제대회의 엄숙한 선언이 있고 나서 몇 달도 안 지나 수백만의 노동자가 징집되어 이 범죄를 저지르기 시작한 것이다. 그것도 부르주아지와 정부로부터 되풀이하여 찬사를 받을 정도로 집요하게 열심히 말이다.

그러나 골레는 단순히 "죽음에 처한 사회주의"를 가차 없이 비난만 하는 것이 아니라, 이 죽음의 원인에 대한 온전한 인식을 보여주고 있고, 그 죽어가는 사회주의를 어떤 사회주의가 대체해야 할지를 제시하고 있다. "각국의 노동대중은 모두 부르주아 진영에서 유행하는 사상의 영향을 일정 정도 받고 있다"고 그는 쓰고 있다. "수정주의의 이름 아래 베른슈타인이 일종의 민주적 개량주의를 정식화했을 때, 카우츠키는 적절한 사실들의 도움을 받아 베른슈타인을 논파했다." "이렇게 당의 겉모습은 유지, 보존되었지만, 당의 현실 정치는 계속되었다. 사회민주당은 그렇게 해서 현재의 상태가 된 것이다. 조직은 근사하다. 신체는 장대하다. 그러나 혼이 빠져나갔다." 독일 사회민주당만이 아니라 인터내셔널의 모든 지부가 동일한 경향을 드러내고 있다. "임원 수의 증가"는 모종의 결과를 가져왔다. 즉 회비가 잘 납부되는지에만 관심이 쏠린다. 파업은 자본가와의 "협약에서 더 나은 조건을 확보하는 것을 목표로 하는 보여주기식 시위" 정도로 간주된다. 노동자의 이익을 자본가의 이익과 연결시키고, "노동자의 운명을 다름 아닌 자본주의의 운명에 종속시키며, 타국 산업을 밟고서 '자'국 '민족' 산업의 강력한 발전을 바라는 것이 관습이 되었다."

독일 국회의원 슈미트(R. Schmiedt)는 한 논문에서 노동조합에 의한 노동 조건 조정은 자본가에게도 이득이 되는데, 왜냐하면 그것이 "경제생활에 질서와 안정을 도입해주"고, "자본가의 계산을 용이하게 해주며, 불공정 경쟁을 방지해주"기 때문이라고 썼다.

골레는 이 말들을 인용하면서 다음과 같이 탄식한다.

> 마치 노동조합 운동은 자본가의 이윤을 보다 안정적으로 만드는 것을 자신의 영예로 여겨야 한다는 이야기처럼 들린다! 마치 자본주의 사회의 틀 내에서 자본주의 체제의 생존과 양립할 수 있는 한도 내에서의 최대치를 요구하는 것이 사회주의의 목적인 것처럼 보인다. 이 경우에는 모든 원칙이 방기되어버린다. 프롤레타리아트가 지향하는 것은 자본주의 체제를 강화하는 것이나 임노동을 위한 최소한의 조건을 획득하는 것이 아니라, 사적소유제를 제거하고 임노동제를 없애는 것이다…….
> ……
> 큰 단체의 서기들이 중요한 인물이 되었다. 정치운동에서는

국회의원, 문필가, 학자, 변호사, 그리고 자신의 학문과 함께 일정한 개인적 야망을 가지고 들어오는 사람들이 영향력을 휘두르는데, 이것은 때로는 위험하다. ……

노동조합의 강력한 조직력과 견실한 조합기금은 조합원들 사이에 길드 정신을 배양시켰다. 본질적으로 개량주의적인 노동조합 운동의 부정적 측면 중의 하나는 다양한 범주의 임금노동자 가운데 한 부류의 지위를 다른 부류의 상위에 가져다놓는 방식으로 처지 개선을 이루려고 한다는 점이다. 이것은 임금노동자의 기본적인 통일을 파괴하고 최상위의 노동자들 사이에 안 좋은 풍조를 조성한다. 즉 이들의 지위, 이들의 조합기금, 이들의 재산을 위험에 빠뜨릴지도 모르는 '운동'에 대해 이들이 두려움을 갖지 않을 수 없게 하는 불안 풍조를 조성한다는 것이다. 이와 같이 프롤레타리아트의 다양한 범주들—노동조합 운동 자신에 의해 인위적으로 만들어진 범주들—간의 모종의 분열이 생겨난다.

물론 이 얘기는 강력한 조직력을 반대하는 주장이 아니라, 명백히 모종의 '비판가'로부터 예상되는 비판 논리에 대응하는 주장이라고 저자는 말한다. 조직은 '혼'을, '열정'을 가져야 한다는 것을 증명하는 얘기일 따름이라는 것이다.

"내일의 사회주의를 구별시켜줄 주된 특징은 무엇이어야 하는가? 그것은 국제적·비타협적·체제 전복적인 것이어야 할 것이다."

독자에게 "교의(教義)의 역사"를 일별하도록 권하는 것이 바로 "비타협성이 가진 힘"이라고 골레는 정당한 근거를 갖고 말한다. "교의가 영향력을 행사한 것은 어떤 때였는가? 권력에 의해 길들여졌을 때인가, 아니면 여전히 비타협적이었을 때인가? 기독교가 그 가치를 잃어버린 것은 언제였는가? 콘스탄티누스가 기독교에 재정 수입을 약속하고, 박해와 처형 대신 금으로 장식된 휘황찬란한 제례복을 제공한 시점이 아니었나?"

"한 프랑스 철학자는 이렇게 말했다. '죽은 사상이란 날카로움도, 대담함도 없이 우아한 의상을 걸친 사상이다. 그것이 죽은 것은, 그것이 지천에 깔려 있어 속물 대군(大軍)의 흔한 지식 보따리의 일부가 되었기 때문이다. 힘 있는 사상이란 충격을 주어 파문을 일으키는 사상, 그리고 어떤 사람들에게는 비분과 분개와 반감을 불러일으키고, 다른 사람들에게는 열정을 불러일으키는 사상이다.'" 저자는 "절절한 신념"이라곤 도무지 결여되어 있는 지금의 사회주의자들이 이 진실을 돌아보도록 하는 것이 필요하다고 생각한다. "그들은 아무것도 믿지 않는다. 때늦은 개량도, 아직 도착하지 않은 혁명도, 그 어느 것도 믿지 않는다"고 그는 말한다.

비타협성, 즉 반란 태세는 "몽상이 아니라 행동을 낳는다. 사회주의자는 어떤 형태의 행동도 소홀히 하지 않을 것이다.

사회주의자는 당면의 요구와 조건에 응하여 새로운 형태의 행동을 발견할 것이다……. 사회주의자는 즉각적인 개량을 요구한다. 사회주의자는 적과의 논쟁에 의해서 개량을 차지하는 것이 아니라, 힘에 의해, 즉 대중의 열정과 담대함에 겁이 난 부르주아지의 양보로서 개량을 빼앗는 것이다."

플레하노프, 카우츠키 일파가 마르크스주의를 파렴치하게 비속화시키고 사회주의를 타락시킨 지금, 골레의 소책자를 보는 것은 실로 새로운 기운이 나게 하는 일이다. 하지만 다음과 같은 두 가지 결함을 지적하지 않으면 안 된다.

첫째, 골레는 오늘날의 게드(Guesde)파를 포함하여 대부분의 라틴계 사회주의자들과 마찬가지로 '교의', 즉 사회주의 이론에 부주의한 태도를 보여주고 있다. 그는 마르크스주의에 대해 어떤 편견을 가지고 있는데, 이것은 카우츠키의 글에서, 《노이에 차이트 *Die Neue Zeit*》에서, 그리고 일반적으로 독일인들 사이에서 현재 마르크스주의에 대한 아주 악의적인 희화화가 유행하고 있는 것으로 볼 때 이해는—정당화될 수는 없지만—된다. 골레처럼 개량주의적 사회주의의 죽음과 혁명적·"체제 전복적" 사회주의의 **부활**의 필연성을 인정해온 사람, 즉 봉기의 필연성을 이해하는 사람, 봉기를 선전하고 봉기를 위해 자신과 남들을 진지하게 준비시킬 수 있는 사람이 **실제로**는 마르크스주의에 천 배는 더 가깝다. 외워서 '시험'은 보지만, 온갖 사회배외주의를 정당화하느라(예를 들어 《노이에 차이트》처럼) 지금 바쁜 신사양반들—지금은 집행부의 배외주의자들과 "화해"하고 "과거를 잊는" 것이 필요한 때라고 말하는 사람을 포함하여—보다는 말이다.

그러나 아무리 골레의 마르크스주의에 대한 경멸이 이해 될 수 있는 것이라 할지라도, 그리고 죄를 그에게 물을 게 아니 라 죽음에 처했거나 죽은 프랑스 마르크스주의자 유파(게드파) 에게 물어야 한다 할지라도 여전히 죄는 남는다. 피억압 계급 의 역사상 가장 혁명적인 계급의 세계 최대의 해방운동은 혁 명적 이론 없이는 불가능하다. 이 이론은 머릿속에서 짜낼 수 있는 것이 아니다. 혁명적 이론은 세계 모든 나라의 혁명적 경 험과 혁명적 사고의 총체로부터 성장해 나오는 것이다. 이러한 이론이 발전한 것은 19세기 후반부터다. 그것은 마르크스주의 라고 불리고 있다. 이 이론을 발전시키고 적용하는 것에 전력 을 다해 참가하지 않는다면, 그리고 오늘 플레하노프, 카우츠 키 일파가 이 이론을 훼손시켜 불구로 만드는 것에 대해 가차 없는 투쟁을 벌이지 않는다면 누구도 사회주의자, 혁명적 사회 민주주의자일 수 없다.

이론을 소홀히 하는 것으로부터 골레는, 예를 들어 중앙 집권, 또는 규율 일반에 대해 올바르지 못하거나 경솔한 일련 의 공격을 가하기에 이른다. 충분히 "이상주의적"이지 못한— 골레는 이렇게 단언한다—"역사유물론"에 대해서도 같은 공 격을 가한다. 이 때문에 슬로건 문제에서도 불완전함을 현저하게 드러낸다. 예를 들어 사회주의는 "체제 전복적"인 것이 되어야 한다는 요구는 심오한 내용을 담은 절대적으로 올바른 사상이다. 그리고 이 사상이 없이는 모든 국제주의와 혁명적 정신과 마르크스주의에 관한 이야기는 다 생각 없는 어리석음이며, 한 걸음 더 나아가 때로는 위선이다. 그러나 이 사상, 즉 내란 사상을 발전시켜 그것을 전술의 중심축이 되게 했어야 했지만, 골레는 그것을 발언하는 것으로 멈춰버린다. 지금과 같은 시절에 이것도 대단한 것이지만, 프롤레타리아트의 혁명적 투쟁의 요구라는 관점에서 볼 때 불충분하다. 예를 들어 전쟁에는 혁명으로 대답한다―이렇게 말해도 괜찮다면―는 문제를 골레가 제기하는 방식은 지극히 협소하다. 그는 전쟁에 대한 혁명적 대답이 아직 주어지지 않았다 해도 전쟁 자체가 혁명적 정세를 낳고 이를 확대·심화시킴으로써 혁명의 교훈을 대중에게 가르치기 시작했으며 이미 가르치고 있다는 사실을 고려하지 못하고 있다.

골레의 두 번째 결함은 그의 소책자에 나오는 다음과 같은 주장에서 여실히 드러난다.

우리는 아무도 비난하지 않는다. 거듭나기 위해 인터내셔널에 필요한 것은 우애 정신으로 각 지부를 독려하는 것이다. 그러나 1914년 7월과 8월에 자본주의적 부르주아지가 인터내셔널 앞에 던진 그 위대한 임무 앞에서 개량주의적·중앙집권적

〔?〕·위계제적 사회주의는 초라하게 보일 것이라고 단언해도 무방하다.

"우리는 아무도 비난하지 않는다." 여기에 당신의 오류가 있소, 골레 동지! "죽음에 처한 사회주의"는 부르주아 사상과 결부되어 있다는 것(이것은 그 "죽음에 처한 사회주의"가 부르주아지에 의해 육성되고 지지받았음을 의미한다), 그리고 사회주의 내 특정 이데올로기적 조류('개량주의')와 특정 층(국회의원, 관료, 지식인, 최상위 노동자층)의 이익 및 특수 지위와 결부되어 있다는 것은 당신 자신이 인정한 바요. 이 점으로부터 **불가피한 결론**―당신이 끌어내지 못한 결론―이 나온다. 개인들은 이른바 자연사의 형태로 '죽는'다. 그러나 **이데올로기적·정치적 조류**는 그런 식으로 죽을 수 없다. 부르주아지가 타도되기 전에는 죽지 않는 것처럼, 부르주아지에게 육성되고 지지받고 있는 조류, 부르주아지와 손을 맞잡은 지식인 및 노동귀족 성원들의 소집단의 이익을 표현하고 있는 조류도 '죽임을 당하기' 전에는, 즉 타도되어 사회주의적 프롤레타리아트에 대한 모든 영향력을 빼앗기기 전에는 죽지 않을 것이다. 이 조류가 힘을 지니고 있는 것은 그것이 부르주아지와 연결되어 있어서다. 이 조류는 1871~1914년의 '평화적'인 시기의 객관적 조건에 힘입어 노동계급 운동에서 일종의 우월한 지위에 있는 기생 **계층** 같은 것이 되었다.

이와 같은 조건에서 우리의 의무는 단지 '비난'하는 것이 아니라, 경종을 울려서 이 기생 계층을 가차 없이 폭로하고 타도하며, 그들을 자리에서 몰아내 그들과 노동계급 운동의 '통일'을 파괴하는 것이다. 왜냐하면 이러한 '통일'은 실제로는 프롤레타리아트와 '자'국 부르주아지의 통일을 의미하며, 국제 프롤레타리아트의 분열과 기회주의의 종복들의 통일, 혁명가들의 분열을 의미하기 때문이다.

골레는 정당하게도 "비타협성은 하나의 힘"이라고 말한다. "거듭나야 할 사회주의"는 마땅히 비타협적이어야 한다고 그는 요구한다. 그러나 프롤레타리아트가 부르주아지와 직접적으로 협조하든, 노동계급 운동 내 부르주아 지지자와 옹호자와 하수인을 통해, 즉 기회주의자를 통해 간접적으로 협조하든 부르주아지한테는 다 같은 것 아닌가? 후자가 부르주아지에게는 훨씬 더 유리한데, 왜냐하면 그것이 노동자에 대한 더 강력한 영향력을 부르주아지에게 보증해주기 때문이다.

골레가 죽음에 처한 사회주의와 거듭나야 할 사회주의가 존재한다고 말할 때 그는 천 배는 더 옳다. 그러나 이 죽음과 이 거듭남은 기회주의 조류와의 무자비한 투쟁으로 구성된다. 단지 이데올로기적 투쟁이 아니라, 노동자계급 당의 몸에서 이 흉물스런 혹을 제거하는 것, 프롤레타리아트에게 낯선 이 전술의 대표자들을 조직에서 축출하는 것, 그들과 완전히 단절하는 것이어야 한다. 그들은 육체적으로도, 정치적으로도 죽지 않을 것이지만, 노동자는 그들과 단절할 것이고, 그들을 부르주아지의 하인들의 움막으로 던져버릴 것이다. 그들의 부패의 예는 새로운 세대를, 보다 정확하게는 봉기를 일으킬 능력이 있는 프롤레타리아트의 새로운 군대를 교육하는 본보기가 될 것이다.

| 《코뮤니스트 *Kommunist*》 1·2호, 1915년

이탈리아의
제국주의와 사회주의(노트)

현 제국주의 전쟁으로 인해 사회주의에 제기된 문제를 해명하기 위해서는 다양한 유럽 나라들을 한번 살펴보고, 그로써 일반적 상(像)의 민족별 변이(變異) 및 세부사항을 근본적이고 본질적인 것에서 분리시켜내는 것이 유용하다. 거리가 있을수록 더 잘 보인다. 이탈리아와 러시아는 닮은 것이 적기 때문에 그럴수록 두 나라의 제국주의와 사회주의를 비교해보는 것은 어떤 점에서는 더욱더 흥미가 있다.

이 노트에서는 부르주아 교수 로베르토 미헬스(Roberto Michels)가 그의 책 『이탈리아 제국주의*Italian Imperialism*』에서, 사회주의자 T. 바르보니(Barboni)가 『국제주의인가, 계급적 민족주의인가?(이탈리아 프롤레타리아트와 유럽 전쟁) *Internationalism or Class Nationalism?(The Italian Proletariat and the European War)*』이라는 제목의 책[1]에서—두 책 다 전쟁이 발발하고 나서 출판된 책들이다—제공하고 있는, 이 문제에 관한 자료에 주의를 환기시키는 정도로 한정하고자 한다. 미헬스는 자신의 다른 저술들에서 그랬듯이 이 책에서도 역시 피상적이다. 그 수다스런 미헬스가 제국주의의 경제적 측면에 대해서는 거의 말이 없다. 그러나 그의 책은 이탈리아 제국주의의 기원에 관한 귀중한 자료를 모아놓고 있다. 또 그 시기의 핵심을 이루고 있으며 이탈리아에서 특히 명료하게 나타난 이행, 즉 민족해방 전쟁 시대에서 제국주의적이고 반동적인 약탈 전쟁 시대로의 이행에 관한 귀중한 자료도 모아놓고 있다. 혁명적 민주주의 이탈리아, 즉 오스트리아의 굴레를 벗어던진 혁명적 부르주아 이탈리아, 가리발디(Garibaldi)[2] 시대의 이탈리아는 바로 우리 눈앞에서 타민족들을 억압하고 터키와 오스트리아를 약탈하고 있는 이탈리아로 바뀌고 있다. 상스럽고 역겨우리만치 반동적인, 입에 침을 흘리며 노획물 중 자기 몫이 얼마나 될지 주판알을 튕기고 있는 탐욕스런 부르주아지의 이탈리아로 이행하고 있는 것이다. 여느 점잖은 교수들처럼 미헬스도 물론, 부르주아지에 대한 자신의 굴종을 "과학적 객관주의"라고 여긴다. 그는 이 노획물 분배를 "전세계 지역 가운데 아직 약소민족의 손에 남아 있는 지역의 분배"라고 부른다(179쪽). 미헬스는 일체의 식민지 정책에 대해 적의를 보이고 있는 사회주

---

1   레닌 주 Roberto Michels, *L'imperialismo italiano*, Milano, 1914; T. Barboni, *Internazionalismo o nazionalismo di classes?(Il proletariato d'Italia e la guerra europea)*. Edito dall'autore a Campione d'Intelvi (provincia di Como), 1915.

2   이탈리아의 국가 통일 운동과 독립 운동에 헌신한 장군이자 정치가.— 편집자

의자의 관점을 "공상적"이라며 경멸하듯 배격하는 한편, 이탈리아는 그 인구 밀도나 타국으로 이민 가는 숫자로 판단할 때 "제2위의 식민지 소유 강국—자기보다 앞선 나라는 오직 영국뿐인 강국—이었어야 한다"고 생각하는 자들의 주장을 되뇌고 있다. 미헬스는 이탈리아 인구의 40퍼센트가 문맹이고 현재까지도 콜레라 소동이 벌어지곤 한다는 주장을, 영국의 사례를 들어 반박한다. 영국 부르주아지가 그들의 현 식민 강국의 기초를 그리도 성공적으로 다져놓고 있던 19세기 전반부에 근로대중이 유례가 없을 정도로 비참하게 영락하여 차별과 멸시가 판을 치고 아사자가 속출했고, 도시 빈민굴에 알코올 중독으로 인한 참극과 소름끼칠 만한 불결함이 횡행하던 나라가 바로 영국 아니었느냐고 그는 묻는다.

부르주아적 관점에서 보면 이러한 주장은 반박의 여지가 없다. 식민지 정책과 제국주의는 자본주의의 치명적 병이 아니라, 치유 가능한 장애라고 저들은 말한다(카우츠키를 비롯하여 속물들이 생각하는 방식). 그러나 식민지 정책과 제국주의는 자본주의의 기초 자체에서 나오는 피할 수 없는 결과다. 개개 기업들 간의 경쟁은 자신이 파멸당하거나, 아니면 상대방을 파멸시키거나, 어느 하나로 불가피하게 귀결된다. 개개 나라들 간의 경쟁은 각 나라를, 뒤처져서 언제든 제2의 벨기에로 전락할 위험을 안거나, 아니면 타국을 파멸시키고 정복하여 '강대'국의 반열에 오르거나 하는 양자택일에 직면케 한다.

이탈리아 제국주의는 나라의 빈곤과 이탈리아 이민자들의 극단적인 궁핍으로 인해 '빈민 제국주의(l'imperialismo della povera gente)'라고 불려왔다. 이탈리아 배외주의자 아르투로 라브리올라(Arturo Labriola)는 자신의 사회배외주의를 좀 더 일찍이 드러냈다는 점에서만 자신의 예전 적수인 플레하노프와 다른데(라브리올라는 소부르주아 기회주의가 아니라 소부르주아 반(半)아나키즘을 경유하여 사회배외주의에 도달했다), 트리폴리 전쟁(1912년)에 관한 자신의 책에서 다음과 같이 썼다.

"우리가 단지 터키인들과만이 아니라 …… 금권정치 유럽의 음모와 협박과 재력과 군대와도 싸우고 있다는 것은 분명하다. 이 금권정치 유럽은 감히 자신의 철의 헤게모니를 위태롭게 할 몸짓 하나라도, 단어 하나라도 약소민족이 하는 것을 용납할 수가 없다."(92쪽) 이탈리아 민족주의자들의 지도자 코라디니(Corradini)는 다음과 같이 선언했다. "사회주의가 부르주아지로부터 프롤레타리아트를 해방시키는 방법이었던 것처럼, 우리 이탈리아인에게 민족주의는 우리의 부르주아지인 프랑스, 독일, 영국, 남북아메리카인으로부터 우리 자신을 해방시키는 방법일 것이다."

"우리"가 가진 것보다 더 많은 식민지와 자본과 군대를 가진 나라는 그 어느 나라든 "우리"에게서 일정 특권과 일정 이윤, 또는 초과이윤을 빼앗는다. 개개 자본가들 사이에서는 평균 수준 이상으로 우수한 기계를 가졌거나 독점을 누리고 있는 자본가에게 초과이윤이 가는 것처럼, 민족들 사이에서는 경제적으로 타민족보다 더 나은 지위에 있는 민족이 초과이윤을 차지한다. '자'민족 자본을 위해 특권과 이권을 노리고 싸우는 것, 그리고 타민족을 약탈할 '권리'를 위한 제국주의적 투쟁을 민족해방 전쟁인 체함으로써 국민 또는 일반 민중을 (라브리올라와 플레하노프의 도움을 받아) 속이는 것, 그것이 부르주아지의 업무다.

트리폴리 전쟁까지는, 이탈리아는 타민족을—적어도 대규모로는—약탈하지 않았다. 이것은 민족적 긍지로 볼 때 참을 수 없는 모욕이 아닌가? 이탈리아인은 억압받고 있고, 타민족과 비교하여 비하되고 있다. 이탈리아인 이민자는 지난 세기의 70년대에 연간 10만 명이었는데, 지금은 50만 명에서 100만 명에 달하고 있다. 이 모든 이민자들이 문자 그대로 굶주림에 의해 자국에서 내몰린 극빈자들이다. 그들 모두가 가장 임금이 낮은 산업 부문에 노동력을 공급한다. 이 대중은 아메리카와 유럽의 도시들에서 인구가 가장 밀집해 있고 가난하며 불결한 구역에 거주한다. 1881년에 100만 명이었던 국외 거주 이탈리아인은 1910년에 550만 명으로 증가했다. 이 대중은 대다수가 부유한 '대'국에 살고 있는데, 이 나라들에서 이탈리아인은 가장 천하고 가장 숙련되지 못한, 가난하고 권리가 없는 상태의 노동대중이다. 값싼 이탈리아인 노동을 사용하는 주요 나라들이 여기 있다. 프랑스: 1910년에 이탈리아인 40만 명

(1881년에 24만 명), 스위스: 13만 5천 명(1881년에 4만 1천 명), 오스트리아: 8만 명(4만 명), 독일: 18만 명(7천 명), 미국: 177만 9천 명(17만 명), 브라질: 150만 명(8만 2천 명), 아르헨티나: 100만 명(25만 4천 명). 125년 전에 자유를 위해 싸웠고, 그것을 근거로 하여 지금 노예 소유주로서 프랑스 자신과 영국의 식민지 '소유권'을 위한 현 전쟁을 해방 전쟁이라고 부르고 있는 '영광스런' 프랑스는 수십만 명의 이탈리아인 노동자들을 사실상 게토나 다름없는 특수 거주구역에 몰아넣었다. 이 '대'민족의 소부르주아 우민들(canaille)은 이 특수 거주구역 사람들을 최대한 멀리 떨어뜨리기 위해 할 수 있는 모든 것을 다하고, 온갖 가능한 방식으로 모욕하고 비하한다. 이탈리아인은 '마카로니'라는 경멸스러운 별명으로 불리고 있다. (대러시아인 독자는 우리나라에서 유행하는 비러시아계인에 대한 경멸스러운 별명이 얼마나 많은지 상기해보아야 할 것이다. 비러시아계는 그들의 출생으로 인해 고귀한 지배 민족 특권을 누릴 자격이 부정된다. 그런데 이 특권은 푸리시케비치(Purishkevich) 도당을 위해 대러시아인과 러시아의 여타 민족 양쪽 모두를 억압하는 수단으로 사용되고 있다.) 1896년에 이 대민족, 프랑스는 이탈리아와 조약을 체결했는데, 이 조약에 의해 이탈리아는 튀니지에서 이탈리아인 학교 수를 늘리지 않도록 조치를 취해야 한다! 그때 이래 튀니지의 이탈리아인 주민은 6배 증가했다. 튀니지에 거주하는 프랑스인이 3만 5천 명이고 이탈리아인은 10만 5천 명이지만, 이탈리아인 가운데는 토지 소유자가

단지 1,167명뿐이고, 소유 면적도 합계 8만 3천 헥타르에 지나지 않은 데 비해 프랑스인은 2,395명의 토지 소유자가 이 식민지에서 70만 헥타르의 토지를 틀어쥐고 있다. 그렇다면 이탈리아가 트리폴리에 자신의 식민지를 보유하고 달마치아에서 슬라브인을 억압하며 소아시아를 분할하는 것에 누가 반대할 수 있겠느냐는, 라브리올라를 비롯한 이탈리아 '플레하노프파'에게 어떻게 동의하지 않을 수가 있겠는가?[3]

플레하노프가 독일이 러시아를 식민지로 만들려는 기도에 대항하는 러시아의 '해방' 전쟁을 지지하는 것과 똑같이, 개량주의 당의 지도자 비솔라티는 "외국 자본의 이탈리아 침입"(97쪽)—즉 롬바르디아에서 독일 자본, 시칠리아에서 영국 자본, 피아센티노에서 프랑스 자본, 전차(電車) 산업에서 벨기에 자본 등—에 대해 반대를 외치고 있다.

문제는 명확히 제기되어 있다. 유럽 전쟁은 여러 민족의 수억 명의 사람들 앞에 실제로 다음과 같은 양자택일을 하게 제시함으로써 인류에게 거대한 공헌을 했다(이를 인정하지 않으면 안 된다). 즉 '자'국 부르주아지의 특혜나 야망뿐만 아니라, 대국 민족의 특권 및 일반으로는 민족적 특권을 총이나 펜으로, 직접적으로든, 간접적으로든, 어떠한 형태로든 옹호할 것인가, 말하자면 '자'국 부르주아지의 편에 서서 그 시종이 될 것인가, 아니면 국제적으로 단결된 프롤레타리아트의 혁명적 행동에 의해 모든 정부, 일차적으로 자국 정부를 폭로하고 타도하기 위해 대국 민족의 특권을 둘러싼 모든 투쟁—특히 무력충돌—
을 이용할 것인가. 거기에 중도(中道)는 없다. 달리 말하면, 중
간 입장을 취하려는 시도는 실제로는 은밀히 제국주의 부르주
아지의 편에 서는 것을 의미한다.

바르보니의 책 내용 전체는 이 중도로 포장된 이적 행보를

3　레닌 주 이탈리아가 제국주의로 이행한 것과 이탈리아 정부가 선거 개정
　에 동의한 것 사이의 연관을 주목해보면 많은 시사점을 얻는다. 선거법
　개정은 유권자 수를 321만 9천 명에서 856만 2천 명으로 증가시켰다.
　달리 말하면, '거의' 보통선거권을 도입한 것이다. 선거법 개정을 실시한
　지올리티(Giolitti)는 트리폴리 전쟁 전에는 보통선거권에 격하게 반대
　하는 입장이었다. 미헬스는 다음과 같이 말한다. 온건파 정당들은 "정부
　가 방침을 변경한 동기는 본질적으로 애국적인 것이었다. 그 동안 줄곧
　식민지 정책에 대한 이론적 혐오감을 가지고 있었음에도 불구하고, 공
　업노동자, 더군다나 그 하층 노동자는 터키인들과의 전쟁에서 모든 예
　상과는 반대로 아주 충실하게 군율을 지키고 명령에 복종했다. 정부의
　정책에 이와 같이 맹종하는 행동은 보상을 받을 만한 것으로, 그 보상
　은 이 새로운 길을 따라 계속 나아가도록 프롤레타리아트를 유인할 정
　도의 높은 보상이 될 것이다. 의회에서는 내각 총리대신이 이렇게 선언
　했다. 이탈리아 노동자는 리비아 전장에서 애국적인 행동으로 자신들
　이 최고 단계의 정치적 성숙에 도달했음을 조국 앞에 증명하였다. 고귀
　한 대의를 위해 자신의 목숨도 희생할 수 있는 사람은 또한 유권자로서
　조국의 이익을 지킬 수 있다. 따라서 마땅히 국가가 그를 완전한 정치적
　권리를 누릴 만하다고 여기게 할 권리가 그에게는 있다."(177쪽) 이탈리
　아 각료대신들, 말솜씨 하나는 뛰어나군! 그러나 그보다 한 수 위는, 다
　음과 같은 노예 근성의 주장을 되뇌고 있는 독일의 '급진적' 사회민주주
　의자들이다. "'우리'는 '우리'의 의무를 다해 '당신들'이 외국을 약탈하는
　것을 도왔지만, '당신들'은 프로이센에서 '우리'에게 보통선거권을 주는
　것을 원치 않는다……."

덮어 가리는 데 할애되어 있다. 바르보니가 국제주의자인 체하는 것은 우리나라의 포트레소프 씨와 똑 닮았다. 그는 어느 편의 승리가 프롤레타리아트에게 더 유리한지, 또는 더 해가 없는지 확인하는 것이 국제주의적 관점에서 필요하다고 주장하는데, 물론 그는 이 문제를 오스트리아와 독일에 불리하게 해결했다. 바르보니는 완벽하게 카우츠키주의적인 정신으로, 모든 나라의—일차적으로는 물론 교전국의—노동자의 연대와 국제주의적 신념을 엄숙히 선언할 것을 이탈리아 사회당에 제안하고 있다. 또 "불가침 및 민족 독립의 상호보장을 위한 국제연맹"(126쪽)의 설립을 포함하여 군비축소와 모든 민족의 민족적 독립에 기초한 평화 강령의 선언도 제안하고 있다. 바로 이러한 원칙의 이름으로 바르보니는 다음과 같은 입장을 발표하고 있다. 군국주의는 자본주의에 "기생적인" 현상으로서 "전혀 필연적인 것이 아니다." 독일과 오스트리아는 "군국주의적 제국주의"로 물들어 있다. 양국의 침략 정책은 "유럽 평화에 항구적인 위협"이 되고 있다. 독일은 "러시아[원문 그대로!]와 영국이 제안한 군비제한안(案)을 끊임없이 거부"해왔다. 이탈리아 사회당은 적당한 시점에 이탈리아가 3국협상 편에 서서 개입하는 것에 대한 찬성 입장을 표명해야 한다 등.

독일의 부르주아 제국주의보다 영국의 부르주아 제국주의를 선호하게 하는 원칙이 무엇인지는 여전히 미지수로 남아 있다. 20세기에 이르러 독일은 다른 유럽 나라들보다 경제 발전이 더 급속하게 진행되었지만, 식민지 분할에서는 전혀 "합당한 대우를 받지 못했다." 반면 영국은 발전 속도가 훨씬 더 더뎠지만, 수많은 식민지를 손에 넣었다. 그리고 이 식민지(유럽에서 멀리 떨어진)에서 영국은 종종 독일 못지않게 잔인한 방법을 사용하여 탄압했다. 영국은 거대한 부를 가지고서 대륙 열강의 군인 수백만 명을 고용하여 오스트리아, 터키 등을 강탈하였다. 본질적으로 바르보니의 국제주의는 카우츠키의 국제주의처럼 입으로만 사회주의적 원칙을 옹호하는 것에 지나지 않는다. 이 위선의 장막 뒤에서 실제로는 자국의 부르주아지, 즉 이탈리아 부르주아지를 옹호하고 있는 것이다. 자신의 책을 자유로운 스위스(이 나라에서 검열 당국은 오스트리아를 비판하고 있는 것이 분명한, 75쪽의 문장 반 행 정도만을 삭제했다)에서 출판한 바르보니가 바젤 선언의 기본 원칙을 인용하는 것, 또는 양심적으로 그 원칙을 분석하는 것을 불필요한 일로—총 143쪽에 이르는 저서 전체에 걸쳐—여긴 것에 주목하지 않을 수가 없다. 반면 우리의 바르보니는 지금 친(親)프랑스 부르주아지 전체가 달려들어 홍보하고 있는 왕년의 러시아 혁명가 2인, 즉 소부르주아 아나키스트 크로포트킨과 사회민주주의 출신의 속물 플레하노프를 깊은 공감을 가지고 인용하고 있다(103쪽). 놀랄 일도 아니다. 플레하노프의 궤변은 바르보니의 궤변과 본질적으로 다르지 않다. 그러나 이탈리아에서는 정치적 자유가 그와 같은 궤변을 가리는 장막을 보다 쉽게 찢고, 노동자 진영에 심어진 부르주아지의 하수인으로서의 바르보니의 정체를 보다 명료하게 드러내준다.

바르보니는 독일 사회민주주의 내 "진짜배기 혁명 정신의 부재"를 개탄한다(정확히 플레하노프 식으로). 그는 카를 리프크네히트를 따뜻이 환영하지만(자신의 눈에 있는 들보를 보지 못하는 프랑스 사회배외주의자들에게 그가 환영받는 것과 똑같이), 작정하고 천명하기를, "우리는 인터내셔널의 파산을 이야기할 수 없다."(92쪽) 또 독일 사회민주주의자들은 자신들이 조국을 옹호하고 있다는 '진실된' 신념을 갖고 행동하는 만큼, 그들은 "인터내셔널의 정신을 배반한 것이 아니다"(111쪽)라고 한다. 바르보니는 카우츠키 식의 경건한 체하는 태도로, 그러나 로만스어풍의 웅변을 섞어 이렇게 선언한다. 인터내셔널은 (독일에게 승리한 후에는) "그리스도가 베드로를 용서한 것처럼 독일인들의 잠시의 불신을 용서하고, 군국주의적 제국주의로부터 입은 깊은 상처를 망각으로 치유하고, 명예롭고 형제적인 평화를 위해 손을 뻗을 준비가 되어 있다."(113쪽)

감동적인 광경이다! 바르보니와 카우츠키가—아마 우리의 코숍스키(Kosovsky)와 악셀로드의 도움을 받아—서로를 용서하고 있는 것이다!

카우츠키와 게드에게, 플레하노프와 크로포트킨에게 만족하고 있는 바르보니가 정작 자신이 속한 이탈리아 사회주의 노동당에는 만족하지 못하고 있다. 운 좋게도 이미 전전(戰前)

에 비솔라티 일파 등 개량주의자들을 털어낸 이 당에서 "절대적 중립" 슬로건에(즉 이탈리아가 참전하는 것에 찬성하는 자들에 대한 단호한 투쟁에) 동의하지 않는—바르보니 자신처럼—사람들이 "숨 쉴 수 없는"(7쪽) 분위기가 조성되었다고 그는 불평한다. 이탈리아 사회주의노동당에서는 자신 같은 사람들에게 "지식인", "대중과의 접촉을 잃은 개인들", "사회주의와 국제주의의의 정도(正道)에서 벗어난" "부르주아지로부터 환영받고 있는 사람들"(7쪽)이라는 딱지를 붙이고 있다고 가엾은 바르보니는 쓰디쓴 불만을 토로한다. "우리 당은 대중을 교육하기보다는 오히려 공상에 젖게 한다"고 바르보니는 분개한다.

많이 들은 노래다! 대중을 "충동하여" 《나셰 슬로보》와 조직위원회와 치혜이제파 의원단 같은 훌륭한 사회주의자들에 대항하도록 "부추기는" 사악한 볼셰비키의 "데마고기"라며 러시아의 청산파와 기회주의자들이 읊어대는 익숙한 노래의 이탈리아풍 변곡이다! 그러나 이것은 이탈리아 사회배외주의자의 입에서 나온 얼마나 귀중한 고백인가. 사회배외주의자의 정강과 혁명적 국제주의자의 정강을 수개월간 자유롭게 토의하는 것이 가능한 유일한 나라에서 다름 아닌 노동자 대중이, 다름 아닌 계급적으로 각성한 프롤레타리아트가 혁명적 국제주의자의 편에 섰고, 반면 소부르주아 지식인과 기회주의자들이 사회배외주의자의 편에 선 것이다.

중립은 편협한 이기주의고, 국제 정세에 대한 이해력이 없는 것이며, 벨기에에 대한 비열한 행위이자 "기권"이다—그리고 "기권하는 것은 언제나 옳지 않다"—라고 바르보니는 완전히 플레하노프 및 악셀로드와 똑같은 정신으로 말하고 있다. 그러나 이탈리아에는 개량주의적인 당과 사회민주주의적인 노동자 당, 두 합법 정당이 있으므로, 그리고 포트레소프, 체레바닌, 레비츠키(Levitsky) 등의 일파의 나체를 치헤이제파 의원단이나 조직위원회라는 무화과 나뭇잎으로 가려서 공중을 속이는 것은 이 나라에서 가능하지 않으므로 바르보니는 솔직하게 다음과 같이 인정한다.

"이러한 관점에서 볼 때 나는 공식 혁명적 사회주의자들의 전술 속에서보다 개량주의적 사회주의자들의 활동 속에서 더 많은 혁명성을 본다. 혁명적 사회주의자들은 거북이처럼 절대적 중립이라는 껍데기 안에 숨어 있는 데 비해 개량주의적 사회주의자들은 정세의 이 같은 변화가 [독일 군국주의에 대해 승리한 결과로서] 장래의 반자본주의 투쟁에 얼마나 큰 중요성을 가질지 신속히 이해하여, 아주 일관되게 삼국협상 측의 대의를 지지했기 때문이다."(81쪽)

이 귀중한 고백에 대해서는 우리는 다음과 같은 소망을 표해둘 따름이다. 어느 사회계층이, 그리고 어느 분자들이, 누구의 도움으로, 어떤 주장으로, 한쪽에서는 이탈리아 프롤레타리아트의 혁명적 정책을 옹호했고 다른 한쪽에서는 이탈리아의 제국주의적 부르주아지에 대한 노예근성을 옹호했는지 하는 문제와 관련하여 이탈리아의 두 당이 제공하고 있는 막대한 양의 극히 흥미로운 자료를, 이탈리아 운동에 정통한 동지 누군가가 수집하고 체계적으로 분석하고 정리해주었으면 하는 소망 말이다. 각국에서 이 같은 자료가 많이 수집되면 될수록 계급적으로 각성한 노동자들이 제2인터내셔널 붕괴의 원인과 의의에 대한 진실을 더욱더 명확하게 보게 될 것이다.

글을 맺으며 유념해둘 것은 바르보니는 노동자 당을 앞에 두고 궤변을 사용하여 노동자의 **혁명적** 본능에 아부하고자 한다는 것이다. 실제로는 이탈리아 부르주아지의 제국주의적 이익을 위해 수행되고 있는 전쟁에 적의를 가진 이탈리아의 국제주의적 사회주의자를, 바르보니는 겁 많은 기권주의자로, 전쟁의 참화로부터 숨으려는 이기적인 욕망을 지지하는 자로 묘사한다. "전쟁의 참화를 두려워하도록 교육받는 국민은 아마 혁명의 참화에 대해서도 두려워할 것이다"(83쪽)라고 그는 말한다. 혁명가의 외피를 두르려는 이 역겨운 시도에 병행하여, 지독히 실무적으로 살란드라(Salandra) 대신(大臣)의 "명확한" 말을 증거로 내놓고 있다. "어떤 대가를 치르고서라도 질서가 유지될 것"이며, 동원 반대를 목적으로 하는 총파업 기도는 "무익한 살육"만을 낳을 것이다. "우리는 리비아(트리폴리) 전쟁을 막을 수 없었다. 오스트리아와의 전쟁은 더더욱 막을 수 없을 것이다."(82쪽)

카우츠키와 쿠노, 그리고 그 밖의 기회주의자들과 마찬가지로 대중을 속이려는 가장 비열한 의도를 가지고 바르보니는 혁명가들을 중상모략한다. 마치 "전쟁을 일거에 좌절시키"겠다며 부르주아지에게 가장 유리한 시점에 모두 총 맞아 죽겠다고 하는 바보 같은 계획을 혁명가들이 가지고 있는 것처럼 교묘하게 덮어씌우고 있는 것이다. 이와 같이 그는 슈투트가르트와 바젤에서 명확히 정식화된 임무, 즉 혁명적 위기를 이용하여 체계적인 혁명적 선전을 수행하고 혁명적 대중행동을 준비하는 임무를 요리조리 피하려 한다. 바르보니는 유럽이 혁명적 순간을 거치고 있다는 것을 아주 명확히 보고 있다.

"독자에게는 지겨운 얘기가 될 수도 있지만, 위험을 무릅쓰고서라도 한 가지 점을 강조할 필요가 있다고 생각한다. 이 점을 분명히 하지 않고서는 현 정세를 올바르게 평가할 수가 없기 때문이다. 그것은 우리가 겪고 있는 시기가 파국적인 시기, 행동의 시기라는 것이다. 이 시기에 문제가 되는 것은 사상을 분명히 하는 것도, 강령을 만드는 것도, 또는 미래의 정치행동 방침을 정하는 것도 모두 아니고, 몇 달 안에, 어쩌면 몇 주 안에라도 성과를 이뤄내기 위해 살아있는 적극적인 힘을 적용하는 것이다. 이 같은 조건에서는 더 이상 프롤레타리아 운동의 장래를 놓고 심각한 철학적 이야기를 하는 것이 아니라, 현 정세를 앞에 두고 프롤레타리아트의 관점을 튼튼히 다지는 것이 문제다."(87~8쪽)

혁명주의로 위장한 또 하나의 궤변이다! 파리 코뮌 이후 44

년, 반세기에 걸쳐 대중의 힘을 결집하고 양성해온 유럽의 혁명적 계급이 이 시점에, 유럽이 파국적 시기를 거치고 있는 현 시점에 어떻게 빠르게 '자'민족 부르주아지의 시종이 될지 고민하지 않으면 안 된다는 것이다. 또 그 부르주아지가 타민족 인민들을 약탈하고, 유린하고, 파멸시키고, 정복하는 것을 어떻게 도울지, 그리고 대규모로 직접적인 혁명적 선전과 혁명적 행동 준비에 착수하는 것을 어떻게 억누를지 고민하지 않으면 안 된다는 것이다.

| 《코뮤니스트》1·2호, 1915년

전쟁에 대한 격문

노동자 동지들!

유럽 전쟁이 1년 넘게 계속되고 있다. 모든 점을 고려해볼 때 전쟁은 장기간 계속될 것이다. 왜냐하면 독일은 전쟁 준비가 가장 잘 되어 있고 현재로선 가장 강력하지만, 4국협상(러시아, 영국, 프랑스, 그리고 나중에 참가한 이탈리아) 측에 인력과 재력이 더 많은데다 세계 최대 부국인 미국으로부터 자유롭게 군수물자를 조달하고 있기 때문이다.

인류에게 유례 없는 고난을 겪게 하고 있는 이 전쟁은 무엇을 위한 싸움인가? 각 교전국의 정부와 부르주아지는 수백만 루블을 책자와 신문에 쏟아부으며 적에게 책임을 돌리고 인민들의 광기 어린 적개심을 불러일으키는 한편, 자신이 부당하게 공격을 받아 지금 스스로를 '방위'하고 있는 걸로 보이게 하려 어떠한 거짓말도 서슴지 않고 있다. 그러나 실제로는 이것은 두 그룹으로 나뉜 강도적 대국 간의 전쟁이며, 식민지의 분할과 타민족의 예속과 세계 시장에서의 이권과 특권을 위해 벌이는 전쟁이다. 가장 반동적인 전쟁, 자본주의적 노예제를 유지하고 강화하기 위한 현대판 노예 소유주들의 전쟁이다. 영국과 프랑스가 벨기에의 자유를 위해 싸우고 있다고 주장하는 것은 새빨간 거짓말이다. 실제로 두 나라는 오래전부터 전쟁을 준비해왔고, 독일을 약탈하고 독일의 식민지를 탈취하기 위한 목적으로 전쟁을 수행하고 있는 것이다. 두 나라는 터키와 오스트리아를 강탈하고 분할하는 것에 대해 이탈리아 및 러시아와 조약을 체결했다. 러시아의 차르 군주제는 갈리치아의 점령, 터키 영토의 탈취, 페르시아와 몽골의 예속 등을 노린 약탈 전쟁을, 독일은 영국과 벨기에와 프랑스의 식민지를 강탈하기 위한 전쟁을 각각 수행하고 있다. 독일이 승리하든, 러시아가 승리하든, 또는 '무승부'로 끝나든, 인류에게 전쟁은 페르시아와 터키와 중국 등 여러 식민지의 수억 인민에 대한 새로운 억압과 민족들의 새로운 예속과 모든 나라 노동자계급에 대한 새로운 사슬을 가져올 것이다.

이 전쟁과 관련하여 노동자계급의 임무는 무엇인가? 이 질문에 대한 답은 1912년의 바젤 국제사회주의대회에서 전세계의 사회주의자들이 만장일치로 채택한 결의로 주어져 있다. 이 결의는 1914년에 시작된, 바로 이런 전쟁을 예상하고 채택한 것이다. 이 결의는 다음과 같이 밝히고 있다. 이 전쟁은 반동적인 전쟁으로 "자본가의 이윤"을 위해 준비되고 있는 것이며, 노동자들은 이 전쟁을 "서로를 향해 총을 쏘는 범죄"로 간주한다. 또 전쟁은 "프롤레타리아 혁명"을 가져올 것이며, 노동자의 전술을 위한 모범은 1871년의 파리 코뮌이며, 러시아의 1905년 10~12월(즉 혁명)이다.

러시아의 계급적으로 각성한 노동자들은 모두 러시아 사회민주노동당 의원단의 편에 서 있다. 이 의원단 성원들(페트롭스키, 바다예프, 무라노프, 사모일로프, 샤코프)은 전쟁 반대, 정부 반대의 혁명적 선전을 한 죄로 차르에 의해 시베리아 유형에 처해졌다. 대중의 반란으로 이어질 이러한 혁명적 선전과 혁명적 활동 속에서만 인류는 현 전쟁과 다가오는 전쟁의 참화로부터 구제될 수 있다. 부르주아 정부를—일차적으로 가장 반동적이고 잔인하며 야만적인 차르 정부를—혁명적으로 타도함으로써만 사회주의와 민족 간 평화로 가는 길이 열릴 것이다.

부르주아지의 의식적 또는 무의식적 종복들이 차르 군주제의 혁명적 타도는 단지 독일의 반동적 군주제와 독일 부르주아지의 승리와 강화(強化)로 귀결될 수 있을 뿐이라고 인민을 설득하고자 하지만, 이것은 완전한 거짓말이다. 독일 사회주의자들의 지도자들이 러시아의 많은 지도적 사회주의자들처럼 '자'국 부르주아지 진영으로 넘어가 '방위' 전쟁이라는 동화로 인민을 속이는 것을 돕고 있음에도 불구하고, 독일의 노동자 대중들 사이에서는 자국 정부에 대한 항의와 분노가 점점 더 강력히 고조되고 있다. 부르주아지 진영으로 넘어가지 않은 독일 사회주의자들은 출판물에서, 러시아 사회민주노동당 의원단의 전술을 "영웅적인 것"으로 생각한다고 선언했다. 독일에서는 전쟁 반대·정부 반대 격문이 비합법으로 발행되고 있다. 여성 노동운동의 유명한 대표자 클라라 체트킨을 포함하여 수십 명, 수백 명에 이르는 최상의 독일 사회주의자들이 혁명적 정신으로 선전을 행한 죄로 독일 정부에 의해 투옥되었다. 예외 없이 모든 교전국에서 노동자 대중의 항의와 분노가 고조되고 있고, 러시아의 사회민주주의자들이 보여준 혁명적 활동의 실례는, 더군다나 러시아에서 혁명의 모든 성공은 사회주의의 대의를, 피로 물든 부르주아 착취자들에 대한 프롤레타리아트의 승리의 대의를 전진시키고야 말 것이다.

전쟁은 자본가의 호주머니를 채우고 있다. 강대국들의 국고로부터 대량의 황금이 자본가의 호주머니 속으로 쏟아져 들어가고 있다. 전쟁은 적에 대한 맹목적인 적개심을 불러일으키고 있다. 부르주아지는 인민의 불만을 이쪽으로 돌려놓고, 주된 적—자국 정부와 지배계급—으로부터 인민의 주의를 유리시켜놓기 위해 전력을 쏟고 있다. 그러나 전쟁은 근로대중에게 끝없는 재앙과 참화를 가져오면서, 노동자계급의 최상의 대표자들을 계몽시키고 단련시킨다. 어차피 죽을 것이라면, 자본가와 지주와 차르의 이익을 위해서가 아니라 우리 자신의 대의를 위해, 노동자의 대의를 위해, 사회주의 혁명을 위해 투쟁하다가 죽자. 이것이 지금 계급적으로 각성한 노동자들이 생각하고 느끼고 있는 것이다. 혁명적 사회민주주의 활동이 지금 아무리 어렵더라도, 그것은 가능하다. 그것은 전세계에서 전진하고 있고, 그 활동 속에 오직 구제의 길이 있다.

러시아를 범죄적 전쟁에 빠뜨리고 민족들을 억압하는 차르 군주제를 타도하라! 전세계 노동자의 우애와 국제 프롤레타리아 혁명 만세!

| 1915년 8월에 집필
1928년 1월 21일 《프라우다》 18호에 처음 발표

솔직함에 감사한다

"인터내셔널을 '국제주의적 사회민주주의자들'로 …… 모든 사회주의 당들에서 임의로 선발된 반대파 분자들(로) 구성하는 것이 필요하다고 하는 공허한 사상 …… 인터내셔널은 이제까지 그것을 구성해온, 같은 분자들로만 재건될 수 있다. …… 재건된 인터내셔널은 순서로 해서 '제3'인터내셔널—이것은 한 줌의 종파주의자들과 분열 행위의 달인들이 필요로 하는 것이지만—이 아니라, 동일한 제2인터내셔널일 것이다. 죽은 것이 아니라, 세계적 재앙에 의해 일시적으로 마비된 그 제2인터내셔널 말이다."

이것은 V. 코숍스키 씨가 분트의 《정보 회보*Information Bulletin*》 8호에 쓴 내용이다. 그다지 현명하지는 않은 이 분트파 성원이 보여준 솔직함에 대해 우리는 깊이 감사하고 있다. 분트파의 외교가들에게는 못마땅할 것이 틀림없는 솔직함으로 그가 기회주의를 옹호한 것은 이번이 처음이 아니다. 이번에 또다시 그는 분트파가 프롤레타리아 사회주의로부터 얼마나 무력하게 동떨어져 있는지를 노동자들에게 폭로함으로써 기회주의와의 투쟁을 도울 것이다. 코숍스키 씨에게는 기회주의와 사회배외주의 사이의 연결고리가 보이지 않는다. 이 고리를 보기 위해서는 다음과 같은 질문을 스스로에게 던질 수 있어야 한다. 그 두 조류의 기본 사상은 무엇인가? 지난 수십 년간 유럽에서 기회주의가 어떻게 발전했는가? 다수의 유럽 나라들, 예를 들어 러시아, 독일, 프랑스, 영국, 이탈리아, 스웨덴, 스위스, 네덜란드, 불가리아 같은 나라들에서 기회주의 진영과 혁명적 진영이 각각 사회배외주의에 대해 보인 태도는 어떠한 것이었나?

코숍스키 씨는 이에 대해 제대로 생각해보았을까? 만약 적어도 첫 번째 질문에 답해보려고 시도했다면, 곧바로 자신의 오류가 보였을 텐데.

덧붙여 말하면《정보 회보》7호에서 코숍스키 씨는 친(親)독일적 배외주의를 드러내고 있다. 프랑스 사회민주주의자들을 비난하면서도 독일 사회민주주의자들이 전쟁공채에 찬성 투표를 한 것은 옹호하고 있기 때문이다. W아무개 씨는 배외주의라는 고발로부터 코숍스키 씨를 옹호하면서, 러시아에서 활동하는 조직에는 친독일 배외주의 같은 것은 있을 수 없다고 단언한다(8호 11~2쪽). 코숍스키 씨가 W아무개 씨에게, 러시아에서는 우크라이나 또는 폴란드의 부르주아지가, 프랑스에서는 덴마크 또는 알자스의 부르주아지가, 영국에서는 아일랜드의 부르주아지가 그들을 억압하고 있는 민족에게 적의에 찬배외주의를 종종 드러내는 이유를 설명해주지는 않을까?

| 1915년 여름에 집필

1931년에 『레닌 잡록집』 17권에 처음 발표

국제사회주의위원회(I.S.C.)에게

존경하는 동지들께

　우리는 동지들의 9월 25일자 편지를 받고, 베른에 상설 국제 '확대위원회'를 설치한다는 계획에 전적으로 공감했음을 밝히는 바입니다. I.S.C.(국제사회주의위원회, International Socialist Committee)에 속한 그 외의 조직들도 이 계획에 동의할 것이라고 믿고, 우리는 러시아 사회민주노동당 중앙위원회로부터 이 확대위원회의 성원으로 지노비예프를 임명합니다. 그의 대리 또는 후보자로는 1) 페트로바(Petrova)[1] 동지, 2) 레닌 동지를 임명합니다. 연락하실 곳은 스위스 헤르텐슈타인(루체른 주), 라도미슬스키 씨(아슈반덴 여사 댁 내)입니다.

　이어서 9월 25일자 동지들의 편지에서 제기된 그 외의 문제들에 대해 말하자면, 우리는 다음과 같은 의견을 갖고 있습니다.

I　페트로바는 이네사 아르망이다.—원서 편집자

1. 9월 5~8일의 회의[2]에서 정한 "일반적 관점(allgemeine Gesichtspunkte)"이 "불충분(nicht genügen)"하다는 점에 대해 우리는 동지들과 완전히 같은 의견입니다. 이들 원칙을 훨씬 더 상세하게 세부항목까지 적시하여 한층 더 발전시키는 것이 절대적으로 필요합니다. 이것은 원칙적 견지에서도, 또 실천적 견지에서도 필요합니다. 왜냐하면 국제적 규모로 **공동행동**을 실현하기 위해서는 기본적인 이데올로기적 견해를 명확히 하는 것과 함께 모든 실천적인 행동 방법을 정확히 규정하는 것이 요구되기 때문입니다. 유럽 전체가, 그리고 특히 유럽의 노동계급 운동이 거치고 있는 거대한 위기가 문제의 두 측면 모두를 대중이 인식하게—인식 정도의 차이만 있을 뿐—했다는 것은 의심의 여지가 없지만, I.S.C.와 그 가맹 당들에 부과된 임무는 바로 이러한 인식을 돕는 것에 있다고 봅니다. 불가능한 것—일치된, 정확히 정식화된 견해에 기초하여 모든 사람들이 신속히 통일되는 것—을 기대하지 말고, 우리는 현재의 국제주의적 사회주의 내 기본적인 **조류들** 및 **경향들**을 정확히 규정하는 일에 힘써야 합니다. 그리고 이어서 노동자 대중이 이들 조류에 대한 지식을 얻고, 이들 조류에 대해 전면적으로 토론하고, 자신의 실천운동 경험에 비춰 이들 조류를 검증하도록 도와야 합니다. 우리는 I.S.C.가 마땅히 이것을 자신의 주요 임무로 간

---

2   치머발트 회의를 가리킨다.—옮긴이

174

주해야 한다고 봅니다.

2. 9월 25일자 편지는 프롤레타리아트의 임무를 평화를 위한 투쟁(전쟁이 계속될 경우), 또는 "각종 평화 제안과 평화 강령에 대한 프롤레타리아트의 국제적 관점을 구체적으로, 세부사항에 걸쳐 정식화하는 것(den internationalen Standpunkt des Proleriats zu den venschiedenen Friedensvorschlägen und Programmen konkret und ins einzelne gehend zu unschreiben)"이라고 규정하고 있습니다. 특히 이 경우에 민족 문제가 강조되어 있습니다(알자스-로렌, 폴란드, 아르메니아 등).

9월 5~8일 회의에서 만장일치로 채택된 두 문서에는, 즉 선언 속에서도, 동조 결의(Sympathieer-klärung) 속에서도 평화를 위한 투쟁과 사회주의를 위한 투쟁의 결합("평화를 위한 투쟁은 …… 사회주의를 위한 투쟁이다"—"dieser Kampf ist der Kampf …… für den Sozialisnzus"—라고 선언은 밝히고 있습니다), 평화를 위한 투쟁과 "비타협적인 프롤레타리아 계급투쟁(unversöhnlicher proletarischer Klassenkampf ; 회의가 표결한 결의의 원문에는 "비타협적"이 아니라 "혁명적" 계급투쟁으로 되어 있습니다. 그러나 합법성을 고려하여 단어를 바꾼다 하더라도 그것에 의해 의미가 바뀌는 일은 없어야 합니다)"의 결합이라는 생각이 표명되어 있다고 봅니다. 동조 결의는 "국제 프롤레타리아트 대중 속에서 혁명적 정신을 불러일으킬" 필요와 회의의 "엄숙한 약속"을 솔직하게 말하고 있습니다.

프롤레타리아트의 혁명적 계급투쟁과 결합되지 않는다면,

평화를 위한 투쟁은 감상적이거나 아니면 인민을 속이는 부르주아의 평화주의적 공문구에 불과합니다.

우리가 '정치가' 같은 자세를 취하여 "구체적인" 평화 강령을 작성하는 것은 가능하지도 않거니와, 그렇게 해서도 안 됩니다. 반대로 우리는 혁명적 계급투쟁의 발전이 없는 민주주의적인(병합, 폭력, 강탈 없는) 평화에 대한 모든 기대가 기만이라는 것을 대중에게 설명해야 합니다. 전쟁의 원인이 제국주의라는 것, 그리고 제국주의는 한 줌의 '강대'국에 의한 제 민족의 '노예화', 세계 모든 민족의 '노예화'를 의미한다는 것을, 선언의 모두에서는 단호하고 명확하고 결연하게 대중에게 밝히고 있습니다. 따라서 우리는 대중이 제국주의를 타도하는 것을 도와야 합니다. 제국주의의 타도 없이는 무병합의 평화는 불가능합니다. 제국주의 타도 투쟁은 물론 힘든 것이지만, 대중은 힘들지만 필요한 이 투쟁에 관한 진실을 알아야 합니다. 제국주의 타도 없는 평화에 대한 기대로 대중을 안심시키려고 해서는 안 됩니다.

3. 이러한 점들로부터 출발하여, 우리는 다음과 같이 제안합니다.

아래의 문제들을, 오는 확대위원회 회의 일정에 올리고(테제의 요약 발표나 또는 결의안의 작성을 위하여), 이어서 그 다음 국제 회의의 일정에 올린다(결의의 최종 채택을 위하여).

a) 평화를 위한 투쟁과 대중의 혁명적 행동, 또는 프롤레타

리아트의 혁명적 계급투쟁 사이의 연관

b) 민족자결

c) 사회애국주의와 기회주의 사이의 연관

회의에 의해 채택된 선언에서 이 모든 문제가 충분히 세부적으로까지 다루어지고 있다는 것, 그리고 이 문제들은 원칙상으로나 실천상으로나 모두 중대한 의의를 지니고 있다는 것, 또 사회주의자와 생디칼리스트가 이 문제들에 부딪히지 않고는 프롤레타리아 투쟁의 그 어떤 실천적 한 걸음도 생각할 수 없다는 것을 우리는 강조하는 바입니다.

현 전쟁에서 '조국 방위'에 관한 "자본가의 거짓말"(선언의 표현대로)에 맞서 평화와 민족자결, 그리고 사회주의를 위한 대중투쟁을 고취하기 위해 이 문제들을 명확히 규명하는 것이 필요합니다.

9월 25일자 편지에서 매우 올바르게 지적하고 있듯이, 제2인터내셔널의 잘못, 또는 불행이 주요 문제들에 대한 불명확함과 구명 부족에 있다면, 우리는 대중이 이 문제들을 명확하게 제기하고 정확하게 해결하도록 돕는 것을 우리의 임무로 삼아야 할 것입니다.

4. 회보를 3개 국어로 발행하는 것과 관련해서는, 그간의 경험에 비추어볼 때 이 계획이 무모하다는 것이 우리의 생각입니다. 월간으로 낼 경우, 1년에 2천~3천 프랑의 출판 비용이 들 것입니다. 쉽게 모을 수 없는 액수입니다. 덧붙이면 스위스

의 두 신문, 《베르너 타그바흐트》와 《센티넬 *La Sentinelle*》[3]에는 회보에 실린 것 거의 전부가 실려 있습니다. 우리는 I.S.C.에 다음과 같이 제안합니다.

앞의 신문 및 미국의 한 신문의 편집국과 협정을 맺어 회보뿐만 아니라 I.S.C.의 모든 보도 및 자료도 (I.S.C. 명의의 본문으로든, 특별 부록으로든) 이들 신문에 게재할 수 있도록 교섭을 시도한다.

이렇게 하면, 비용이 싸게 들 뿐 아니라, 노동자계급이 I.S.C. 활동에 대해 훨씬 더 잘, 더 완전하게 알고, 더 자주 접할 수 있도록 하는 것이 가능해질 것입니다. 우리는 더 많은 노동자들이 I.S.C.의 보도를 읽고, 모든 결의안이 게재되어 노동자들에게 알려져서 그들이 전쟁에 대한 자신의 태도를 정하는 것을 돕는 데 관심이 있습니다.

우리는 결의안(이 안을 기초로 하는 것에 대해 19명 반대 대의원 대비 12명의 대의원이, 즉 총수의 약 40퍼센트가 찬성 투표를 했습니다)과 저명한 독일 사회주의자의 편지[4](이름 생략, 전술과 관계 없는 것들도 전부 생략) 둘 다 게재할 필요에 대해 이의가 없기를 기대합니다.

3 '보초병'이라는 뜻. 프랑스어권 스위스 뉴샤틀 주의 사회민주주의 조직의 기관지로서 1884년에 쇼드퐁에서 발행되었다. 1차 세계대전 초기에는 국제주의 입장을 취하여, 1914년 11월 13일자 265호에서는 러시아 사회민주노동당 중앙위원회 선언(「전쟁과 러시아 사회민주주의」)을 축약하여 게재했다.—원서 편집자

반전 투쟁 참가로 박해받고 체포된 사람들에 대해, 전쟁에 반대하는 계급투쟁의 진행에 대해, 참호 속에서의 친교에 대해, 신문 폐간에 대해, 평화 호소 격문의 인쇄 금지 등에 대해 각국으로부터 I.S.C.가 체계적으로 정보를 수합하길 우리는 기대합니다. 또 이 모든 정보가 I.S.C.의 이름으로 위 신문들에 정기적으로 게재되기를 기대합니다.

미국의 일간신문이나 주간신문 하나와의 협의는 아마 《나셰 슬로보》와 그 외의 사회민주주의 신문들의 기고자로 활동하고 있고 현재 강연차 막 미국으로 떠난 콜론타이(Kollontai) 동지가 나서면 성사될 수 있을 것입니다. 우리가 직접 콜론타이와 연락할 수도 있고, 그녀의 주소를 동지들께 알려드릴 수도 있습니다.

5. 각국 당(특히 독일 당과 프랑스 당, 그리고 아마 영국 당도)의 부분들의 대표 방식 문제에 대해서는 다음과 같이 제안합니다.

이들 당의 동지들이 이러저러한 명칭하에 그룹들을 형성하는 것이 적절하지 않을까—대중에 대한 이들 그룹의 호소(선언,

---

4 치머발트 국제사회주의회의에 배부하기 위해 카를 리프크네히트가 1915년 9월 2일자로 보내온 편지로, 당시에는 발표되지 않았다. 리프크네히트는 1915년 초에 이등병으로 징집 명령이 떨어져 회의에 참가할 수 없었다. 편지에서 그는 대의원들에게 "계급휴전(국내 평화)"이 아니라 내란을, 모든 교전국 사회주의자들의 국제적 단결을, 제국주의 전쟁에 반대하는 투쟁을, 사회배외주의자들과의 단절을 호소했다. 대의원 대부분이 편지를 환영으로 맞았다.—원서 편집자

결의 등의 형태로)는 그것이 이러저러한 그룹의 것이라고 주를 달아 I.S.C.가 인쇄할 것이다—하는 문제를 심의하도록 I.S.C.가 그 동지들에게 제의할 것.

이와 같은 방식을 취한다면, 첫째, 군 검열에도 불구하고 대중이 국제주의자들의 전술과 견해를 계속 알 수 있게 될 것입니다. 둘째, 노동자 집회, 노동자 조직 등이 이 또는 저 그룹에 대한 동조 결의를 채택해가는 정도에 따라 국제주의적 견해의 선전에서 거둔 진전과 성공을 확인할 가능성을 얻게 될 것입니다. 셋째, 갖가지 견해의 다양한 색조를 표현하는 것이 가능해질 것입니다(예를 들어 영국에서는 B.S.P〔영국사회당〕와 그 소수파, 그리고 독립노동당, 프랑스에서는 부르데롱〔Bourderon〕등과 같은 사회주의자, 메라임〔Merrheim〕등과 같은 생디칼리스트, 독일에서는 회의가 보여주듯이 반대파 내에 여러 색조가 있습니다).

9월 25일자 편지에서 지적되어 있는 바와 같이, 이들 그룹이 독자의 조직단위를 형성하려 하지 않고 굳이 기존 조직 내에 있으려고 하는 이유가 오로지 I.S.C.와의 연락을 위해, 또 평화 투쟁의 선전을 위해서라는 것은 두말할 나위도 없는 것입니다.

'확대위원회'와 회의들에 이들 그룹도 대표를 내는 것으로 해야 할 것입니다.

6. '확대위원회'의 성원수와 표결 절차 문제에 대해서는 다음과 같이 제안합니다.

성원수를 최대 3명으로 제한하지 않을 것. 대신에 투표 시에 소그룹을 위해 분수제(1/2, 1/3 등)를 도입할 것.

이렇게 하는 게 편리할 텐데, 왜냐하면 독자적인 색조를 지닌 그룹의 대표권을 박탈하는 것은 실로 불가능하며 선언에서 정한 원칙들을 발전시키고 대중 사이에서 선전하는 데도 유해하기 때문입니다.

7. '확대위원회'가 "러시아-폴란드적 성격"을 띠게 될 위험에 대하여 말한다면, 동지들의 이 우려는 (러시아인 입장에서는 아무리 유감스러울지라도) 정당한 우려라고 생각합니다. 왜냐하면 러시아와의 그 어떤 기본적 연결고리도 없는 망명 그룹이 대표를 내는 것이 가능하기 때문입니다. 우리의 의견으로는, 적어도 3년간의 활동에 의해 러시아 본국에서의 운동을 대표할 능력을 증명한 조직들 또는 그룹들만이 대표를 내는 것으로 되어야 합니다. 이러한 원칙을 심의해서 확립할 것, 그리고 모든 그룹에 대해 러시아에서의 그들의 활동에 관한 정보와 자료를 제공하도록 요청할 것을 I.S.C.에 제안합니다.

8. 끝으로 이 기회를 이용하여 《회보》[5] 1호에 드러난 부정확한 점 하나를 지적하고, 그것이 2호에서(또는 《베르너 타그바흐

---

5   치머발트 조직의 집행부인 베른의 국제사회주의위원회가 발행하는 회보다. "Bulletin" Internationale sozialistische Kommission zu Bern. 이 회보는 1915년 9월부터 1917년 1월까지 영어, 프랑스어, 독일어로 6호 발행되었다.—원서 편집자

트》와《센 티넬》에서) 정정되도록 요청드리고자 합니다.《회보》1호 7쪽의 첫 문단 맨 위에는 결의 초안에 서명한 단위가 중앙위원회, 폴란드 사회민주주의자(당 중앙집행부), 라트비아인, 스웨덴인, 노르웨이인으로 되어 있는데, 거기에는 다음과 같은 누락이 있습니다.

1인의 독일 대표(이름을 적시하지 않는 이유에 대해서는 충분히 이해하실 것입니다)와 1인의 스위스인 플라텐.

| 빨라도 1915년 9월 12일(25일)에 집필

1925년 9월 6일에《프라우다》203호에 처음 발표

러시아의 패배와
혁명적 위기

두마 내에서 자유주의자와 10월당원들과 민족주의자로 구성된 반정부 블록이 결성되고, 그에 대한 대응으로 4차 두마가 해산된 것은 러시아가 혁명적 위기에 빠져 있음을 생생하게 보여주는 하나의 현상이다. 차르 군주제 군대의 패배, 프롤레타리아트의 파업운동과 혁명운동의 성장, 대중의 불만, 독일에 승리하기 위한 개혁 및 산업동원 계획을 가지고 차르와 협정하는 것을 목적으로 자유주의자와 10월당원들이 블록을 형성한 것 등이 전쟁 첫해의 종반에 연쇄적으로 펼쳐진 사건들이다.

러시아에 혁명적 위기가 존재하는 것은 분명하지만, 위기의 의의와 그에 따른 프롤레타리아트의 임무를 모두가 정확히 이해하고 있지는 못하다.

역사는 되풀이되고 있는 것처럼 보인다. 1905년과 마찬가지로 다시 전쟁이 존재한다. 차리즘이 명확한 목적, 즉 노골적으로 침략적이고 강도적이고 반동적인 목적을 가지고 나라를 전쟁으로 몰아넣은 것이다. 마찬가지로 군사적 패배와 그에 따른 혁명적 위기의 가속화가 진행되고 있다. 마찬가지로 다시 자유주의적 부르주아지가—이번에는 심지어 상당 부분의 보수적 부르주아지 및 지주와 합세하여—자신의 프로그램으로 개혁 및 차르와의 협정을 들고 나왔다. 불리긴 두마[1] 전의 1905년 여름 또는 1차 두마 해산 후의 1906년 여름과 상황이 거의 같다.

그러나 실제로는 커다란 차이가 있다. 이 전쟁이 전 유럽, 즉 대중적이고 강력한 사회주의 운동이 존재하는 가장 선진적인 나라들 모두를 끌어들였다는 것이 바로 1905년과의 결정적인 차이다. 제국주의 전쟁은 러시아의 혁명적 위기, 즉 부르주아 민주주의 혁명을 기반으로 하는 위기를 서구의 프롤레타리아 사회주의 혁명의 증대하고 있는 위기와 **연동시켜놓았다**. 어느 나라도 한 나라에서 혁명적 (임무)를 개별적으로 해결하는 것이 가능하지 않을 정도로 이 연동은 직접적이다. 러시아의 부르주아 민주주의 혁명은 이제 서구에서 단순한 사회주의 혁명의 서곡이 아니라 불가분한 구성 부분이다.

1905년에는 서구에서 프롤레타리아 혁명을 촉발시키기 위해 러시아에서 부르주아 혁명을 최후까지 수행하는 것이 프

[1] Bulygin Duma. 입법자문 성격의 두마로, 이 두마의 선거와 소집을 위한 법령을 내무상 불리긴(A. G. Bulygin)이 의장으로 있던 위원회에서 기초하여 1905년 8월 6일(19일)에 공표했다. 볼셰비키가 불리긴 두마를 보이콧하여, 정부는 두마를 소집하는 데 실패했다. 불리긴 두마는 10월 정치총파업으로 일소되었다.—원서 편집자

롤레타리아트의 임무였다. 1915년에는 이 임무의 후반부가 워낙 긴급성을 띠게 되어 전반부와 같은 지평에 있게 되었다. 새로운, 보다 고도의, 보다 발달된, 보다 복합적인 국제관계를 기반으로 하여 러시아에 새로운 정치적 구분이 생겨났다. 이 새로운 구분은 독일에 승리하기 위해 혁명을 바라는 배외주의적 혁명가와 서구에서의 프롤레타리아 혁명을 위해—그리고 이 혁명과 동시적으로—러시아에서의 혁명을 바라는 프롤레타리아 국제주의적 혁명가 간의 구분이다. 이 새로운 구분은 본질적으로 러시아의 도시 및 농촌 소부르주아지와 사회주의적 프롤레타리아트 간의 구분이다. 우리는 이 새로운 구분을 명확히 이해하지 않으면 안 된다. 왜냐하면 임박한 혁명이 마르크스주의자로 하여금, 즉 모든 계급적으로 각성된 사회주의자로 하여금 다음과 같은 임무를 제1의 임무로 떠안도록 하고 있기 때문이다. 즉 각 계급의 입장을 인식하는 것, 그리고 전술과 원칙을 둘러싼 일반적인 의견 차이를 각 계급의 입장에서의 차이로 귀결시키는 것 말이다.

다가오는 혁명에서 당면한 공통의 목표를 '놓고 볼 때' 차이 같은 것은 '잊어버려야' 한다는, 혁명적 속물들 사이에서 지금 유행하고 있는 생각만큼 비속하고 경멸해 마땅하며 유해한 것은 없다. 1905~14년의 10년간의 경험으로도 이러한 생각의 어리석음을 깨우치지 못한 사람들은 혁명적 관점에서 볼 때 가망 없는 사람들이다. 분명한 혁명적 강령을 채택할 수 있는 자기 능력을 증명하고 실제로 채택한 것이 어느 계급인지를 분석하지 않고 이 단계에서 그저 혁명적 절규에만 머물러 있는 자들은 실로 흐루스탈료프(Khrustalyov)와 알라딘(Aladyin)과 알렉신스키 같은 "혁명가들"과 다를 바 없다.

군주제와 봉건적 성향 지주들의 입장은 분명하다. 러시아를 절대 자유주의 부르주아지에게 '넘겨주지 않겠다', 차라리 독일 군주제와 거래하겠다는 것이다. 자유주의 부르주아지의 입장도 분명하다. 패전과 고양되는 혁명을 이용하여 겁먹은 군주제로부터 양보를 얻어내 자신들과 권력을 나누도록 강제하려는 것이다. 혁명적 프롤레타리아트의 입장도 마찬가지로 분명하다. 정부와 부르주아지의 동요와 곤란을 이용하여 철두철미하게 혁명을 밀고 나아가는 것이다. 그러나 소부르주아지, 즉 이제 겨우 눈을 뜨기 시작하여 더듬거리며 맹목적으로 부르주아지를 좇고 있는, 민족주의적 편견의 포로인 러시아의 광범위한 주민대중은 한편으로는 전쟁과 물가폭등과 파산과 궁핍과 기아 등 유례 없는 참화와 재앙 때문에 혁명에 이끌린다. 그러나 다른 한편으로는 한 걸음씩 발을 옮길 때마다 뒤를 향해, 조국 방위 사상 쪽으로, 또는 러시아의 국가 보전에 관한 생각 쪽으로, 또는 차리즘과 독일에 대한 승리를 통해—그러나 자본주의에 대한 승리는 없는—도달할 소농민의 번영이라는 생각 쪽으로 계속 고개를 돌리곤 한다.

소부르주아, 소농민의 이 같은 동요는 우연이 아니라 그들의 경제적 지위에서 오는 피할 수 없는 결론이다. 이 쓰디쓰지만 심오한 진실에 눈을 감는 것은 어리석은 짓이다. 우리 자신과 인민을 속이지 않고 사회민주주의적 프롤레타리아트의 혁명 정당을 약화시키고 마비시키지 않기 위해서는 이 진실을 인식하고, 현존하는 정치적 조류와 집단들 속에서 이 진실을 추적해야 한다. 프롤레타리아트가 자신의 당이 소부르주아지처럼 동요하도록 허용한다면 그것은 그 자신의 힘이 점점 더 약해지는 결과로 이어질 것이다. 프롤레타리아트는 자신의 위대한 목표를 향해 머뭇거리지 않고 전진하면서 소부르주아지를 앞으로 밀고 가고, 소부르주아지가 오른쪽으로 동요할 때는 그들 자신의 오류로부터 배우도록 하고, 실생활이 그들을 왼쪽으로 움직이지 않을 수 없게 할 때는 그들 소부르주아지의 모든 힘을 극한까지 활용해야 한다. 이렇게 할 수 있을 때에만 프롤레타리아트는 자신의 임무를 완수할 수 있을 것이다.

트루도비키와 사회주의혁명가당과 조직위원회의 청산파—이들은 지난 십 년 사이에 그 형체를 갖춘 러시아의 정치적 조류들이다—는 소부르주아지 내의 각 그룹, 분자, 계층 들과 연결되어 있다는 것이 입증되었다. 그들은 입으로는 극단적인 혁명성을 보이지만 실제로는 배외주의적인 나로드니키적 사회주의자들과 동맹하거나 《나샤 자리야》와 동맹하는 식으로 동요를 드러내고 있다. 예컨대 1915년 9월 3일에 조직위원회 재외서기국의 성원 5인은 프롤레타리아트의 임무에 관한 선언을 냈는데, 이 선언은 기회주의와 사회배외주의에 관해서는 한 마디도 하지 않고 있다. 그러면서 독일군 후방에서 '봉기'를 촉구하고 있고(그 동안 1년 내내 내란 슬로건에 반대하여 투쟁하더니 이제야 이렇게 하고 있다!), 카데츠가 1905년에 그리도 높이 칭찬했던 슬로건—"전쟁을 청산하고 전제제도(6월 3일 체제[2])를 폐지하기 위한 제헌의회"라는 슬로건—을 선포하고 있다! 혁명이 성공하려면 프롤레타리아트의 당과 이들 소부르주아 조류 사이에 반드시 깊은 간극이 있어야 한다는 사실을 이해하지 못한 사람들이 헛되이 사회민주주의자의 이름을 사칭하고 있는 것이다.

'패전주의'를 반대하는 잡다한 분자들은 그 사실을 인정하길 두려워하고 있으나, 다름 아닌 패전에 의해 러시아의 혁명적 위기가 가속화되고 있다. 이러한 혁명적 위기에 직면하여, 기회주의·배외주의와의 투쟁을 강화하는 것이 프롤레타리아트의 임무다. 이러한 투쟁이 없이는 대중의 혁명적 의식을 발전시키고 명확한 혁명적 슬로건을 통해 그들의 운동을 지원하는 것이 불가능할 것이다. 제헌의회가 아니라, 군주제 타도·공화제·지주 토지 몰수·8시간 노동이 지금까지처럼 사회민주주

2   6월 3일의 쿠데타로 시작된 스톨리핀(Stolypin) 반동기를 말한다. 1907년 6월 3일(10일), 차르는 2차 두마 해산과 선거법 수정을 명하는 칙령을 발포했다. 신법은 지주와 상공업 부르주아지의 두마 의석수를 상당히 늘려주었고, 당시로서도 충분히 적은 농민과 노동자 대표성은 더 크게 줄여놓았다. 이 법에 의해 선출되어 1907년 11월 1일(14일) 열린 3차 두마는 흑백인조 10월당 두마였다.—원서 편집자

의적 프롤레타리아트의 슬로건이자, 우리 당의 슬로건일 것이다. 그래서 이와 직접적으로 연결하여, 우리 당은 실제로 자신의 모든 선전·선동과 노동자계급의 모든 행동에서 사회주의적 임무를 부르주아 배외주의(플레하노프와 카우츠키의 배외주의도 포함하여)의 임무와 구별하고 대치시키기 위해 '제국주의 전쟁의 내란으로의 전화'라는 슬로건, 즉 서구에서의 사회주의 혁명이라는 슬로건을 내걸 것이다.

전쟁의 교훈은, 우리의 반대자들조차 '패전주의' 입장과 함께 독일 군국주의의 "후방에서의 봉기"라는 슬로건, 달리 말하면 내란 슬로건을—처음에는 선언문의 기백 넘치는 문구로, 그러나 나중에는 보다 진지하게 숙고하면서—내걸 필요를 실제로 인정하지 않을 수 없도록 강제하고 있다. 실로 전쟁의 교훈은, 우리가 개전 당초부터 역설해온 바로 그 점을 머릿속에 새겨넣어주고 있다. 러시아의 패배야말로 가장 해악이 적다는 것이 증명된 것이다. 왜냐하면 러시아의 패배가 혁명적 위기를 엄청나게 고조시켜 수백, 수천만, 수억의 사람들을 분기시켰기 때문이다. 더군다나 제국주의 전쟁의 정세하에서는, 러시아에서의 혁명적 위기가 사람들의 생각을 독일군의 "후방에서의 봉기"—인민의 유일한 구제책으로서—라는 사상 쪽으로, 즉 교전국들에서의 내란이라는 사상 쪽으로 이끌지 않을 수가 없었던 것이다.

실생활은 가르친다. 실생활은 러시아의 패배를 통해 러시아에서의 혁명으로, 또한 이 혁명을 통해 그리고 이 혁명과 연결되어 유럽에서의 내란으로 나아가고 있다. 실생활은 이 방향을 취했다. 그리고 러시아의 혁명적 프롤레타리아트의 당은 이러한 실생활의 교훈들로부터 새로운 힘을 끌어내 그 어느 때보다도 더 큰 에너지를 가지고 당이 정한 길을 따라 전진할 것이다.

| 1915년 9월 후반에 집필

1928년 11월 7일, 《프라우다》 260호에 처음으로 발표

첫걸음

전쟁이 야기한 거대한 위기의 시대에 국제 사회주의 운동의 발전은 더디게 진행되고 있다. 그럼에도 그 운동은, 1915년 9월 5~8일에 스위스 치머발트에서 열린 국제사회주의자회의에서 명확히 드러난 것과 같이, 기회주의 및 사회배외주의와 단절하는 방향으로 나아가고 있다.

한 해 내내 교전국과 중립국의 사회주의자들 사이에서는 주저하고 망설이며 결정을 미루고 관망하다 시간만 보내는 과정이 반복되었다. 위기의 심각성을 스스로 인정하는 것이 두려워 현실을 직시하려 하지 않는다. 그리하여 서유럽 공식 당들을 지배하고 있는 기회주의 및 카우츠키주의와의 불가피한 단절을 온갖 방식으로 미루어왔다.

그러나 1년 전 우리가 중앙위원회 선언(《사회민주주의자》 33호)[1]에서 제시한 사건들의 평가는 옳은 것으로 판명됐다. 사건들이 선언의 옳음을 증명한 것이다. 사건들은 바로 다음과 같

I 「전쟁과 러시아 사회민주주의」를 보라.—원서 편집자

은 방향으로 나아갔다. 1차 국제사회주의자회의는 공식 당들의 결정에 반하여 행동하고 있는, 말하자면 사실상 분열 행동을 취하고 있는 (독일, 프랑스, 스웨덴, 노르웨이의) 소수파의 항의분자들이 대표를 내고 있는 것이다.

회의 결과는 체포된 투사들과 박해받고 있는 투사들에 대한 동조를 표현하는 선언 및 결의에 요약되어 있다. 두 문서 모두 《사회민주주의자》 본호에 발표되어 있다. 회의는 우리를 비롯한 그 밖의 혁명적 마르크스주의자들이 제안한 결의 초안을 위원회에 회부하는 것을 12 대 19로 부결시켰지만, 우리의 선언 초안은 공동의 선언을 작성하기 위해 다른 두 초안과 함께 위원회에 회부되었다. 독자는 본호에서 우리의 두 초안을 볼 수 있다. 이들 초안과 채택된 선언을 비교해보면, 혁명적 마르크스주의의 얼마나 많은 기본 사상을 관철시키는 데 성공했는지 명확히 알 수 있을 것이다.

채택된 선언은 실제로 기회주의나 사회배외주의와의 사상적·실천적 단절로 가는 첫걸음을 의미한다. 그와 동시에 이 선언은 검토해보면 알 수 있듯이, 불철저하며 말해야 할 것을 충분히 말하지 않고 있다는 결함이 있다.

선언은 이 전쟁을 제국주의 전쟁으로 규정하며, 제국주의의 두 가지 특징을 강조하고 있다. 즉 각국 자본가의 이윤욕과 착취욕, 그리고 세계를 분할하고 약소민족을 '예속'시키고자 하는 대국의 갈망 말이다. 전쟁의 제국주의적 성격에 대해 마땅히 언급해야만 하며 우리의 결의안에 언급되어 있는 가장 본질적인 내용이 여기에서 다시 지적되고 있는 것이다. 이 점에서 선언은 우리의 결의안을 대중화시킨 것에 지나지 않는다. 대중화가 유용한 것이라는 데는 의심의 여지가 없다. 하지만 우리가 노동자계급의 사상을 명확히 하길 원한다면, 그리고 체계적이고 지칠 줄 모르는 선전을 정녕 중시한다면, 대중화시킬 원칙을 정확하고 완전하게 확정하지 않으면 안 된다. 이것이 되지 않는다면, 우리는 제2인터내셔널의 붕괴를 야기한 오류를 되풀이할 위험에 빠진다. 즉 모호함과 곡해의 여지를 남길 거라는 것이다. 예를 들어 우리의 결의안에 표명되어 있는, 사회주의의 객관적 전제가 성숙해 있다는 사상에 대해 그 본질적인 의의를 부정하는 것이 가능한가? 선언의 '대중적' 해설에는 이 사상이 빠져 있다. 확실하고 정확한 원칙적 결의와 대중적 호소를 하나의 문서로 결합시키려는 시도는 잘 이루어지지 못했다.

"모든 나라의 자본가들은 …… 전쟁이 조국 옹호에 이바지하고 있다고 주장하고 있다……. 저들은 거짓말을 하고 있다……." 선언은 이렇게 이어지고 있다. 현 전쟁에서 기회주의의 기본 사상인 '조국 옹호' 사상은 거짓말이라는 이 솔직한 언명 또한 혁명적 마르크스주의자들의 결의안의 가장 본질적인 사상을 반복하고 있는 것이다. 그런데 또다시 유감스럽게도, 선언은 마땅히 말해야 할 것을 다 말하지 못하고 있다. 진실을 다 말하는 것이 두려워 매번 미온적인 태도를 보이는 것이다. 개전 후 1년이 지난 지금, 사회주의가 입은 실제 타격은 자본주의적 언론(자본가들의 거짓말을 반복해서 옮기고 홍보하는 것은 자본주의적 언론으로서 본연의 업무다)에 의한 것일 뿐만 아니라, 다수의 사회주의적 언론에 의한 것이기도 하다는 것을 모를 수가 있는가? 유럽 사회주의의 최대 위기가 '자본가들의 거짓말'에 의해서만이 아니라 게드, 하인드먼, 반데르벨데, 플레하노프, 그리고 카우츠키의 거짓말에 의해 야기된 것임을 모를 수가 있는가? 이들 지도자들이 뱉은 거짓말이, 결정적인 순간에 그들의 마음을 빼앗아간 기회주의의 모든 힘을 뜻하지 않게 증명했다는 것을 모를 수가 있는가?

무슨 일이 일어난 건지 한번 보자. 대중이 사태를 보다 명확하게 볼 수 있도록, 선언은 현 전쟁에서 조국 방위 사상은 자본가의 거짓말이라고 말하고 있다. 그러나 유럽의 대중은 문맹이 아니며, 선언을 읽은 사람은 거의 모두가 플레하노프와 하인드먼과 카우츠키 일파를 따라 이 거짓말을 되뇌고 있는 수백 종의 사회주의적 신문과 잡지와 소책자로부터 동일한 거짓말을 들어왔고, 지금도 듣고 있다. 선언을 읽은 독자들이 무슨 생각을 할까? 선언 작성자들의 이러한 소심함을 보고 나서 독자들의 머릿속에 무슨 생각이 떠오를까? 선언은 노동자들에게 조국 옹호라는 자본가의 거짓말은 무시하라고 말한다. 다 좋다. 그러나 거의 모든 독자가 이렇게 말하거나 속으로 생각

할 것이다. 자본가의 거짓말에 현혹되지 않은 지는 이미 오래
됐고, 헌데 카우츠키 일파의 거짓말에 대해서는 어떻게…….

　나아가 선언은 우리의 결의안에 있는 또 하나의 중요한 사
상을 꺼내 다시 강조한다. 각국의 사회주의 당들과 노동자 조
직들이 "슈투트가르트 대회와 코펜하겐 대회와 바젤 대회의
결정으로 주어진 의무를 어겼다"는 것, 국제사회주의사무국도
자신의 의무를 이행하지 못했다는 것, 이러한 의무불이행의 핵
심은 전쟁공채에 찬성 투표를 하고 정부에 입각하고 "계급휴
전"을 인정한 데 있다는 것 등(선언은 이 계급휴전에 복종하는 것을
가리켜 노예 같은 맹목적인 복종이라고 부르고 있다. 게드, 플레하노프, 카
우츠키 일파가 사회주의의 선전을 노예 같은 맹목적인 사상의 선전으로
바꿔치기한 것을 비난하고 있는 것이다).

　여기서 의문이 생긴다. "대중적인" 선언에서, 여러 당들—
영국, 프랑스, 독일 등 가장 선진적인 나라들의 가장 강력한 당
들과 노동자 조직들이 문제가 되고 있다는 것은 다 아는 사실
이다—의 의무불이행에 대해 말하면서, 이 전대미문의 사실에
대한 설명은 아무것도 하지 않는 것이 과연 앞뒤가 맞는 것인
가? 사회주의 당들 대부분과 국제사회주의사무국 자신이 그
들의 의무를 이행하지 못했다! 이게 무슨 일인가? 우연이자 개
인들의 의무불이행인가, 아니면 한 시대 전체의 전환점인가?
전자라면, 그리고 우리가 이러한 생각을 대중들 사이에 유포
한다면, 이는 우리가 사회주의 학설의 원리를 방기하는 것과

같다. 후자라면, 그렇게 솔직히 말하지 못하는 일이 어떻게 가능할까? 우리는 세계사적 의의를 갖는 기점—인터내셔널 전체의 붕괴, 한 시대 전체의 전환점—에 직면해 있는데, 그럼에도 우리는 진실 전체를 찾아야 하고 또 찾아내야만 한다는 것을 대중에게 말하기를 두려워한다. 우리는 우리의 사고와 판단을, 할 수 있는 끝까지 다 해보아야 한다. 국제사회주의사무국과 여러 당들의 붕괴라는 이 현상을, 유럽 전체의 기회주의적 조류의 발생, 성장, 성숙, 과잉 성숙의 긴 역사 및 그 조류의 '깊은' 경제적 뿌리(이 기회주의 조류가 대중과 긴밀히 결합되어 있다는 의미에서가 아니라, 특정의 사회계층과 연결되어 있다는 의미에서 깊은)와 연결시키지 않고서 이 붕괴를 예상한다는 것은 말도 안 되는, 웃기는 이야기다.

"평화를 위한 투쟁"으로 넘어가보자. 선언은 "이 투쟁은 자유를 위한, 각 국민들 간의 우애를 위한, 사회주의를 위한 투쟁"이라고 천명하고 있다. 선언은 이어서, 전시에 노동자는 "지배계급에 봉사하여" 희생을 치르고 있지만, "자신의 대의를 위하여"(선언에는 이 문구가 이중으로 강조되어 있다) "사회주의라는 신성한 목적을 위하여" 희생을 치르는 법을 배우지 않으면 안 된다고 설명하고 있다. 그리고 체포된 투사들과 박해받고 있는 투사들에 대한 동조 결의에서는 "본회의는 이들 살아 계신 투사들과 돌아가신 투사들의 선례를 귀감으로 삼아 그분들을 기리는 것을 엄숙한 의무로 하"며, "혁명적 정신을 국제 프롤레타리아트 사이에서 불러일으키는"것을 목적으로 한다고 밝히고 있다.

이 모든 사상은 '혁명적 투쟁 없는, 평화를 위한 투쟁'은 공허하고 허위적인 문구이며, 사회주의를 위한 혁명적 투쟁만이 전쟁의 참화를 끝장내는 단 하나의 길이라는 우리의 결의안의 기본 사상을 반복한 것이다. 그러나 여기서도 불철저함과 소심함, 마땅히 말해야 할 것을 다 말하지 못하는 문제가 발견된다. 혁명적 투사들의 선례를 귀감으로 삼자고 대중에게 호소하고, 시베리아 유형에 처해진 러시아 사회민주노동당 의원단의 5인은 "러시아의 명예로운 혁명적 전통"을 계승했다고 밝히며, "혁명적 정신을 분기시키는" 것이 필요하다고 선언했지만, 혁명적 투쟁 방법을 솔직하고 분명하게 적시하지는 않고 있는 것이다.

그 모든 불철저함과 소심함에도 불구하고 우리 중앙위원회가 이 선언에 서명한 것은 옳았는가? 우리는 그럼에도 옳았다고 생각한다. 우리의 이의(異議)는—우리 중앙위원회의 이의만이 아니라, 혁명적 마르크스주의의 원칙을 견지하는 회의의 국제적 좌익 부분 전체의 이의가—독자 결의안 및 독자 선언 초안 속에서도, 그리고 타협적인 선언에 찬성 투표를 하는 것에 대한 독자 성명 속에서도 공공연하게 표현되어 있다. 우리는 우리 자신의 생각, 슬로건, 전술을 조금도 숨기지 않았다. 회의 석상에 우리의 소책자 『사회주의와 전쟁』[2] 독일어판이 배포되었다. 우리는 지금까지 우리 자신의 생각을 퍼뜨려왔고, 지금도 퍼뜨리고 있고, 장래에도 선언이 퍼지는 것에 뒤지지 않게 계속해서 퍼뜨릴 것이다. 이 선언이 기회주의와의 진정한 투쟁, 기회주의와의 단절로 가는 **일보전진**이라는 것은 사실이다. 우리가 선언의 불철저함을 비판하고 그 이상의 것을 쟁취할 수 있는 완전한 자유와 완전한 기회를 갖고 있는 상황에서 독일, 프랑스, 스웨덴, 노르웨이, 스위스의 사회주의자 소수파와 함께 이와 같이 일보전진하는 것을 거부한다면, 그것은 종파주의일 것이다.3 이 운동이 더디게 전진하고 있고, '딱' 한 걸음만 전진하고 있으며 내일은 다시 일보후퇴하여 구 국제사회주의사무국과 화해할 용의를 갖고 있다는 이유 때문에 우리가 사회배외주의에 반대하여 고조되고 있는 국제적 항의운동과 함께 나아가기를 거부한다면, 그것은 졸렬한 전쟁 전술일 것이다. 기회주의자들과 화해하고자 하는 생각은 지금까지 희망사

2 「사회주의와 전쟁」을 보라.─원서 편집자

3 레닌 주 조직위원회와 사회주의혁명가당이 《나샤 자리야》, 루바노비치, 러시아 내 인민사회주의자들 및 사회주의혁명가당의 7월(1915년) 회의(러시아 내 인민사회주의자들 및 사회주의혁명가당의 회의가 1915년 7월에 페트로그라드에서 열렸다. 회의는 전쟁에 대한 태도 문제를 심의하여, 차리즘 편에 서서 전쟁에 적극 참가할 것을 호소하는 결의안을 채택했다.─원서 편집자)와의 모든 연결고리와 그들과의 모든 애착을 그대로 유지한 채 외교적으로 선언에 서명한 사실에 우리는 놀라지 않는다. 우리에게는 부패한 외교술책과 싸우고 그것을 폭로할 수단이 충분히 있다. 이 외교술책은 점점 더 스스로를 폭로해가고 있다. 《나샤 자리야》와 치헤이제파 의원단은 우리가 악셀로드와 그 일파를 폭로하는 것을 돕고 있다.

항에 불과했다. 기회주의자들이 화해에 동의할 것인가? 점점 더 깊이 분열되고 있는—사회배외주의와 카우츠키주의를 한편으로, 혁명적·국제주의적 마르크스주의를 다른 한편으로 하여—조류들 간의 화해가 객관적으로 가능한가? 우리는 불가능하다고 보며, 9월 5-8일 회의에서 우리의 방침이 성공한 것에 고무받은 만큼 앞으로도 이 방침을 계속 밀고 갈 것이다.

우리의 방침이 성공하리라는 것은 의심의 여지 없이 확실하다. 사실들을 비교해보라. 1914년 9월에 우리 중앙위원회의 선언은 거의 고립된 것으로 보였다. 1915년 3월에는 국제여성대회가 참담한 평화주의적 결의를 채택했는데, 조직위원회는 이 결의에 맹목적으로 복종하고 있다. 1915년 9월에 우리는 국제적 좌익 그룹 전체와 결속했다. 우리는 독자적인 전술을 제출했고, 공동선언 속에 우리의 기본 사상 다수를 관철시켜놓았으며, 구 국제사회주의사무국의 의지에 반할 뿐 아니라 그 전술을 공공연히 비난하고 있는 선언의 기초 위에서 I.S.C.(국제사회주의위원회)—사실상 새로운 국제사회주의사무국—를 결성하는 데 참가했다.

심지어 1912~4년의 시기에도 압도적 다수가 우리 당과 우리 당 중앙위원회를 좇아서 전진해온 러시아의 노동자는 이제 국제 사회주의 운동의 경험을 통해, 보다 넓은 무대에서도 우리의 전술이 올바르다는 것이 확인되고 있으며 점점 더 커지고 있는 프롤레타리아 인터내셔널의 정예 부위가 우리의 기본 사상에 동조하고 있음을 알게 될 것이다.

| 《사회민주주의자》45·46호, 1915년 10월 11일

_____

1915년 9월 5~8일
국제사회주의자 회의에서의
혁명적 마르크스주의자들

이 회의에서는 국제주의자들과 혁명적 마르크스주의자들이 단단하게 결속한 그룹, 회의의 우익을 이루고 있던 동요하는 준(準)카우츠키파 사이에서 이데올로기 투쟁이 벌어졌다. 전자 그룹의 굳건한 단합은 이 회의의 가장 중요한 사실 중 하나이며, 최대의 성과 중 하나다. 전쟁이 일어난 지 1년이 지난 지금 보면 알 수 있듯이, 완결적인 결의안과 이 결의에 기초한 선언을 채택한 러시아, 폴란드, 라트비아, 독일, 스웨덴, 노르웨이, 스위스, 네덜란드의 일관된 마르크스주의자들을 결속한 인터내셔널 내 단 하나의 조류는 바로 우리 당으로 대표되고 있음이 입증되었다.

동요하는 분자들은 우리에게 반대하여 어떤 논거를 제시했는가? 독일 대표들은 우리가 혁명적 결전에 다가가고 있다는 것은 인정하지만, 그러나 참호 속에서의 친교, 정치파업, 거리시위, 내란 같은 것들을 전세계를 향해 떠들어댈 필요는 없다고 말한다. 그와 같은 것들은 실행하는 것이지, 입 밖에 내는 것이 아니라고 한다. 또 다른 이들은 그런 건 어린애 같은 짓이고, 언어의 불꽃놀이라고 말을 보탠다.

독일의 반(半)카우츠키파는, 전세계를 향해 내란 선동을 한 우리 당 중앙기관지 《사회민주주의자》를 배포한 러시아 사회민주노동당 의원단 성원들에게 동조하는 결의와 그들의 "선례를 따르는" 것이 필요하다는 성명을 채택함으로써, 이와 같은 무례하고 볼썽사납게 모순되며 얼버무리는 발언을 자책하는 모습을 보였다.

우리는 독일 대표들에게 여러분은 카우츠키가 만든 나쁜 선례를 따르고 있다고 답하며, 이렇게 지적했다. 여러분은 말로는 임박한 혁명을 인정하지만, 실제로는 대중에게 혁명에 대해 공공연히 이야기하고, 혁명을 호소하기를 거부하고 있다. 또 가장 구체적인 투쟁 수단을 제시하여 대중이 그것을 혁명의 진행 속에서 시험하고 공개적으로 인정할 수 있도록 이끄는 것도 거부하고 있다. 1847년에 국외에서―독일의 속물들은 국외로부터 혁명적 투쟁 방법에 대한 이야기가 나오는 것에 진저리를 쳤다!―살고 있던 마르크스와 엥겔스는 그들의 유명한 『공산당 선언Communist Manifesto』에서 혁명을 호소했다. 그들은 솔직하게 폭력의 사용을 이야기했고, 자신의 혁명적인 목적·임무·투쟁방법을 숨기려는 시도를 경멸했다. 1848년 혁명은 마르크스와 엥겔스만이 올바른 전술로 사건에 대처했음을 증명했다. 러시아에서 1905년 혁명이 있기 몇 년 전, 당시로선 아직 마르크스주의자였던 플레하노프는 1901년의 구

《이스크라》에 발표한 무서명 논문 속에서 다가오는 봉기에 관해, 거리시위 같은, 봉기를 준비하는 방법들에 관해, 심지어 기병대와의 싸움에서 철조망을 사용하는 등의 기술적인 방책들에 관해 편집국의 견해를 표명했다. 러시아 혁명은 구《이스크라》파만이 올바른 전술로 사건에 대처했음을 증명했다. 우리는 지금 다음의 둘 중 하나를 택해야만 한다. 전쟁이 유럽에 혁명적 정세를 만들어놓고 있고, 제국주의 시대의 모든 경제적·사회적·정치적 정세가 프롤레타리아 혁명에 다가가고 있다는 것을 진정으로 굳게 확신하거나, 아니면 정세가 혁명적이라는 것을 믿지 않거나, 둘 중의 하나일 수밖에 없는 것이다. 전자의 경우에는 대중에게 혁명에 대한 필요를 설명하고, 혁명을 호소하고, 필요한 조직들을 만들고, 다양한 무력투쟁 방법과 '기술'에 대해 당당하게, 그리고 가장 구체적으로 이야기하는 것이 우리의 절대적인 의무다. 우리의 이러한 의무는 혁명이 충분히 강력할지, 혁명이 1차 제국주의 전쟁과 함께 올지, 또는 제2차 제국주의 전쟁과 함께 올지, 등에 좌우되지 않는 무조건적인 것이다. 후자의 경우에는 우리가 '전쟁에 대한 전쟁' 같은 말을 하는 것 자체가 무의미해진다. 이 경우에 우리는 실제로 쥐데쿰·플레하노프 식, 또는 카우츠키 식의 민족적 자유주의 노동자 정치가가 되는 것이다.

프랑스 대표들도 자신들이 판단하기에 유럽의 현 사태는 혁명으로 이어질 것이라는 입장을 밝혔다. 그러나 그들은 다

음과 같이 말했다. 첫째, "우리는 제3인터내셔널을 위한 정식
(定式)을 마련하려고 여기 온 게 아니다." 둘째, 프랑스 노동자
는 "아무도, 아무것도 믿지 않는다." 그들은 아나키즘적·에르
베주의(Hervéism)적 언사로 타락해 있고 거기에 흠뻑 젖어 있
다. 첫 번째 주장은 부당한 주장이다. 왜냐하면 공동의 타협적
인 선언 속에서는 실제로 제3인터내셔널을 위한 "정식을 마련
하고" 있기 때문이다. 비록 불철저하고 불완전하고 충분히 숙
고되지 못한 것이지만 말이다. 두 번째 주장은 매우 진지한, 사
실에 입각한 주장으로서, 프랑스의 특수한 상황을 고려하고—
조국 방위나 적의 침입 같은 의미에서가 아니라, 프랑스 노동
운동의 '쓰라린 약점'을 지적하고 있다는 점에서—있다. 그러나
논리적으로 보아, 이러한 고려로부터 나올 수 있는 유일한 결
론은, 프랑스 사회주의자들이 프롤레타리아트에 의한 전 유럽
적인 혁명적 행동에 아마도 다른 이들보다 더디게 합류할 것—
이러한 행동이 필요하지 않다는 것은 결코 아니고—이라는 얘
기일 것이다. 각국의 프롤레타리아트가 어떠한 속도로, 어떠
한 방식으로, 어떤 특수한 형태로 혁명적 행동에 들어갈 수 있
는지에 대한 문제는 회의에서 제기된 바 없으며, 또 제기될 수
도 없었다. 이를 위한 조건이 아직 성숙하지 않았다. 현재로선
올바른 전술을 공동으로 선전하는 것이 우리의 임무이며, 운
동의 템포와 큰 흐름 내에서의 (민족별·지역별·직종별) 변형을 정
하는 것은 그때그때 사건들에 맡겨둬야 한다. 프랑스 프롤레타

리아트가 아나키즘적 언사에 의해 타락했다고 한다면, 밀레랑
(Millerand)주의에 의해서도 타락했다고 할 것이다. 그리고 선언
에서 말해야 할 것을 말하지 않은 채로 놔둠으로써 이러한 타락
을 가중시키는 것이 우리가 할 일은 아니다.

다음과 같은 특징적이고 완벽하게 올바른 문구를 입밖
에 내놓은 사람은 바로 메라임이었다. "당〔사회당〕과 주오
(Jouhaux)〔노동총동맹 서기〕와 정부는 하나의 모자를 쓴 세 개
의 머리다." 이것은 진실이다. 이것은 프랑스 국제주의자들이
당과 주오 씨에 맞서 싸운 1년간의 경험이 증명하고 있는 사실
이다. 그러나 이로부터 나오는 결론은 오직 하나뿐이다. 기회
주의 당들 및 생디칼리즘 지도자들과 싸우지 않는다면, 정부
와도 싸울 수 없다는 것. 우리의 결의안과는 달리, 공동의 선언
은 이 투쟁의 임무를 개략적으로만 보여줄 뿐, 그 임무에 관해
말해야 할 것 전부를 말하지는 않고 있다.

한 이탈리아 대표는 우리의 전술에 반대하여 이렇게 말하
고 있다. "여러분의 전술은 너무 늦게 나왔거나〔전쟁이 이미 시
작했으므로〕, 아니면 너무 이르게 나왔다〔전쟁이 아직 혁명을
위한 조건을 만들어놓지 않았기 때문에〕. 게다가 여러분은 우
리의 모든 선전이 항상 '폭력에 반대하여' 수행되었다는 이유
로 인터내셔널의 '강령 변경'을 제안하고 있다." 이에 대해 답
하는 것은 매우 쉬웠다. 쥘 게드가 그의 저서 『경계하라!*En
garde!*』에서 한 다음과 같은 취지의 말을 옮기면 될 것이다. '제

2인터내셔널의 유력한 지도자 그 어느 한 사람도 폭력의 사용을 비롯하여 직접적인 혁명적 투쟁 방법 일반을 부정한 적이 없으며, 합법적 투쟁과 의회 활동과 봉기는 서로 연관되어 있고, 운동의 조건이 변화함에 따라 불가피하게 서로 넘나들기 마련이라고 항상 말해왔다.' 같은 책에서 우리는 1899년에 게드가 한 연설의 한 구절을 인용했다. 그 연설에서 그는 시장, 식민지 등을 위한 전쟁의 가능성을 예상한 뒤, 이렇게 말한다. 그러한 전쟁의 경우에 프랑스, 독일, 영국의 밀레랑들이 나타났다면, "노동자계급의 국제적 연대는 어떤 상태가 되었을까?" 이 연설로 게드는 자신을 미리 비난한 것이다. 혁명의 선전이 "시의에 맞지 않다"고 하는 것에 대해 말하자면, 이러한 반론은 라틴계 나라들의 사회주의자들 사이에서 나타나는 개념의 혼란에 근거하고 있는데, 그들은 혁명의 시작과, 혁명을 공공연하고 직접적으로 선전하는 것을 혼동한다. 러시아에는 아무도 1905년 혁명의 시작을 1905년 1월 9일 전으로 설정하지 않는다. 반면 아주 좁은 의미에서의 혁명적 선전, 즉 대중행동, 시위, 파업, 바리케이드전을 선전하고 준비하는 것은 그보다 앞선 수년 동안 수행해왔다. 예를 들어 구《이스크라》는 1900년 말부터 그러한 선전을 시작했다. 유럽에서 혁명의 시작이 문제도 되지 않았던 1847년부터 마르크스가 했던 것처럼 말이다.

혁명이 시작된 뒤에는 자유주의자들을 비롯한 혁명의 적

들까지도 혁명을 '인정'했다. 그러나 그것은 혁명을 기만하고 배반하기 위해 인정한 것이다. 혁명가는 혁명이 오기 전에 혁명을 예견하고, 혁명의 불가피성을 의식하고, 대중이 혁명의 필연성을 이해하게 하고, 대중에게 혁명의 진로와 방법을 설명한다.

그림(Grimm)에게서 회의 소집 발의권을 탈취하여 좌파의 회의를 무산시키려고 한 카우츠키와 그의 친구들(그림이 회의석상에서 폭로했듯이, 카우츠키의 가장 가까운 친구들은 이 목적을 이루기 위해 순회까지 했다)이 회의를 왼쪽으로 밀어붙인 장본인이었다는 것은 역사의 아이러니가 아닐 수 없다. 기회주의자들과 카우츠키파는 자신들의 행동에 의해 우리 당이 취한 입장이 옳다는 것을 증명해준 것이다.

| 《사회민주주의자》 45·46호, 1915년 10월 11일

**진정한 국제주의자인
카우츠키, 악셀로드, 마르토프**

치머발트 회의가 열리기 직전에 P. 악셀로드의 소책자 『국제 사회민주주의의 위기와 임무*The Crisis and the Tasks of International Social-Democracy*』[1]가 취리히에서 독일어로 출판되었다. 그후 취리히의 신문《폴크스레히트*Volksrecht*》에는 이 소책자를 칭찬하는 L. 마르토프의 글 두 편이 실렸다. 이 두 사람이 이 저작들을 러시아어로 넬지 우리로선 알지 못한다. 다만 조직위원회의 지도자들이 기회주의와 사회배외주의를 어떻게 옹호하고 있는지를 예증하고 있는 것으로 이 저작들 이상의 것을 찾기란 어려울 것이다.

악셀로드의 소책자 전체를 관통하고 있는 것은 "당의 통일을 위협하는 위험 요소들"에 대한 투쟁이다. "분열과 혼란." 이것이 악셀로드가 두려워하고 있는 것이며, 그 소책자에서 끝없이 지겹게 반복되고 있는 문구다. 악셀로드는 무엇을 가리켜 분열과 혼란이라고 하고 있는 것인가? 혹시 현재 사회민주

[1] 레닌 주 *Die Krise und die Aufgaben dee Inlernationalen Sozial-demokratie.*

주의의 상태, 즉 사회민주주의의 지도자들과 '자'국 부르주아
지 간의 동맹을 두고 그렇게 말하는 것인가? 전혀, 그럴 리가!
악셀로드의 소책자에서는, 진정한 사회주의자와 사회배외주
의자 사이에 명확히 선을 긋는 것이 '분열'이다. 악셀로드가 "그
들의 국제주의적 감각과 의식에 대해서는 의심의 여지가 있을
수 없는" 동지들이라고 꼽고 있는 사람 중 한 명으로 카우츠키
가 이 소책자에 등장한다. 하지만 총 46쪽짜리인 이 소책자에
서 카우츠키의 견해를 요약·정리하여 그것을 올바르게 인용
하고, 지금의 전쟁에서 조국 방위 사상을 인정하는 것이 배외
주의를 내비치는 것은 아닌지 확인하려는 시도 등은 전혀 없
다. 그 문제에 대해서도 우리의 주장에 대해서도 단 한 마디도
없다. 대신 레닌이 취리히에서 한 강연에서 카우츠키를 배외주
의자, 속물, 배반자라 칭했다며 "당국(authority)에 보고"한 내
용이 21쪽에서 발견될 뿐이다. 친애하는 마르토프와 악셀로드
여, 이 소책자는 문헌이 아니라 헌병대 내사 보고서네요.

　그 소책자는 이렇게 말한다. "서구에서는 …… 당을 멸망으
로부터 구해낼 유일 구세주 역할로 나서기 위해, 조직을 혼란
과 분열로 이끄는 당내 정책을 아무렇지도 않게 취하기 위해
매번 당의 위기와 난국을 이용하는 초인(超人) 같은 존재는 찾
아볼 수 없다."(22쪽) 이것이 문헌인가?

　그러나 "서구에"는 감히 카우츠키와 악셀로드를 배외주의
자와 기회주의자라고 생각하는 초괴물(超怪物) 같은 것이 없다

면('존재하지 않는' 이 초괴물을 떠올리며 우리의 악셀로드는 파르르 떨면서 그토록 우아하고 고급스런 언어를 쏟아낸다), 그보다 두 쪽 앞에서 다음과 같이 쓰는 것이 도대체 어떻게 가능했을까?

"책임 있는 우리 당 기관들이 취하고 있는 '버티기' 정책에 대해 당내 광범한 서클들 사이에서 분개가 고조되고 있다는—특히 독일 당과 프랑스 당에서—것을 고려한다면, 레닌주의적 선전의 실천적 경향이 다양한 채널을 통해 서구 사회민주주의의 대열 속으로 침투할 수도 있다는 것은 결코 불가능한 일이 아니다."

그렇다면, 친애하는 악셀로드를 열받게 하고 있는 순전히 러시아적인 초괴물들에게 문제가 있는 것 같지는 않다! 그보다는 공식 당들의 **국제** 배외주의가—악셀로드 스스로 인정한 것처럼(여기에 주목하라!) 독일에서도, 프랑스에서도—**국제** 혁명적 사회민주주의자들 사이에서 분개와 저항을 불러일으키고 있다는 것이 핵심일 것이다. 그러므로 우리 앞에는 두 개의 조류가 있다고 할 수 있다. 둘 다 국제적인 조류다. 악셀로드가 화가 나서 말을 함부로 하는 것은, 그가 이 양 조류의 불가피성, 양 조류 간의 단호한 투쟁의 불가피성을 이해하지 못하고 있어서다. 또 하나의 이유는, 자신의 입장—배외주의자이면서 국제주의자로 보이고 싶어하는 욕망을 본질로 하는—을 공공연하게 보여주는 것이 창피해서이고, 또한 유리할 게 없어서이기도 하다.

"노동계급 운동을 국제화하는 문제는 우리의 투쟁 형태와 방법을 혁명화하는 문제와는 다른 문제다." 악셀로드는 계속해서 말한다. 만사를 기회주의에 귀착시키고, "천 년도 더 된 역사적 과정의 산물"인 "애국적 사상"의 "거대한 힘"을 무시할 때, 알다시피 그것은 "이데올로기적 설명"이다. "그러므로 우리는 이 부르주아 사회의 틀 내에서, 적어도 투쟁하는 노동자 대중을 위한 실제적 현실〔강조는 악셀로드〕을, 객관적인 생활조건을, 만들어내는 데 힘써야 한다. 이와 같은 조건은 위에서 말한 의존성", 즉 "역사적으로 진화된 민족적·영토적 사회구성체에 대한 대중의 의존성"을 "약화시킬 수 있다." 악셀로드는 그의 심오한 사상을 예증하는 데로까지 나아간다. "예를 들어, 노동보호법 및 보험법과 그 밖의 다양한 주요 정치적 요구들, 그리고 끝으로 노동자의 문화적·교육적 욕구와 지향이 그들 노동자의 국제적〔강조는 악셀로드〕 행동과 조직의 대상이 되어야 한다." 만사는 "지금의 요구를 위한 '일상' 투쟁을 국제화하는" 것으로 귀착된다고 그는 말한다.

이 얼마나 멋진 투쟁인가! 초괴물들이 고안해낸 기회주의와의 투쟁과는 조금도 닮은 구석이 없을 정도로 말이다. "이데올로기적 설명"에 만족하지 않는 진정한 국제주의—이탤릭체의—와 진정한 마르크스주의는 보험법의 국제화를 배려하는 데 있다! 이 얼마나 천재적인 사상인가! "투쟁도, 분열도, 혼란도" 없이, 로이드 조지(Lloyd George)로부터 프리드리히 나우만

(Friedrich Naumann)까지, 르루아 볼리외(Leroy Beaulieu)로부터 밀류코프(Milyukov), 스트루베, 구치코프(Guchkov)까지 모든 국제 기회주의자들, 모든 국제 자유주의자들이 악셀로드와 마르토프와 카우츠키의 과학적이고 심오하고 객관적인 '국제주의'를 열렬히 지지할 것이다.

여기에 '국제주의'의 진짜 보석이 있다! 카우츠키는 이렇게 말한다. 내가 제국주의 전쟁—즉 타국을 강탈하고 예속시키는 것을 목적으로 하는 전쟁—에서 나의 조국을 옹호(방어)하고 마찬가지로 다른 교전국의 노동자에게는 자기 조국을 옹호할 권리가 있음을 인정한다면, 그것이 진정한 국제주의다. 악셀로드는 이렇게 말한다. 기회주의에 대한 "이데올로기적" 공격에 부화뇌동하여 휩쓸려서는 안 되며, 천 년도 더 된 민족주의에 대항하여 보험법 분야에서의 일상 사업의 (마찬가지로 천 년도 더 된) 국제화를 수단 삼아 실천적으로 싸워야 한다. 마르토프는 악셀로드에 동의한다.

민족주의는 천 년도 더 된 뿌리를 갖고 있다는 등의 악셀로드의 문구는 농노제가 천 년도 더 된 뿌리를 갖고 있다는 1861년[2] 이전 러시아 농노 소유주들의 선언과 완전히 똑같은 정치적 의미를 지니고 있다. 그런 문구는 반동파와 부르주아지를 이롭게 하는 것이다. 왜냐하면 악셀로드가 수십 년간의, 특

2   1861년은 러시아에서 농노제가 폐지된 해다.—원서 편집자

히 1871년 이후의 자본주의 발전이 각국 프롤레타리아 간의 객관적인 국제적 연결—바로 지금, 바로 이 시점에 국제적인 혁명적 행동으로 표현되어야 하는 국제적 연결—을 만들어낸 것에 대해서는 말도 못하고 잠자코(다소곳이 잠자코) 있기 때문이다. 악셀로드는 이와 같은 국제적인 혁명적 행동에 반대한다. 그는 천 년도 더 된 뿌리를 가진 태형(笞刑)을 상기시키는 데는 찬성하지만, 그 태형을 없애는 것을 목적으로 하는 행동에는 반대한다!

그럼 프롤레타리아 혁명은 어떻게 되는 것인가? 1912년 바젤 선언은 그것을 임박해 있는 전쟁—실제로 2년 뒤에 발발한—과 연관시켜 이야기했다. 악셀로드는 아마 이 선언도 경박한 "이데올로기"—스트루베와 쿠노(Cunow)의 "마르크스주의"와 하나도 다를 바 없는 방식의 표현!—라고 보지 않을까 싶다. 왜냐하면 그는 바젤 선언에 대해서는 단 한 마디도 하고 있지 않기 때문이다. 혁명에 대해 말하자면, 그는 다음과 같이 그것을 기각한다.

"폭풍 같은 혁명적 대중행동 또는 봉기를, 민족주의를 극복하는 유일무이한 길로 보는 경향은 우리가 직접 사회주의 혁명 전야에 있다면—예를 들어 절대주의에 대한 결전이 다가오고 있음을 알린 전조였던 1901년의 학생 시위 이후의 러시아에서 그랬던 것처럼—어느 정도 이치에 닿는다고 할 것이다. 그러나 폭풍 같은 혁명적 시기가 신속히 시작될 것에 모든 기대를 걸고 있는 동지들조차도 프롤레타리아트와 부르주아지 간의 결전이 임박해 있다고 확정적으로 단언하는 모험을 걸지는 않을 것이다. 반대로, 그들 역시 이 시기가 수십 년 계속될 걸로 믿을 것이다."(41쪽) 이 구절 다음에는, 러시아 망명자들 사이에서의 "공상"과 "바쿠닌주의"를 심판대에 올려놓고 마구 꾸짖는 구절이 뒤따르는 것이 물론이다.

악셀로드에게 선택된 이 예는 우리의 기회주의자를 비할 데 없이 멋지게 폭로한다. 제정신을 가진 인간이라면 누가 1901년에 러시아에서 절대주의와의 결정적 전투가 "임박해 있다"고 "확정적으로 단언"할 수 있었을까? 누구도 그럴 수 없었고, 누구도 그렇게 말하지 않았다. 당시만 해도 결정적인 전투들 중 하나(1905년 12월)가 4년 뒤에 일어나리라는 것을 누구도 알 수 없었다. 그리고 절대주의와의 다음번 '결정적' 전투가 아마 1915~6년에, 또는 더 뒤에라도 일어날 것이라는 것을 안다는 것도 마찬가지로 가능하지 않다.

결정적 전투가 "임박해 있다"는 것을, 확정적으로는 물론이고 그 밖의 다른 방식으로도 단언하는 것을 1901년에 누구도 하지 않았다면, 그리고 그때 우리가 "임박해 있는" 전투에 대해 외쳐대는 크리쳅스키(Krichevsky)와 마르티노프(Martynov) 일파의 "신경질적인" 아우성을 진지함을 결여한 것이라고 천명했다면, 우리 혁명적 사회민주주의자들이 그 당시 확실하게 단언하고 있었던 것은 다른 별개의 것이었다. 전혀 가망 없는 기회주의자가 아니라면, 당시 사회민주주의자의 당연한 임무—즉 1901년의 혁명적 시위를 적극적으로 지지하여 그것을 고무·발전시키고, 그 시위에 가장 단호한 혁명적 슬로건을 공급하는 임무—를 이해 못 할 리 없다는 것을 단언한 것이다. 역사는 우리, 오직 우리만이 옳았음을 증명해주었다. 역사는 기회주의자들을 비난했고, 그들을 노동계급 운동으로부터 쫓아내버렸다. 어떤 결전도 당시 "임박해 있지" 않았고, 최초의 결전은 그로부터 4년 뒤에야 일어났으며, 그것이 마지막 전투, 즉 최종 결전인 것으로 아직 증명되지도 않았음에도 말이다.

오늘 유럽은 완전히 똑같은 경험, 문자 그대로 똑같은 경험을 지나치고 있다. 1901년의 러시아와 마찬가지로 1915년의 유럽에 혁명적 정세가 현존한다는 것은 조금도 의심의 여지가 있을 수 없다. 부르주아지와 프롤레타리아트의 최초의 '결정적' 전투가 4년 뒤 또는 2년 뒤에 일어날지, 아니면 10년 또는 그보다 더 뒤에 일어날지, 나아가 또 그 10년 뒤에 제2의 '결정적' 전투가 계속해서 일어날지를 우리는 알지 못한다. 하지만 우리는 이미 시작된 소요와 시위를 지지하는 것이 지금 우리의 즉각적이고 무조건적인 의무임을 확고히 알고 있고, '확실히' 단언한다. 독일에서 군중들이 샤이데만에게 야유를 보내고, 많은 나라에서 군중들이 물가폭등에 반대하는 시위를 벌였다는 것은 사실이다. 악셀로드는 사회민주주의자의 이 즉각적이고 무조건적인 의무를 회피하고 있고, 노동자들이 이 의무를 이행하는 것을 포기하게 하려 하고 있다. 악셀로드 논지의 정치적 요점을 파헤쳐보면, 그가 사회애국주의 및 사회배외주의의 지도자들과는 함께하고 있는 반면, 혁명적 행동을 당장 선전하고 준비하는 것에는 반대하고 있음을 알게 될 것이다. 여기에 문제의 핵심이 있다. 그 외의 것은 그저 모두 말뿐일 뿐이다.

우리가 사회주의 혁명의 전야에 있다는 데에는 의심의 여지가 없다. 이 점은 카우츠키 같은 '극도로 조심스러운' 이론가들도 일찍이 1909년에(『권력으로 가는 길Der Weg zur Macht』) 인정했다. 그것은 1912년 전원일치로 채택된 바젤 선언에서도 인정되었다. 1차 러시아 혁명의 '전야'가 그후 4년간 계속될지 어떨지를 1901년에 우리가 알지 못했던 것처럼, 지금도 이것은 알지 못한다. 혁명은 여러 해에 걸친 전투로, 아마 막간에 부르주아 체제의 반혁명적 발작들이 간간이 끼어드는 일련의 맹공격 시기들로 이루어질 것이다. 현 정세의 주요 쟁점은 이미 현존하는 혁명적 정세를 활용하여 혁명적 운동들을 지지하고 발전시킬 것인지 말 것인지의 문제로 압축된다. 할 것인가, 말 것인가? 이것이 지금 사회배외주의자와 혁명적 국제주의자를 정치적으로 가르고 있는 문제다. 그들 3인 모두의 혁명적 언사에도 불구하고 카우츠키와 악셀로드와 마르토프는—조직위원회 재외 서기국 5인과 함께—이 문제에서 사회배외주의자의 편에 서 있다.

악셀로드는 자신이 사회배외주의를 옹호하고 있는 것을 덮어 가리기 위해 미사여구를 남발하고 있다. 그의 소책자는 사람이 자신의 견해를 어떻게 숨길 수 있는지, 언어와 인쇄가 어떻게 사상을 위장하는 데 사용될 수 있는지 예증하는 하나의 견본이다. 악셀로드는 국제주의라는 말을 하고, 또 하고, 지겹도록 되풀이한다. 그는 사회애국주의자들과 그들의 친구들 모두가 왼쪽으로 이동하길 원치 않는다고 비난한다. 그는 자신이 카우츠키보다 '왼쪽'에 있다는 것을 넌지시 비친다. 그는 제3인터내셔널의 필요까지도 입에 담고 있다. 이 제3인터내셔널은 세계적인 전화(戰火)에 불을 붙이려고 하는 부르주아지의 기도에 대하여 "단지 위협하는 것으로가 아니라, 혁명적 돌격을 촉발시키는 것으로"(14쪽) 대답할 만큼 충분히 강력해야 한다는 등 그는 계속해서 **끝도 없이** 말한다. 그는 입으로는 혁명적 돌격을 포함하여 뭐든지 인정할 준비가 되어 있다. 그러나 실제로는 독일에서는 카우츠키와의 통일을, 따라서 샤이데만과의 통일을, 러시아에서는 배외주의적이고 반혁명적인 《나셰 디엘로*Nashe Dyelo*》[3] 및 치헤이제파 의원단과의 통일을 원한다. 말이 아닌 실제에서는 그는 막 시작되고 있는 **혁명적 운동**을 지금 바로 지지하고 발전시키는 것에 반대한다. 입으로는 뭐든지, 실제로는 아무것도! 그는 입으로는 자신이 "국제주의자"이고 혁

---

3 '우리의 대의'라는 뜻. 멘셰비키 청산파의 월간지이자 러시아 내 사회배외주의자들의 대변지. 1914년 10월 탄압을 받아 정간된 《나샤 자리야》 대신 1915년에 페트로그라드에서 첫호가 발행됐다.—원서 편집자

명가임을 격하게 공언하지만, 실제로는 혁명적 국제주의들을 적으로 하여 싸우는 전세계의 사회배외주의자들과 기회주의자들을 지지한다.

ㅣ 일러도 1915년 9월 28일(10월 11일)에 집필

1924년《프롤레타르스카야 레볼류치아》3호에 처음 발표

몇 가지 테제

편집국으로부터

본호에 실린 자료는 우리 당 페테르부르크 위원회가 얼마나 방대한 영역에 걸쳐 활동했는지를 잘 보여주고 있다. 실로 이것은 러시아와 인터내셔널 전체에서, 반동적인 전쟁 시기의 가장 어려운 조건 속에서 수행한 사회민주주의 활동의 모범이다. 페테르부르크와 러시아의 노동자는 있는 힘껏 이 활동을 지지할 것이고, 같은 길을 따라 그 활동을 더욱더 정력적이고 광범위하게 계속 수행해낼 것이다.

러시아에 있는 동지들의 충고를 고려해, 현재 사회민주주의 활동의 문제들에 대해 몇 가지 테제를 정식화했다.

1) 독립적인 슬로건으로서 '헌법제정회의' 슬로건은 옳지 않다. 누가 그것을 소집할 것인가 하는 것이 지금 문제이기 때문이다. 1905년에 자유주의자들이 그 슬로건을 받아들인 것은 '헌법제정회의'라는 것이 차르에 의해 소집될 것이고, 차르의 동의 속에서 진행될 것임을 의미한다고 해석할 수 있었기 때문이다. 가장 올바른 슬로건은 '3개 기둥(민주공화제, 지주 토지 몰수, 8시간 노동)' 슬로건이다. 그리고 거기에 추가하자면 사회주

의와 교전국 정부들의 혁명적 타도를 위한 투쟁 및 전쟁에 반대하는 투쟁에서 노동자의 국제적 연대를 호소하는 요구를 더할 수 있다(9번 항목 참조).

2) 우리는 제국주의적·반동적 전쟁의 수행을 돕는 전시산업위원회¹에 참가하는 것을 반대한다. 우리는 선거 캠페인을 활용하는 것, 예를 들자면 선거의 1단계에 참가하는 것은 찬성하지만 그것은 오로지 선동과 조직상의 목적을 위해서다. 두마를 보이콧한다는 것은 있을 수 없다. 결선투표 참가는 필수적인 일이다. 두마에 우리 당 의원이 없지만, 혁명적 사회민주

I 전시산업위원회는 1915년 러시아에서 제국주의 부르주아지에 의해 설립되었다. 부르주아지는 노동자들을 자신의 영향력 아래 가져다놓고 조국 방위 지향을 주입시키려는 시도의 일환으로 이 위원회 내에 '노동자 그룹'을 만들기로 결정했다. 부르주아지에게는 군수산업에서 노동생산성을 끌어올리도록 노동자들에게 선동할 노동자 대표들을 이 그룹에 두는 것이 유용했다. 멘셰비키는 부르주아지의 발의로 시작된 이러한 의사(疑似) 애국주의적 조처에 적극 참가했다. 전시산업위원회에 대한 볼셰비키의 보이콧은 노동자 다수의 지지를 받았다. 1915년 9월 27일(10월 10일) 페트로그라드에서 열린 노동자 대표자 회의에서 멘셰비키의 결의안이 81명의 찬성을 받은 데 대해, 보이콧과 전쟁으로부터의 혁명적 탈출을 호소한 볼셰비키 결의안은 95명이 찬성했다. 친볼셰비키 대의원들이 퇴장한 가운데 열린 2차 회의에서야 겨우, 그보즈데프(Gvozdev)와 밀정 아브로시모프(Abrosimov)가 이끈 멘셰비키가 10명의 '노동자 그룹'을 선출하는 데 성공했다.

볼셰비키의 선전 활동의 결과로 '노동자 그룹' 선거는 전체 239개 주에서 단지 70개 주에서만 열렸고, 노동자 대표가 실제 선출된 곳은 36개 주에 불과했다.─원서 편집자

주의의 목적에 유리하도록 두마에서 일어나는 모든 것을 활용해야 한다.

3) 우리는 프롤레타리아트 속에서 사회민주주의 활동을 확대·강화하고, 나아가 그 활동 범위를 농촌 프롤레타리아트와 빈농에게로, 그리고 군대로 넓히는 것이 현재의 긴급한 임무라고 생각한다. 막 시작한 파업운동을 발전시키고, 그것을 '3개 기둥' 슬로건 아래 수행하는 것이 혁명적 사회민주주의의 가장 중요한 임무다. 전쟁 즉각 중지 요구에 합당한 지위를 부여해야 한다. 또한 다른 어느 요구 중에서도, 노동자는 러시아 사회민주노동당 의원단의 노동자 의원들을 즉각 석방하라는 요구를 잊어서는 안 된다.

4) 노동자 대표 소비에트 및 그와 비슷한 기관들은 봉기의 기관, 혁명적 권력 기관으로 여겨져야 한다. 이런 기관들은 오직 대중 정치파업의 발전과 봉기와 결합했을 때에만, 그리고 봉기의 준비, 발전과 성공에 조응해서만 지속적으로 가치를 지닐 수 있다.

5) 프롤레타리아트와 농민의 혁명적 민주주의 독재만이, 다가오는 러시아에서의 혁명의 사회적 내용이 될 수 있다. 군주제와 봉건적 지주를 타도하지 않고는 러시아에서 혁명은 승리할 수 없다. 그리고 프롤레타리아트가 농민에게 지지를 받지 못한다면, 이것들을 타도하는 것은 불가능하다. 부유한 농지 소유 농민과 농촌 프롤레타리아트로 농촌의 계층 분화가 한

걸음 더 진전되었지만, 그로 인해 농촌 지역들에 대한 마르코프(Markov) 일파[2]의 억압이 사라진 것은 아니다. 우리는 어떤 경우라 하더라도 농촌 **프롤레타리아트**가 **독자적인 조직**을 가져야 한다는 것을 무조건 지지해왔고, 지금도 지지하고 있다.

6) 러시아 프롤레타리아트의 임무는 러시아의 부르주아 민주주의 혁명을 최후까지 수행하고, 그렇게 해서 유럽에서의 사회주의 혁명에 불을 붙이는 것이다. 후자의 임무는 지금 전자에 매우 접근해 있지만, 그럼에도 그것은 여전히 별개의, 제2의 임무로 남아 있는데, 왜냐하면 각각의 임무에서 러시아 프롤레타리아트와 협력하는 계급이 서로 **다르**다는 문제 때문이다. 전자의 임무에서는 러시아의 소부르주아 농민이, 후자의 문제에 대해서는 타국의 프롤레타리아트가 러시아 프롤레타리아트와 협력하는 계급이다.

7) 지금까지 그랬듯 우리는 사회민주주의자가 민주주의적 소부르주아지와 함께 임시 혁명정부에 참가하는 것을 허용할 수 있다고 생각하지만, 혁명적 배외주의자와는 함께할 수 **없다.**

8) 우리가 혁명적 배외주의자라고 함은 독일에 대한 승리를 이루기 위해, 타국을 약탈하기 위해, 그리고 러시아의 타민족들에 대한 대러시아인의 지배를 강화하기 위해 차리즘에 대해 승리하기를 원하는 자들을 말하는 것이다. 혁명적 배외주

---

2   차르 러시아의 반동적인 정치가이자 대지주로서, 쿠르스크 주를 지역구로 하여 3차와 4차 두마의 의원으로 활동했다.—원서 편집자

의는 소부르주아지의 계급적 지위에 근거를 두고 있다. 소부르주아지는 언제나 부르주아지와 프롤레타리아트 사이에서 왔다갔다 동요한다. 지금은 배외주의(민주주의 혁명의 의미에서조차 소부르주아지가 일관되게 혁명적으로 되는 것을 막고 있는)와 프롤레타리아 국제주의 사이에서 동요하고 있다. 현재 트루도비키, 사회주의혁명가당, 《나샤 자리야》, 치헤이제파 의원단, 조직위원회, 플레하노프 씨 등이 러시아에서 이 소부르주아지의 정치를 대변하고 있다.

9) 러시아에서 혁명적 배외주의자들이 승리하는 경우에 우리는 현 전쟁에서 그들의 '조국'을 방위하는 것에 반대할 것이다. 우리의 슬로건은 다음과 같다. 혁명적이고 공화주의적이라 하더라도 배외주의자라면 우리는 반대한다. 그들에 반대하고, 사회주의 혁명을 위한 국제 프롤레타리아트의 동맹에 찬성한다.

10) 러시아의 부르주아 혁명에서 프롤레타리아트가 지도적 역할을 하는 것이 가능한가 하는 문제에 대해서, 우리의 대답은 '그렇다'다. 소부르주아지가 결정적인 순간에 좌측으로 흔들릴 경우에 그것은 가능하다. 우리의 선전에 의해서뿐만 아니라, 경제적·재정적(전쟁의 부담)·군사적·정치적인 일련의 객관적 요인들에 의해 소부르주아지는 왼쪽으로의 이동을 압박 받고 있다.

11) 혁명에 의해 프롤레타리아트의 당이 현 전쟁에서 권력

을 잡을 경우에 프롤레타리아트의 당은 무엇을 할 것인가 하는 문제에 대해 우리는 이렇게 답할 것이다. 우리는 식민지의 해방을 비롯해, 종속되고 억압받고 제 권리를 빼앗긴 모든 민족들의 해방을 조건으로 내걸고 모든 교전국에게 강화를 제의할 것이다. 독일도, 영국도, 프랑스도 현재의 정부라면 그 조건을 받아들이지 않을 것이다. 이 경우에 우리는 혁명전쟁을 준비하고 수행할 것이다. 즉 단호하게 우리의 최소 강령[3] 전체를 실행할 뿐만 아니라, 지금 대러시아인에게 억압받고 있는 모든 민족들, 아시아(인도, 중국, 페르시아 등)의 모든 식민지·종속국들이 반란으로 일어서게 하는 데 우리의 역량을 체계적으로 기울일 것이다. 그리고 무엇보다도 우선하여 우리는 유럽의 사회주의적 프롤레타리아트가 자국 정부에 반대하여, 그리고 자국 사회배외주의자들에 거슬러서 봉기로 일어서도록 할 것이다. 러시아에서 프롤레타리아트의 승리가 아시아와 유럽 모두에서 혁명의 발전에 비상하게 유리한 조건을 가져올 것이라는 것은 의심의 여지가 없다. 이것은 이미 1905년 혁명 때도 증명된 바이다. 혁명적 프롤레타리아트의 국제적 연대는 기회주의와 사회배외주의의 추잡한 비방에도 불구하고 사실이다.

3 1903년 2차 당 대회에서 채택된 러시아 사회민주노동당 강령은 두 부분으로 구성되어 있었다. 차르 타도, 민주공화제, 8시간 노동을 비롯하여 자본주의하에서 달성 가능한 요구들을 포함하는 최소 강령과, 노동자계급의 궁극 목표, 즉 사회주의 혁명, 프롤레타리아트 독재, 사회주의 사회 건설 등을 정식화하고 있는 최대 강령이 그것이다.—원서 편집자

우리는 이제 이 테제를 동지들 사이에서 토론될 수 있도록 제시하며, 중앙기관지 다음 호들에서 우리의 견해를 발전시킬 것이다.

| 《사회민주주의자》 47호, 1915년 10월 13일

혁명적 프롤레타리아트와 민족자결권

치머발트 선언은 사회민주주의 당들의 강령이나 전술적 결의 대다수와 마찬가지로 '민족자결권'을 내걸고 있다. 《베르너타그바흐트》 252호와 253호에서 파라벨룸(Parabellum)[1]은 "존재하지 않는 자결권을 위한 투쟁"은 "환상"이라고 하고, "자본주의에 맞선 프롤레타리아트의 혁명적 대중투쟁"을 들고 나와 자결권 투쟁에 대치시켰다. 동시에 "우리는 병합에 반대한다"(이 말은 파라벨룸의 글에서 다섯 번 반복되고 있다)는 것과 민족들에 대한 일체의 폭력에 반대한다는 것을 우리에게 확실히 말해주고 있다.

파라벨룸이 자신의 입장을 뒷받침하기 위해 제시한 논거들을 보면, 오늘날의 모든 민족 문제는 알자스-로렌, 아르메니아 등의 경우와 같이 제국주의의 문제이며, 자본은 민족국가의 틀을 훌쩍 넘어 성장해버렸고, 역사의 시곗바늘을 민족국가라는 낡은 개념으로 되돌리는 것은 불가능하다는 것 등으로

---

[1] 카를 라데크(Karl Radek)를 가리킨다.—원서 편집자

요약된다.

파라벨룸의 논증이 과연 옳은지 살펴보자.

무엇보다도 먼저, 앞을 보지 않고 뒤를 보고 있는 것은 바로 파라벨룸 자신이다. 왜냐하면 자기는 노동자계급이 '민족국가의 이상'을 받아들이는 것에 반대한다면서, 민족해방 운동이 현재와 미래의 일인 동양 쪽, 아시아와 아프리카와 식민지들 쪽으로 눈길을 주는 대신, 민족해방 운동이 이미 과거의 일이 되어버린 영국, 프랑스, 이탈리아, 독일 같은 나라들만 바보고 있기 때문이다. 이 점에 대해서는 인도, 중국, 페르시아, 이집트를 언급하는 것으로 충분할 것이다.

뿐만 아니라 제국주의란 자본이 민족국가의 틀을 벗어나 성장했다는 것을 의미한다. 또 민족적 억압이 새로운 역사적 기초 위에서 확대되고 격화되었음을 의미한다. 여기서 나오는 결론은 파라벨룸의 뜻과는 다르게, 사회주의를 위한 혁명적 투쟁을 민족 문제에 관한 혁명적 강령과 결합시켜야 한다는 것이다.

파라벨룸이 말하는 걸 보면 그는 사회주의 혁명의 이름으로 민주주의 영역에서의 일관된 혁명적 강령을 경멸적으로 거부하고 있는 것으로 보인다. 그렇다면 그는 틀렸다. 프롤레타리아트는 민주주의를 통하지 않고는, 즉 민주주의를 전면적으로 실현하지 않고서는, 가장 단호한 용어들로 정식화된 민주주의적 요구들을 자기 투쟁의 한 걸음, 한 걸음에 연결시키지 않고서는 승리할 수 없다. 사회주의 혁명과 자본주의에 대한 혁명적 투쟁을 민주주의의 문제 중 하나에—이 경우에는 민족 문제에—대치시키는 것은 터무니없는 짓이다. 우리는 자본주의에 대한 혁명적 투쟁을 공화제, 민병, 인민이 관리하는 선거, 여성의 동등한 권리, 민족자결권 등과 같은 모든 민주주의적 요구들에 관한 혁명적 강령·전술과 결합시켜야 한다. 자본주의가 존재하는 동안 이러한 요구들은 모두가 오직 예외적으로만 실현될 수 있으며, 설사 실현된다 하더라도 불완전하고 왜곡된 형태로만 실현될 수 있다. 우리는 지금까지 성취된 민주주의에 근거를 두고 자본주의하에서 그것의 불완전함을 폭로하며, 대중의 빈곤을 철폐하고 모든 민주주의적 개량들을 완전하고 전면적으로 실시하기 위한 필수적 토대로서 자본주의의 타도와 부르주아지에 대한 수탈을 요구한다. 이 개량들 중 몇몇은 부르주아지가 타도되기 전에, 다른 몇몇은 타도 과정 중에, 또 다른 몇몇은 타도 후에 실행될 것이다. 사회혁명은 한 차례의 전투가 아니라, 부르주아지를 수탈하는 것을 통해 비로소 완전해질 온갖 경제적·민주주의적 개량의 문제들을 둘러싼 일련의 전투들을 포괄하는 한 시기다. 우리는 바로 이 궁극적인 목표를 위해 우리의 민주주의적 요구들 하나하나를 모두 일관된 혁명적 방식으로 정식화해야 한다. 어떤 특정 나라의 노동자들이 단 하나의 기본적인 민주주의적 개량조차 완전하게 실현되기도 전에 부르주아지를 타도할 가능성은 얼마

든지 있다. 그러나 역사적 계급으로서의 프롤레타리아트는 가장 철저하고 단호한 혁명적 민주주의의 정신으로 훈련되어 그것을 위한 준비가 된 상태가 아니라면, 부르주아지에게 승리할 수 있으리라 생각될 수 없다.

제국주의는 한 줌의 강대국들에 의한 전세계 민족들의 억압이 누적적으로 고조되고 있음을 의미한다. 제국주의는 민족 억압을 확대하고 강화하기 위해 그들 강대국들이 벌이는 전쟁의 시기를 의미한다. 제국주의는 인민대중이 위선적인 사회애국주의자들—'민족의 자유', '민족자결권', '조국 방위' 등의 구실 아래 강대국들이 세계 대다수 민족들을 억압하는 것을 정당화하고 옹호하는 자들—에게 기만당하는 시기를 의미한다.

바로 이 때문에 사회민주주의적 강령은, 모든 민족을 억압 민족과 피억압 민족으로 구분하는 데 초점을 맞춰야 한다. 이러한 구분에 바로 제국주의의 본질이 있는데, 사회배외주의자들과 카우츠키는 이를 기만적으로 회피하고 있다. 이 구분은 부르주아 평화주의의 시각이나, 자본주의하에서의 독립 민족들 간의 평화적 경쟁이라는 속물적 유토피아의 시각에서 볼 때는 의미 없는 것이지만, 제국주의에 대항하는 혁명적 투쟁의 시각에서 볼 때는 지극히 유의미한 것이다. 바로 이 구분으로부터 '민족자결권'에 대한 우리의 규정이 도출되어야 하는데, 그 규정은 철저하게 민주주의적이고 혁명적이며 사회주의를 위한 당면 투쟁의 일반 임무와 부합하는 것이어야 한다, 바로 이 권리를 위해서, 그리고 이 권리에 대한 진실된 인정을 끌어내기 위한 투쟁 속에서, 억압 민족의 사회민주주의자는 피억압 민족의 분리의 자유를 요구해야 한다. 그렇지 않으면 민족들의 동등한 권리와 노동자계급의 국제적 연대를 인정한다는 것이 실제로는 공문구와 위선에 불과한 것이 될 것이기 때문이다. 한편 피억압 민족의 사회민주주의자는 억압 민족의 노동자와 피억압 민족의 노동자가 통일하고 융합하는 것을 무엇보다도 우선시해야 한다. 그렇지 않으면 이들 사회민주주의자는 자기도 모르는 사이에 자국 **부르주아지**—인민과 민주주의의 이익을 언제든 배신하고, 자신의 차례가 되었을 때는 타민족을 억압하고 영토를 병합할 준비가 언제든 되어 있는 제국주의 부르주아지—의 동맹군이 되어버릴 것이다.

1860년대 말에 민족 문제가 제기된 방식을 보면, 교훈적인 예로 삼을 수 있다. 계급투쟁과 사회주의 혁명에 대한 생각이 낯설기 짝이 없는 소부르주아 민주주의자들은 자본주의하에서의 자유롭고 동등한 민족들 간의 평화적 경쟁이라는 유토피아를 머릿속에 그리고 있었다. 프루동주의자들은 민족 문제와 민족자결권을 사회혁명의 당면 임무라는 관점에서 전적으로 '부정'했다. 마르크스는 프랑스인의 프루동주의를 조롱하면서, 그것이 프랑스인의 배외주의와 얼마나 친화적인지를 보여주었다("프랑스의 신사양반들이 '빈곤'을 철폐할 때까지 전 유럽은 자리에 엉덩이를 붙이고 조용히 앉아 있어야만 하고, 앉아 있을 것이다. …… 무의식

속에서 그들(프루동주의자들)은 민족의 부정이라는 것을 모범 민족인 프랑스 민족에 의해 자신들이 흡수되는 것으로 이해하는 것 같았다."). 마르크스는 "독립한 후 연방이 되더라도" 영국으로부터의 **아일랜드의 분리**를 요구했다. 평화적 자본주의라는 소부르주아적 유토피아의 관점이나 '아일랜드에 정의를'[2]이라는 생각에서가 아니라, 억압 민족, 즉 영국 민족의 프롤레타리아트가 수행할 자본주의에 대한 혁명적 투쟁의 이익이라는 관점에서 아일랜드의 분리를 요구한 것이다. 이 민족의 자유는, 이 민족이 타민족을 억압한다는 사실에 의해 속박받고 불구화되었다. 영국 프롤레타리아트의 국제주의는, 그들이 아일랜드의 분리를 요구하지 않는다면, 위선적인 언사로나 남게 될 것이다. 마르크스는 결코 소국가를 지지하지 않았으며, 일반적으로 국가의 세분화도 지지하지 않았고, 연방의 원칙도 지지하지 않았다. 그는 피억압 민족의 분리를 연방제로 가는 한 걸음으로 보았다. 그것은 세분화가 아니라 중앙집권, 즉 정치적·경제적 중앙집권을 향한 한 걸음이지만, 민주주의의 기초 위에서의 중앙집권을 향한 한 걸음이었다. 파라벨룸이 보는 대로, 마르크스가 아일랜드의 분리라는 이 요구를 낸 것은 아마 "환상 같은 투쟁"을 벌인 것인지도 모른다. 그러나 실제로는 이러한 요구만이 일관되게 혁명적인 강령이었다. 그 요구 홀로 국제주의에 부합했으며,

2 마르크스가 엥겔스에게 보낸 1866년 6월 7일자와 20일자, 1867년 11월 2일자 편지를 보라.―원서 편집자

비제국주의적 방향으로의 중앙집권을 대표했다.

현대의 제국주의는 강대국들이 여러 민족들을 억압하는 것이 일반적인 상황을 만들어냈다. 민족 억압을 강화하기 위해 지금 제국주의 전쟁을 벌이고 있으며 지구상의 대다수 민족과 주민들을 억압하고 있는 지배 민족의 사회배외주의에 맞서 싸워야 한다는 관점, 바로 이 관점이 사회민주주의의 민족 강령에서 결정적이고 기본적인 핵심 요소가 되어야만 한다.

이 주제에 대해 현재 자신들의 견해를 표명하고 있는 사회민주주의 내 조류들을 훑어보라. 자본주의하에서의 민족들 간의 평등과 평화를 꿈꾼 소부르주아 공상가들은 사회제국주의자들로 계승되었다. 소부르주아 공상가들과의 싸움에서 파라벨룸은 풍차를 향해 돌진하고 있으며, 그로 인해 자기도 모르는 사이에 사회제국주의자들의 손에 놀아나고 있다. 민족 문제에 대한 사회배외주의자들의 강령은 무엇인가?

그들은 파라벨룸이 제시한 것과 같은 논거들을 이용하여 자결권을 전면 부정하거나(쿠노, 파르부스(Parvus), 러시아의 기회주의자들인 셈콥스키(Semkovsky)와 리프만(Liebman) 등), 명백히 위선적인 방식으로 이 권리를 인정한다. '자'민족, 또는 '자'민족과의 군사적 동맹군에 의해 억압받고 있는 민족들에게는 적용하지 않는 방식으로 말이다(플레하노프, 하인드먼, 모든 친프랑스 애국주의자들, 이어서 샤이데만 등). 사회배외주의적 거짓말을 정식화한 것 중 가장 그럴싸하고 그래서 프롤레타리아트에게 가장 위험한 정식화는 카우츠키가 내놓은 정식화다. 그는 입으로는 민족자결권에 찬성한다. 입으로는 사회민주당이 "민족 독립을 전면적으로[!] 무조건적으로[?] 존중하고 요구한다 (die Selbstandigkeit der Nationen allseitig[!] und rückhaltlos[?] achtet und fordert)"고 한 것에 찬성한다(《노이에 차이트》 33권 2호, 241쪽, 1915년 5월 21일). 그러나 실제로는 당내 주류인 사회배외주의에 장단을 맞춰 민족 강령을 왜곡하고 축소한다. 카우츠키는 억압 민족의 사회주의자의 임무에 대한 그 어떤 엄밀한 규정도 제시하지 않으면서, 민주주의적 원칙 자체를 명백히 위조하여 말하기를, 모든 민족 하나하나에게 "국가적 독립(staatliche Selbstandigkeit)"을 부여해야 한다는 요구는 "너무 많은 것(zu viel')"을 요구하는 것이라고 한다(《노이에 차이트》 33호 2권, 77쪽, 1915년 4월 16일). 여러분이 원한다면 "민족적 자치"로 충분하다! 제국주의 부르주아지가 토론을 허용하지 않는 주요한 문제, 즉 민족 억압 위에서 세워진 **국가의 경계**라는 문제를 카우츠키는 얼버무리고 회피한다. 부르주아지를 기쁘게 하려고 가장 본질적인 강령을 내팽개쳐버린 것이다. 부르주아지는 프롤레타리아트가 합법의 틀 안에 남아 있고 국가 **경계** 문제에 관하여 '평화적으로' 자신들에게 복종하는 한, 여러분이 바라는 모든 '민족적 평등'과 '민족적 자치'를 약속할 준비가 되어 있다! 카우츠키는 혁명적인 방식이 아닌 개량주의적인 방식으로 사회민주주의의 민족 강령을 정식화한 것이다.

파라벨룸의 민족 강령, 보다 정확하게는 "우리는 병합에 반대한다"는 그의 확언에 대해서는 당 수뇌부[3]와 카우츠키, 플레하노프 일파가 쌍수를 들어 찬성하고 있는데, 이유인 즉 이 강령이 당 내 주류 사회애국주의자들을 폭로하지 않고 있기 때문이다. 부르주아 평화주의자들도 이 강령을 승인할 것이다. 파라벨룸의 근사한 일반 강령("자본주의에 대한 혁명적 대중 투쟁")은 그에게 어떤 용도로 쓰이는가? 1860년대의 프루동주의자들에게 그랬던 것처럼 그에게도 이 일반 강령의 용도는 그것에 준하여, 그리고 그것의 정신으로 민족 문제에 관해 동일하게 비타협적이고 동일하게 혁명적인 강령을 작성하기 위한 것이 아니라, 사회애국주의자들에게 길을 틔어주기 위한 것이었다, 현 제국주의 시대에 전세계의 대다수 사회주의자들은 타민족을 억압하고 그 억압을 확대하려 애쓰는 민족의 성원들이다. 피억압 민족의 분리의 자유를 비타협적이고 일관되게 찬성해야 하는 이유다. 평화시에도, 전시에도 피억압 민족의 분리의 자유를 선전하지 않는 억압 민족의 사회주의자는 결코 사회주의자, 국제주의자가 아니라 배외주의자라고 우리가 선언하지 않는다면, 우리의 "병합에 반대하는 투쟁"은 내용 없는 공문구가 될 것이고, 사회애국주의자들에게는 하나도 안 무서운 투쟁이 될 것이다. 정부의 금지령에 거역하여, 즉 자유로운 출판

---

3   독일 사회민주당의 집행부를 가리킨다.—원서 편집자

물로, 즉 비합법 출판물로 이러한 선전을 수행하지 않는 억압 민족의 사회주의자는 민족의 동등한 권리에 대한 위선적인 지지자다!

아직 부르주아 민주주의 혁명을 완료하지 못한 러시아에 대해서는, 파라벨룸은 단 한 문장밖에 쓸 말이 없다.

"경제적으로 극히 뒤떨어져 있는 러시아조차도 폴란드인, 라트비아인, 아르메니아인 부르주아지가 취한 입장 속에서 다음과 같은 것을 보여주었다. 즉 군사적 감시만이 아니라 자본주의적 팽창—이것을 위해서는 광대한 영토가 발전의 훌륭한 기반이다—의 요구도 또한 제 민족을 이 '민족들의 감옥'에 묶어두고 있다는 것("Selbst das wirtschaftlich sehr zurückgebliebene Russland hat in der Haltung der Polnischen, Lettischen, Armenischen Bourgeoisie gezeigt, dass nicht nur die militärische Bewachung es ist, die die Völker in diesem 'Zuchthaus der Völker' zusammenhält, sondern Bedürfnisse der kapitalistischen Expansion, für die das ungeheure Territorium ein glänzender Boden der Entwicklung ist.")."

이것은 '사회민주주의적 관점'이 아니라 자유주의 부르주아적 관점이며, 국제주의적 관점이 아니라 대러시아인의 배외주의적 관점이다. 독일의 사회애국주의자들에 맞서 그토록 훌륭하게 싸워온 투사인 파라벨룸도 러시아 배외주의에 대해서는 잘 모르는 것 같아 유감이다. 파라벨룸의 이 문구를 사회민주주의적 명제로 바꾸고 사회민주주의적인 결론을 끌어내기 위해서는 문구를 다음과 같이 수정하고 보완하는 것이 필요하다.

러시아가 민족들의 감옥인 것은 차리즘의 군사적·봉건적인 성격 때문만이 아니라, 또 대러시아인 부르주아지가 차리즘을 지지하기 때문만이 아니라, 폴란드인, 라트비아인, 아르메니아인 부르주아지가 자본주의적 팽창이라는 이익을 위해 민족들의 자유와 민주주의 일반을 희생시켰기 때문이다. 러시아 프롤레타리아트는, 차리즘에 의해 억압받고 있는 모든 민족들을 위해 완전하게 그리고 '무조건적으로(rückhaltlos)' 러시아로부터 분리할 자유를 즉각적으로 요구하지 않는다면, 인민의 선두에 서서 (자신의 당면 임무인) 승리의 민주주의 혁명을 향해 진군하는 것도, 또 자신의 형제인 유럽의 프롤레타리아트와 어깨 걸고 사회주의 혁명을 위해 싸우는 것도 가능하지 않다. 우리는 사회주의를 위한 우리의 혁명적 투쟁과 무관하게 이를 요구하는 것이 아니다. 이 투쟁을, 민족 문제를 포함하여 민주주의의 모든 문제를 혁명적으로 제기하는 것과 결합시키지 않는다면 이 투쟁은 공허한 언사로 남게 될 것이어서 그러한 분리의 자유를 요구하는 것이다. 우리는 자결권, 즉 독립, 즉 분리의 자유를 피억압 민족을 위해 요구하지만, 그것은 우리가 나라의 경제적 세분 상태나 소국가의 이상을 꿈꾸어서가 아니라, 그와는 반대로 우리가 대국가를 원하고, 민족들의 접근, 나아가서는 융합, 분리의 자유를 빼고서는 생각할 수 없는 진정으로 민주주의적이고 진실로 국제주의적인 기초 위에서의 융합을 원해서다. 1869년에 마르크스가 아일랜드의 분리를 요구했을 때 그것이 아일랜드와 영국의 세분화를 위해서가 아니라 분리 이후의 양자 간 자유로운 동맹을 위해서였던 것처럼, 또 '아일랜드에 정의를' 보장하기 위해서가 아니라 영국 프롤레타리아트의 혁명적 투쟁의 이익을 위해서였던 것처럼, 같은 방식으로 우리도 러시아 사회주의자가 민족자결의 자유를 앞에서 말한 것과 같은 의미에서 요구하길 거부하는 것을 민주주의와 국제주의와 사회주의에 대한 직접적인 배반으로 간주한다.

| 1915년 10월 16일(29일) 이후에 독일어로 집필
1927년 『레닌 잡록집』 6권에 처음 발표

혁명의
두 가지 방향에 대하여

《프리지프*Prizyv*》[1] 3호에서 플레하노프 씨는 임박한 러시아 혁명에 대해 기본적인 이론 문제를 제기하고 있다. 그는 마르크스로부터, 프랑스의 1789년 혁명은 상향선을 따른 데 반해 1848년 혁명은 하향선을 따랐다는 취지의 인용문을 제시한다. 전자의 경우에는 권력이 점차 온건한 정당으로부터 보다 급진적인 정당에게로, 즉 입헌파-지롱드파-자코뱅파의 차례로 이동했다. 후자의 경우는 역방향으로 전개되었다. 프롤레타리아트-소부르주아 민주주의파-부르주아 공화파-나폴레옹 3세. 여기서 우리의 저자는 "러시아 혁명의 방향은 상향선을 따르는 것이어야 한다"고, 즉 권력이 처음에는 카데츠와 10월당에게로 이동하고, 다음에 트루도비키에게로, 그리고 나서는 사회주의자에게로 이동하는 것이 "바람직하다"고 추론한다. 이

---

[1] '호소'라는 뜻. 멘셰비키와 사회주의혁명가당이 1915년 10월부터 1917년 3월까지 파리에서 발행한 주간지. 레닌이 여기서 말하고 있는 글은 1915년 10월 17일자 이 잡지에 게재된 플레하노프의 글 「혁명의 두 가지 방향Two Lines in the Revolution」이다.─원서 편집자

러한 추론으로부터 도출되는 결론은 뻔하다. 카데츠를 지지하는 것을 바라지 않고, 너무 이르게 그들이 불신을 받게 만들려는 러시아의 좌파는 어리석다는 이야기다.

플레하노프 씨의 '이론적'인 추론은 마르크스주의를 자유주의로 바꿔치기한 또 하나의 사례다. 플레하노프 씨는 사안을 선진적 분자의 '전략 개념'이 '옳은가', 그른가의 문제로 격하하고 있다. 마르크스의 논의는 그런 것이 아니었다. 마르크스는 사실을 적었다. 즉 그 두 경우에서 혁명이 서로 다른 방식으로 진행되었다는 사실을 보여준 것이다. 하지만 마르크스는 이러한 차이에 대한 설명을 '전략 개념' 속에서 찾지 않았다. 마르크스주의적 관점에서 볼 때, 이 차이에 대한 설명을 개념 속에서 찾는 것은 웃기는 짓이다. 그 설명은 계급들의 상호관계의 차이에서 찾아야 한다. 다름 아닌 마르크스가, 1789년에는 프랑스 부르주아지가 농민과 연합했고, 1848년에는 소부르주아 민주주의파가 프롤레타리아트를 배반했다고 썼다. 플레하노프 씨는 마르크스의 이런 의견을 알고 있으면서도 이를 언급하지 않는데, 왜냐하면 마르크스가 스트루베처럼 보이게 하고 싶어서다. 1789년 프랑스의 과제는 절대주의와 귀족을 타도하는 것이었다. 부르주아지는 당시의 경제적·정치적 발전 수준에서 농민과 자신의 이해가 조화될 수 있다고 믿었고, 자신의 지배의 안정성에 대한 두려움이 없었기 때문에 농민과 동맹할 준비가 되어 있었다. 이 동맹이 혁명의 완전한 승리를 보증했다.

1848년의 과제는 프롤레타리아트가 부르주아지를 타도하는 것이었다. 프롤레타리아트는 소부르주아지를 자신의 편으로 끌어들일 능력이 없었고, 결국 소부르주아지의 배반으로 혁명이 패배했다. 상향선을 따랐다는 1789년의 혁명은 인민대중이 절대주의에 승리한 것이었다. 하향선을 그린 1848년의 혁명은 소부르주아지 대중이 프롤레타리아트에게 등을 돌림으로써 패배하게 된 것이었다.

플레하노프 씨는 마르크스주의를 속류 관념론으로 바꿔치기하고 있다. 문제를 계급들의 상호관계가 아니라 '전략 개념'의 문제로 귀착시키면서 말이다.

러시아의 1905년 혁명과 그후 이어진 반혁명기의 경험은, 우리나라에서 대중에 대한 지도력을 놓고 두 계급—프롤레타리아트와 자유주의적 부르주아지—간의 투쟁이 있었다는 의미에서 혁명의 두 가지 방향이 제기되어 있었음을 우리에게 가르쳐준다. 프롤레타리아트는 혁명적 방식으로 앞장서서, 군주제와 지주 타도 쪽으로 민주주의적 농민을 이끌었다. 농민이 민주주의적 의미에서 혁명적 경향을 드러냈음은 모든 거대한 정치적 사건들에 의해 대대적인 규모로 증명되었다. 1905~6년의 농민 봉기, 같은 해의 군대 소요, 1905년의 '농민동맹'이 그것을 보여준다. 또한 1차 두마와 2차 두마에서 볼 수 있듯, 농민 트루도비키는 '카데츠보다 좌익적'이었을 뿐만 아니라 인텔리겐차 사회주의혁명가당과 트루도비키보다 더욱 혁명적인 입장을 취했다. 불행히도 이런 사실은 자주 잊혀지곤 하는데, 그럼에도 불구하고 그것은 여전히 사실이다. 3차 두마에서도, 4차 두마에서도 농민 트루도비키는 그 세가 매우 약화되었음에도 농민 대중이 지주 반대 기운을 강하게 지니고 있었음을 보여주었다.

'전략적인' 수다 대신 사실들로부터 추론한 바, 러시아 부르주아 민주주의 혁명의 제1방향은 프롤레타리아트의 주저 없는 투쟁과 그 뒤를 농민이 주저하면서 좇는 것을 특징으로 하는 것이었다. 이 두 계급은 군주제와 지주에 반대하여 싸웠다. 이 두 계급의 힘과 결의의 부족이 결국 패배를 초래했다(전제정에 부분적인 파열을 냈음에도 말이다).

제2의 방향은 자유주의적 부르주아지의 행태로 나타났다. 통일된 세력으로서 카데츠와 10월당원들이 이 방향을 대표한다고, 우리 볼셰비키는, 특히 1906년 봄 이래 항상 말해왔다. 1905~15년의 10년은 우리의 견해가 옳음을 증명해주고 있다. 투쟁의 결정적 순간에 카데츠는 10월당원들과 함께 민주주의파를 배반하고, 차르와 지주를 살리는 일에 나섰다. 러시아 혁명의 '자유주의적'인 방향은 부르주아지가 군주제와 화해할 수 있게끔 대중투쟁을 '진정'시키고 파편화시키는 것이었다. 러시아 혁명의 국제적 배경과 러시아 프롤레타리아트의 힘이 자유주의자의 이러한 행태를 불가피한 것으로 만들었다.

볼셰비키는 프롤레타리아트가 의식적으로 제1의 방향으로

걸어, 최고의 용기로 싸워서 농민을 이끌도록 도왔다. 멘셰비키는 끊임없이 제2의 방향으로 빠져들어갔다. 그들은 불리긴 두마(1905년 8월)에 들어가는 것을 권유하는 것으로 시작하여 1906년에는 카데츠 내각을 지지하고 1907년에는 민주주의파에 대항하여 카데츠와 블록을 형성하는 등, 프롤레타리아트의 운동을 자유주의자들에게 순응시킴으로써 프롤레타리아트를 타락시켰다(덧붙이자면, 플레하노프 씨의 관점에서 볼 때 '올바른' 카데츠와 멘셰비키의 '전략 개념'은 그때 패배를 맛보았다. 이건 왜인가? 왜 대중은 볼셰비키의 조언보다 백 배는 더 널리 전파된 카데츠와 플레하노프의 지혜로운 충고에 귀를 기울이지 않은 것인가?).

1904~6년과 1908~14년에 대중의 정치 속에서 모습을 드러낸 건 볼셰비키 조류와 멘셰비키 조류 둘뿐이었다. 그것은 왜인가? 오직 이 조류들만이 확고한 계급적 뿌리를 갖고 있었기 때문인데, 제1조류는 프롤레타리아트에, 제2조류는 자유주의적 부르주아지에 뿌리를 내리고 있었다.

오늘 우리는 다시 혁명을 향해 나아가고 있다. 이것은 누구나 알고 있는 사실이다. 흐보스토프(Khvostov) 자신이 농민의 분위기는 1905~6년을 생각나게 한다고 말하고 있다. 그리고 다시금 우리 앞에는 혁명의 동일한 두 가지 방향과 계급들의 동일한 상호관계가 놓여 있다. 단지 국제정세의 변화에 의해 외형이 바뀌었을 뿐이다. 1905년에는 유럽의 부르주아지 전체가 차리즘의 편에 서서 수십억 루블의 자금 지원을 통해서든

(프랑스인), 또는 반혁명 군대를 훈련시켜주는 것을 통해서든(독일인) 차리즘을 도와주었다. 1914년, 유럽 전쟁에 불이 붙었다. 어디서나 부르주아지는 한 동안 프롤레타리아트에게 승리를 거두며, 민족주의와 배외주의의 탁류 속으로 프롤레타리아트를 쓸어넣었다. 러시아에서는 소부르주아 인민대중, 즉 주로 농민이 이제까지와 같이 주민의 대다수를 점하고 있다. 그들은 무엇보다도 일차적으로 지주에 의해 억압 받고 있다. 정치적으로 농민은, 일부는 각성하지 못한 채 잠자고 있고, 일부는 배외주의('독일에 대한 승리', '조국 방위')와 혁명적 기운 사이를 오가며 동요하고 있다. 이 대중의—그리고 그들의 동요의—정치적 대변자는, 한편으로는 나로드니키(트루도비키와 사회주의혁명가당)이며, 다른 한편으로는 기회주의적인 사회민주주의자들(《나셰 디엘로》, 플레하노프, 치헤이제파 의원단, 조직위원회)이다. 이들 후자는 1910년 이래 작정하고 자유주의 노동자 정치의 길을 밟아갔고, 1915년에는 포트레소프, 체레바닌, 레비츠키, 마슬로프 등의 사회배외주의로까지 전락하거나, 이들과의 '통일'을 요구하고 있다.

이와 같은 실태를 보았을 때 프롤레타리아트의 임무가 무엇이어야 하는지는 너무도 분명하다. 군주제에 반대하는 최고로 용감한 혁명적 투쟁을 (1912년 1월 협의회의 슬로건인 '3개의 기둥'을 활용하여) 수행하는 것, 모든 민주주의적 대중, 주로 농민을 사로잡을 투쟁을 전개하는 것, 그러면서 동시에 배외주의와 가차 없이 투쟁하고, 유럽 프롤레타리아트와 동맹하여 유럽에서의 사회주의 혁명을 위해 투쟁하는 것이다. 소부르주아지의 동요는 우연이 아니다. 그것은 필연인데, 왜냐하면 그러한 동요는 그들의 계급적 입지에서 비롯하는 것이기 때문이다. 전쟁 위기는 농민을 포함한 소부르주아지를 좌경화시키는 경제적·정치적 요인을 강화해왔다. 바로 여기에 러시아에서의 민주주의 혁명이 승리할 완전한 가능성의 객관적 기초가 있다. 서유럽에서 사회주의 혁명의 객관적 조건이 무르익어 있다는 것을 우리가 여기서 증명할 필요는 없다. 이 점은 모든 선진국의 모든 유력한 사회주의자들이 전쟁 전에 인정한 것이다.

다가오는 혁명에서 계급들의 상호관계를 명확히 하는 것은 혁명 정당의 주요 임무다. 러시아 국내에서 여전히 《나셰 디엘로》의 충실한 맹우로 남아 있고, 국외에서는 의미 없는 '좌익적' 언사를 내뱉는 조직위원회에 의해 이 임무가 방기되고 있다. 트로츠키는 《나셰 슬로보》에서 이 임무를 그릇된 방식으로 처리하고 있다. 그는 자신의 '독창적'인 1905년 이론을 반복해서 외치고 있지만, 왜 실제의 삶이 10년 동안 이 멋진 이론을 그냥 지나쳐버렸는지 그 이유를 생각해보려고 하지 않는다.

트로츠키의 독창적인 이론은 볼셰비키한테서는 단호한 프롤레타리아 혁명적 투쟁에 대한 호소와 프롤레타리아트에 의한 정치권력 획득에 대한 호소를 취했고, 멘셰비키한테서는 농민 역할의 '부정'을 취했다. 그는 이렇게 주장한다. 농민은 계충적으로 나뉘어져 분화했다. 농민의 혁명적 역할에 대한 잠재력은 점차 감퇴했다. 러시아에서 '국민' 혁명은 가능하지 않다. "우리는 제국주의 시대에 살고 있다." 그리고 "제국주의는 부르주아적 국민을 구체제에 대치시키지 않고, 프롤레타리아트를 부르주아적 국민에 대치시킨다."

이것이야말로 '제국주의'라는 말을 가지고 노는 말장난의 사례일 뿐이다! 러시아에서 이미 프롤레타리아트가 '부르주아적 국민'에 대립하고 있다고 한다면, 러시아는 **사회주의** 혁명에 직면해 있는 것이 되며(!), 그렇게 되면 '지주 토지 몰수' 슬로건 (1912년 1월의 협의회에서 정하고, 트로츠키가 1915년에 되풀이하고 있는)은 옳지 않다. 이 경우에 우리는 '혁명적 노동자' 정부가 아니라 '노동자 **사회주의**' 정부를 말해야만 한다! 트로츠키의 혼란스러운 사고가 어디까지 가고 있는지는 그의 다음과 같은 언사에서 명확히 드러난다. "프롤레타리아트는 자신의 단호함에 의해 '비프롤레타리아(!) 인민대중'을 또한 끌어당길 것이다!"(217호) 프롤레타리아트가 비프롤레타리아 대중을 끌어들여 지주 토지를 몰수하고 군주제를 타도하면, 이것이야말로 러시아에서 '국민적 부르주아 혁명'의 완성이며, 프롤레타리아트와 농민의 혁명적 민주주의 독재라는 것을 트로츠키는 깨닫지 못하고 있다!

1905~15년의 10년—위대한 10년—은 러시아 혁명의 두 가지, 그것도 오직 두 가지 계급적 방향이 존재함을 보여주고 있

다. 농민이 계층분화한 것은 농민 내부의 계급투쟁을 강화하고, 이제까지 정치적으로 각성하지 못한 매우 많은 분자들을 일깨우고 있으며, 도시 프롤레타리아트에게 농촌 프롤레타리아트를 근접시켜주었다(볼셰비키는 1906년 이래 줄곧 농촌 프롤레타리아트는 별개의 조직을 만들어야 한다고 주장해왔고, 이 요구를 멘셰비키 스톡홀름 대회의 결의에 집어넣었다). 그러나 한편으로 '농민'과, 다른 한편으로 마르코프들·로마노프(Romanov)들·흐보스토프들 사이의 적대는 더 강렬해지고 더 첨예해졌다. 이것은 워낙 명백한 진실이라서 트로츠키의 파리 논문 수십 편 속에 있는 수천 개의 문구로도 그 진실을 '논박하는' 것은 불가능하다. 트로츠키는 실제로는 러시아의 자유주의 노동자 정치가들—이들은 농민 역할의 '부정'을, 농민을 일으켜 세워 혁명으로 결집시키기를 거부하는 것으로 이해하고 있다!—을 도와주고 있는 것이다.

여기에 오늘 문제의 핵심이 있다. 프롤레타리아트는 공화제와 토지 몰수를 위한 권력 획득을 위해, 즉 농민을 끌어당겨 농민의 혁명적 힘을 **십분** 발휘하게 하고 **군사적·봉건적** '제국주의'(차리즘)로부터 **부르주아적** 러시아를 해방시키는 데에 '비프롤레타리아 인민대중'을 참가시키기 위해 헌신적으로 투쟁하고 있고, 앞으로도 계속 투쟁할 것이다. 동시에 프롤레타리아트는 부르주아적 러시아를 차리즘과 지주의 지배로부터 이와 같이 해방시키는 것을, 부농이 농촌 노동자를 상대로 투쟁하는 것을 도와주기 위해서가 아니라, 유럽의 프롤레타리아와 동맹하여 사회주의 혁명을 가져오기 위해 활용할 것이다.

│ 《사회민주주의자》 48호 , 1915년 11월 20일

갈 데까지 간

개개 인사들이 급진적 사회민주주의자·혁명적 마르크스주의자에서 사회배외주의자로 변신하는 것은 모든 교전국에서 공통되게 일어나고 있는 현상이다. 배외주의의 폭우가 워낙 세차게 쏟아져 내리다 보니, 줏대 없거나 퇴물이 된 여러 좌파 사회민주주의자들이 사방에서 발이 묶인 채 배외주의의 망령에 씌어버렸다. 이미 러시아 혁명 당시에 모험가로서의 정체를 드러낸 파르부스는 자신이 발행하는 소(小) 잡지 《글로케 *Die Glocke*》[1]에서 정말 갈 데까지 가버린 모습을 보여주고 있다. 그는 믿을 수 없을 만큼 뻔뻔한 자기만족적 태도로 독일 기회주의자들의 편을 들고 있다. 그는 자신이 한때 소중하게 품었던 신념을 무시하고, 혁명적 조류와 기회주의 조류 사이의 투쟁과 국제 사회민주주의 운동에서의 이들 조류의 역사를 망각하고 있다. 그는 부르주아지의 동의를 얻는 것이라면 누구보다

---

[1] '종(bell)'이라는 뜻. 파르부스가 1915~25년에 뮌헨에서(나중에는 베를린에서) 발행한 격주간지. 파르부스(본명은 알렉산더 겔판트〔Alexander Gelfand〕)는 독일 사회민주당 당원으로 사회배외주의자인데, 훗날 독일 제국주의의 첩자가 되었다.—원서 편집자

자신있다는 듯 우쭐대는 칼럼니스트의 태도로 마르크스의 어깨를 토닥거리며, 양심이나 세심한 비판의 기미라곤 전혀 없이 마르크스를 '바로잡으려' 하고 있다. 그는 무슨 엥겔스인가 하는 사람을 노골적인 경멸로 대하며, 영국의 평화주의자와 국제주의자, 독일의 민족주의자와 광신적 애국주의자를 치켜세운다. 그는 영국의 사회애국주의자를 배외주의자이자 부르주아지에 대한 아첨꾼이라고 부르면서 꾸짖는가 하면, 독일의 사회애국주의자에 대해서는 혁명적 사회민주주의자라고 칭찬하며, 렌쉬, 해니쉬(Haenisch), 그룬발트(Grunwald)와 포옹을 나눈다. 또한 힌덴부르크에게 꼬리를 치면서, 독자들에게 "독일 총참모부는 러시아 혁명을 위해 행동했다"고 단언한다. 나아가 힌덴부르크의 "웅대한 혁명적 감정" 운운하면서, 이 "독일 국민정신의 화신"에게 바치는 찬가를 발표한다. 그는 보수파와 일부 사회주의자의 동맹을 통해, 그리고 "빵 배급 카드"를 통해 독일이 고통 없이 사회주의로 이행할 수 있다고 약속한다. 좀스런 겁쟁이인 그는 치머발트 회의의 선언 속에서, 파르부스와 플레하노프류로부터 콜브(Kolb)와 카우츠키류에 이르는 모든 색조의 사회배외주의를 겨냥한 표현들을 못 본 척하며, 치머발트 회의를 아랫사람 다루듯 반쯤 승인한다.

그의 잡지 총 6호 가운데 정직한 생각이나 진지한 주장이나 성실한 글은 단 하나도 없다. 그의 잡지 《글로케》는, 러시아 혁명의 이익을 대변한다고 자처하는 조잡한 그림의 간판으로 덮어 가린 독일 배외주의의 오수(汚水) 구덩이에 지나지 않는다. 이 오수 구덩이가 콜브를 비롯한 쳄니츠《폴크스슈티메 *Volksstimme*》[2] 편집자들 같은 기회주의자들로부터 칭찬의 대상이 되고 있는 것은 그야말로 자연스러운 일이다.

파르부스 씨는 자신의 "사명"이 "무장한 독일 프롤레타리아트와 혁명적 러시아 프롤레타리아트 간의 이데올로기적 연결고리로 복무하는 것"이라고 공개 선언할 정도로 철면피다. 이 어릿광대 같은 언사는 러시아 노동자들의 조소에 맡겨두면 될 것이다. 플레하노프 씨, 부나코프 씨 일파의《프리지프》가 러시아에서 배외주의자들과 흐보스토프 무리로부터 백 퍼센트 승인을 얻었다면, 파르부스 씨의《글로케》는 독일에서 변절자들과 아첨꾼들의 기관지로 섰다.

이와 관련해 현 전쟁의 또 하나의 유익한 측면을 지적하지 않으면 안 되겠다. 전쟁은 속사포로 기회주의와 아나키즘만 죽이고 있는 것이 아니다. 사회주의의 모험가들과 변절자들의 가면도 벗겨버리고 있다. 역사가 프롤레타리아트의 운동에 대한 이 예비 청소를 사회주의 혁명 진행 중이 아니라 그 전야에 시작했다는 것은 참으로 프롤레타리아트에게 도움 되는 일이다.

| 《사회민주주의자》48호, 1915년 11월 20일

2 '인민의 소리'라는 뜻. 1891년부터 쳄니츠에서 발행된 독일 사회민주당 기관지.─원서 편집자

사회주의선전연맹 서기에게 보내는 편지

이 편지는 1915년 11월에 레닌이 연맹의 전단을 받고서 보낸 답장이다. 편지 전문이 발표되는 것은 이번이 처음이다.—원서 편집자

친애하는 동지들께[1]

동지들의 전단을 받고 너무 기뻤습니다. 동지들은 사회당 원들에게 새로운 인터내셔널을 위한 투쟁, 마르크스와 엥겔스 가 가르쳤던 진정한 혁명적 사회주의를 위한 투쟁을 호소했습 니다. 또 기회주의에 맞서 투쟁해야 한다고, 특히 노동자계급 의 방위 전쟁 참가를 지지하는 자들에게 대항해 투쟁하라고 호소했습니다. 그러한 호소는 이 전쟁이 발발한 당시부터, 그 리고 그 전 10여 년 동안 줄곧 우리 당(러시아 사회민주노동당, 중 앙위원회)이 취해온 입장과 완벽하게 일치합니다.

우리는 동지들께 가슴에서 우러난 인사를 전하며, 동지들 이 진정한 국제주의를 위한 투쟁에서 성공하기를 간절히 바랍 니다.

그러나 출판물과 선전으로 볼 때 우리와 동지들의 강령은

[1]   이 편지는 레닌이 영어로 썼다.—원서 편집자

몇몇 지점에서 차이가 있습니다. 간단히 이들 지점을 동지들께 드러내 보이는 것이 매우 필요하다고 우리는 생각합니다. 이는 비타협적인 혁명적 사회주의자들, 특히 마르크스주의자들의 국제적 투쟁을 모든 나라에서 일치시키기 위한 즉각적이고 진지한 조치를 취하기 위해서입니다.

우리는 옛 제2인터내셔널(1889~1914년)을 가장 냉정한 방식으로 비판하며, 그것은 죽었고 옛 기초 위에서 재건할 가치가 없다고 천명하고 있습니다. 그러나 우리는 이른바 '직접적 요구'에 지금까지 과대한 지위가 부여되어왔고, 그로 인해 사회주의가 희석될 우려가 있다는 등의 이야기는 결코 우리의 출판물에서 한 적이 없습니다. 모든 부르주아 당들, 노동자계급의 혁명당 이외의 모든 당들이 개량에 대해 말할 때 그것은 모두 거짓이고 위선이라는 것을 우리는 주장하며 증명하고 있습니다. 우리는 노동자계급이 자신의 상태를 정말 조금이라도 현실에서 개선하는(경제적으로, 정치적으로) 것을 돕고자 애쓰며, 이와 함께 어떠한 개량도 그것이 대중의 혁명적 투쟁 방법에 의해 뒷받침되지 않는다면 지속적이고 실질적인 것이 될 수 없다는 이야기를 덧붙입니다. 우리는 이러한 개량 투쟁을 노동계급 운동의 혁명적 방법과 결합시키지 않는 사회주의 당은 종파로 전락하여 대중과의 연결이 끊어질 수 있다는 것, 그리고 이것은 진정한 혁명적 사회주의의 성공에 가장 중대한 위협이라는 것을 항상 설파해왔습니다.

우리는 우리의 출판물을 통해 언제나 당내 민주주의를 옹호하고 있습니다. 그러나 우리는 결코 당의 중앙집권에 반대하는 발언을 하지 않습니다. 우리는 민주적 중앙집권에 찬성합니다. 우리는 독일 노동운동의 중앙집권은 약점이 아니라 강점이며, 긍정적인 면이라고 말하고 있습니다. 현재 독일 사회민주당의 나쁜 점은 중앙집권에 있는 것이 아니라, 당 내부에서 기회주의자들이 득세를 하고 있으며 이 전쟁에서 변절 행위를 해서 당에서 제명되어야 마땅할 그들이 다수로서 당을 지배하고 있다는 것입니다. 어느 특정 위기에서든 작은 그룹(예를 들어 우리 중앙위원회는 작은 그룹입니다)이 광범한 대중을 **혁명적 방향**으로 인도하는 것이 가능하다면, 그것은 아주 좋은 일일 것입니다. 그리고 어떠한 위기에서든 대중이 직접 행동하는 것은 가능하지 않습니다. 대중은 당의 중앙기관이라는 작은 그룹의 도움을 받길 원합니다. 우리 중앙위원회는 1914년 9월, 이 전쟁 당초부터 대중이 '방위 전쟁'에 관한 거짓말을 받아들이지 않도록, 그리고 기회주의자 및 '징고(jingo, 국수주의적 주전론자) 사회주의자(지금 방위 전쟁에 찬성하고 있는 '사회주의자'를 우리는 이렇게 부릅니다)'와 단절하도록 인도해왔습니다. 우리는 우리 중앙위원회의 이와 같은 중앙집권적 조처가 유익하고 필요한 것이었다고 생각합니다.

우리는 직업별 노동조합에 반대하며, 산업별 노동조합, 즉 중앙집권적 노동조합에 찬성해야 한다는 데 동지들과 의견이 같습니다. 또 노동자계급의 모든 경제투쟁과 모든 노동조합 및 협동조합 조직들에 모든 당원이 가장 적극적으로 참가해야 한다는 데 대해서도 동지들과 같은 의견입니다. 그러나 우리는 독일의 레기엔 씨와 미국의 곰퍼스(Gompers) 씨 같은 사람들은 부르주아고, 그들의 정책은 사회주의적인 정책이 아니라 민족주의적·중간계급적 정책이라고 봅니다. 레기엔 씨, 곰퍼스 씨, 그리고 그와 비슷한 인사들은 노동자계급의 대표자가 아닙니다. 그들은 노동자계급의 귀족과 관료를 대표합니다.

우리는 동지들이 정치행동의 계기에서 노동자의 '대중행동'을 요구하고 있는 것에 전적으로 동감합니다. 독일의 혁명적·국제주의적 사회주의자들도 그러한 대중행동을 요구하고 있습니다. 우리는 출판물상에서, 예를 들면 정치파업(러시아에서는 아주 일상적인 것)과 거리 시위, 그리고 현 제국주의 전쟁에 의해 준비되고 있는 내란 등과 같은 정치적 대중행동을, 어떠한 것으로 이해해야 할지 가능한 한 상세하게 규정하고자 힘쓰고 있습니다.

우리는 현재의(제2인터내셔널에서 지배적인) 사회주의 당들 내부의 통일을 설파하지 않습니다. 반대로 우리는 기회주의자와의 분립을 설파합니다. 전쟁은 최고의 실물 교육입니다. 모든 나라에서 기회주의자들과 그들의 지도자들, 그들의 가장 영향력 있는 신문과 잡지는 전쟁을 지지하고 있습니다. 달리 말하면, 그들은 프롤레타리아 대중을 적으로 하여 '자'국 부르주

아지(중간계급, 자본가)와 실제로 **연합**해온 것입니다. 미국에서
도 방위 전쟁 참가에 찬성 입장을 표해온 사회주의자가 있다
고 동지들은 말합니다. 우리는 그런 자들과 연합하는 것은 범
죄라고 확신합니다. 그러한 연합은 '자'국 중간계급 및 자본가
와 연합하는 것이며, 만국의 혁명적 노동자계급과 결별하는 것
입니다. 그리고 우리는 민족주의적 기회주의자들과 분립하는
것을, 그리고 만국의 혁명적 마르크스주의자 및 노동자계급 당
과 연합하는 것을 지지합니다.

우리는 출판물상에서, 미국에서 사회당(S.P.)과 사회주의노
동당(S.L.P.)[2]이 단결하는 것을 결코 반대하지 않고 있습니다.

2　미국 사회당은 1901년 7월에 인디애나폴리스 대회에서 결성되었다. 사회
　주의노동당과 사회민주당에서 분리해 나온 그룹들이 통합해서 만들어졌
　다. 대중적으로 유명한 미국 노동운동 지도자 유진 뎁스(Eugene Debs)
　가 이 당의 창건자 중 한 사람이다. 당의 사회적 구성은 토착 노동자와
　이주 노동자, 소자영농, 소부르주아적 배경을 가진 사람들로 잡다하게 섞
　여 있었다. 당의 중도파 및 우파 기회주의 지도자들은 프롤레타리아트
　독재의 필요를 부정했고, 혁명적 투쟁 방법을 멀리하며, 당 활동을 선거
　참가로 국한했다. 1차 세계대전 중에 3개의 조류가 사회당 내에 형성되었
　다. 정부의 제국주의 정책을 지지한 사회배외주의자들, 제국주의 전쟁을
　입으로만 반대한 중도주의자들, 국제주의 입장에서 전쟁에 반대하여 싸운
　혁명적 소수파가 그 세 조류다. 찰스 루덴버그(Charles Ruthenberg)와
　윌리엄 포스터(William Foster)와 빌 헤이우드(Bill Haywood) 등이 주
　도하여 프롤레타리아적 분자들의 지지를 받은 사회당의 좌파는 노동자
　의 독자적 정치활동과 계급투쟁 원칙에 입각한 산업별노조의 결성을 위
　하여 기회주의 지도부에 맞선 투쟁을 전개했다. 1919년에 사회당에서 분
　리해 나온 좌파는 미국 공산당 결성을 발기하며 당의 중핵이 되었다.

우리는 사회주의노동당의 종파성을 비난하고 있는 마르크스
와 엥겔스의 편지(특히, 미국 사회주의 운동의 선도적 일원인 조르게에
게 보낸 편지)를 항상 인용하고 있습니다.

우리는 동지들이 구 인터내셔널에 대해 비판하고 있는 내
용에 전적으로 동의합니다. 우리는 치머발트 회의(스위스, 1915
년 9월 5-8일)에 참가했습니다. 우리는 이 회의에서 좌익을 형성
했고, 우리의 결의안과 우리의 선언 초안을 제출했습니다. 우
리는 이 문서들을 독일어로 막 앞서 공표했습니다. 귀 연맹에
독일어를 하는 동지가 계실 걸로 기대하며, 이들 문서를 (사회

미국 사회주의노동당은 1876년에 필라델피아 대회에서 결성되었다.
제1인터내셔널 미국 지부를 비롯한 그 밖의 사회주의 조직들과의 통합
의 결과로 만들어졌다. 대회의 진행은 마르크스와 엥겔스의 동료였던
조르게가 이끌었다. 당원은 대부분 미국 노동자와의 연결이 취약한 이
주자들이었다. 초기 몇 년간 당 지도부는 주로 라살(Lassall)파였는데,
종파주의적이고 교조주의적인 오류를 범했다. 당 지도자들 일부는 의회
활동을 당의 주된 임무로 보아 대중의 경제투쟁에 대한 당 지도의 의의
를 경시한 반면, 다른 일부는 노동조합주의와 아나키즘으로 빠졌다. 당
지도부의 이데올로기적·전술적 동요로 인해 많은 그룹이 당에서 떨어
져나가는 결과를 초래했다. 마르크스와 엥겔스는 미국 사회주의자들의
종파주의적 전술을 준열하게 비판했다.

1890년대에 사회주의노동당 지도부는 다니엘 드 레옹(D. De Leon)
이 이끈 당내 좌파가 맡았는데, 아나코 생디칼리즘으로 빠져들었다. 사
회주의노동당은 노동자계급의 부분적 요구를 위한 투쟁과 개량주의적
노동조합 속에서의 활동을 거부하면서, 계속해서 대중적 노동계급 운동
과의 끈을 잃어갔다. 1차 세계대전 중에 사회주의노동당은 국제주의로
기울었다. 10월 사회주의 혁명의 영향하에 당내 혁명적 부분이 미국 공
산당 결성에 적극 참가했다.—원서 편집자

주의와 전쟁'에 관한 우리의 소책자 독일어판과 함께) 동지들께 보냅니다. 우리가 이들 문서를 영어로 내는 것을 동지들이 도와줄 수 있다면(이것은 미국에서만 가능합니다. 그 뒤에 우리는 그것을 영국에 보낼 것입니다), 우리는 기쁘게 동지들의 도움을 받겠습니다.

진정한 국제주의를 위하여 '징고 사회주의'에 대항하는 우리의 투쟁에서 언제나 우리는 미국 사회당의 기회주의 지도자들이 중국과 일본 노동자들에 대한 이민 제한을 지지하고 있는(특히 1907년의 슈투트가르트 대회 대회 후에, 그 결정에 반하여) 사례들을 우리의 출판물상에서 지적하고 있습니다. 국제주의자이면서 동시에 그와 같은 이민 제한을 지지한다는 것은 가능하지 않다고 우리는 생각합니다. 그리고 지배·억압 민족에 속하면서 어떠한 이민 제한에도 반대하지 않고, 식민지(하와이) 소유에 반대하지 않고, 식민지의 완전한 해방에 찬성하지 않는 미국의 사회주의자, 특히 영국 사회주의자는 실제로는 징고라고 우리는 단언합니다.

글을 맺으며, 다시 한 번 귀 연맹에 충심의 인사를 드리며, 건투를 빕니다. 이후에도 동지들로부터 연락이 와서, 기회주의에 반대하는 진정한 국제주의를 위한 우리들의 투쟁이 결합하게 된다면 우리로선 더할 나위 없이 기쁠 것입니다.

동지들의 N. 레닌

추신: 러시아에는 두 개의 사회민주주의 당이 있습니다. 우리 당('중앙위원회')은 기회주의를 반대합니다. 다른 제2의 당('조직위원회')은 기회주의입니다. 우리는 이들과의 연합에 반대합니다.

편지는 우리의 공식 주소(러시아 도서관. 중앙위원회 수신처는 스위스, 제네바, 유고 드 상제르 가 7번지)로 보내도 됩니다. 그러나 저의 개인 주소로 보내는 게 더 낫습니다(스위스, 베른, 자이덴벡 3의 4a, 블라디미르 울리야노프).

| 1915년 11월 9일(22일) 이전에 영어로 집필
1924년에 처음으로 『레닌 잡록집』 2권에 발표

국제주의적 언사로 위장한
사회배외주의 정책

정치적 사실은 정치적 문헌과 어떤 관계에 있는가? 또 정치적 사건은 정치적 슬로건과, 정치적 현실은 정치적 이데올로기와 어떤 관계에 있는가? 이것은 현재 인터내셔널의 위기 전체를 이해하기 위해 반드시 알아야 할 근본적인 문제인데, 왜냐하면 모든 위기와 전환은 발전 과정에서 불가피하게 옛 형태와 새로운 내용 간의 불일치를 낳기 때문이다. 자신은 어떠한 계급에도 속하지 않는다고 단언하길 좋아하는 정치가들과, 사회주의자로 자처하길 좋아하는 기회주의자들을 부르주아 사회가 끊임없이 만들어내고, 이들 둘 다 가장 현란하고 '급진적인' 말들로 대중을 계획적이고 체계적으로 속인다는 사실은 군이 언급할 필요가 없을 것이다. 그러나 위기의 시기에는 선의를 지닌 사람조차 매우 빈번하게 말과 행동의 불일치를 드러낸다. 위기는 가장 엄중하고 험난하고 고통스러운 위기일 때조차 모두 위대하고 진보적인데, 그것은 위기가 썩은 문구들과 썩은 제도들을 엄청난 속도와 힘과 명료함으로 폭로하고 쓸어 없애버리기 때문이다. 그 썩은 문구들이 선의에서 나온 것이고, 썩은 제도들이 최선의 의도로 수립된 것들이라 할지라도 말이다.

현재 러시아 사회민주주의의 활동에서 무엇보다도 중요한 것이 페테르부르크 노동자들의 전시산업위원회 선거다. 전쟁 중에 처음으로, 이 선거가 프롤레타리아 대중을 현 시기 정치의 기본 문제들을 토론하고 해결하도록 끌어당겼기 때문이다. 한편 이 선거는 대중정당으로서의 사회민주주의 내 사태의 실상을 드러내주었다. 드러난 것은 사회민주주의 내에 두 조류—단 두 조류—가 존재한다는 사실이다. 하나는 혁명적이고 국제주의적이며 진정으로 프롤레타리아적인, 우리 당에 의해 조직된 조류로서 그 조류는 조국 방위에 반대한다. 다른 하나는 '조국 방위주의적'·사회배외주의적 조류로서, 《나셰 디엘로》파(즉 청산파의 중핵)와 플레하노프파와 나로드니키와 무당파로 이루어진 하나의 블록을 형성하고 있다. 이 블록은 러시아에서 전체 부르주아 언론과 모든 흑백인조에게 지지를 받고 있는데, 이는 이 블록의 정책이 본질적으로 부르주아적이며 비(非)프롤레타리아적이라는 것을 증명한다.

이것이 사실이고 현실이다. 그렇다면 슬로건과 이데올로기는 어떠한가? 페테르부르크의 《라보체예 우트로*Rabocheye Utro*》[1] 2호(10월 22일)와 조직위원회파가 발행한 논문집(『인터내셔널과 전쟁*The International and War*』 1권, 1915년 11월 30일)과 《나

---

[1] '노동자의 아침'이라는 뜻. 멘셰비키의 합법 일간신문으로서 페트로그라드에서 1915년 10월부터 12월까지 발행됐다.—원서 편집자

셰 슬로보》최근호들이 이 질문에 해답을 내놓고 있다. 고골 (Gogol)의 페트루시카[2]가 독서에서 찾는 흥미와는 다른 방식으로 정치에 흥미를 갖고 있는 사람이라면 누구든 이 대답을 차근차근 따져봐야 할 것이다.

이 이데올로기의 내용과 의의를 살펴보자.

페테르부르크의 《라보체예 우트로》는 가장 중요한 문서다. 바로 여기서 청산주의와 사회배외주의의 거두들이 밀정인 그 보즈데프 씨와 만났다. 이들은 9월 27일 선거 전의 상황과 그 선거에서 일어났던 일들을 잘 알고 있는 사람들이다. 그들은 자신들이 플레하노프파와 나로드니키와 무당파와 함께 블록을 형성하고 있는 걸 숨길 수 있었고, 실제로 그렇게 했다. 그들은 블록의 의의나 블록을 구성하는 다양한 분자들의 상대적인 수적 힘에 대해서는 단 한 마디도 하지 않았다. 그런 '하찮은 것'은 숨기는 것이 그들에게 유리했고(그보즈데프 씨와 그의 《라보체예 우트로》동료들이 관련 정보를 갖고 있었으리라는 것은 확실하다), 그들은 실제로 그것을 숨겼다. 그러나 그들로서도 90그룹 및 81그룹과 별도로 제3의 그룹을 고안해내는 것까지는 할 수 없었다. 페테르부르크 현지에서, 노동자들의 면전에서, '제3'그

---

2   고골의 소설 『죽은 영혼*Dead Souls*』에 나오는 작중인물로, 그는 자신이 읽고 있는 것의 의미를 이해하려는 아무 노력도 기울이지 않은 채 활자화된 재료들을 읽는 과정 자체를 즐긴다. 그는 각각의 문자가 단어를 이루는 방식에 대해 계속 경탄을 금치 못한다.—원서 편집자

룹—이에 관한 픽션(fiction)은 독일 언론과《나셰 슬로보》에 글을 쓰는 "코펜하겐의 익명의 기고가"[3]로부터 나왔다—을 날조하여 거짓말을 하는 것은 불가능했다. 왜냐하면 멀쩡한 사람이라면 금방 탄로날 것이 뻔한 거짓말을 할 수는 없기 때문이다. 바로 이것이《라보체예 우트로》가 K. 오란스키(Oransky)[4](오랜 지인!)의 「두 가지 입장Two Stands」이라는 제목의 글을 게재한 이유다. 이 글에서 그는 제3의 입장에 대해서는 전혀 언급하지 않고 90그룹과 81그룹이 취한 입장만 상세하게 평가하고 있다. 검열 당국이《라보체예 우트로》2호의 기사를 거의 대부분 삭제해버림으로써 인쇄된 것보다 빈칸이 더 많았음에도 불구하고 오직 두 편의 글만이 제외되었다는 것에 주목할 필요가 있다. 하나는 「두 가지 입장」이고, 다른 하나는 1905년의 역사적 사건을 자유주의 정신으로 왜곡하고 있는 글인데, 둘 다 볼셰비키를 '아나키즘'과 '보이콧주의'라고 비난하고 있다. 이런 글들이 씌어지고 발표되는 것이야말로 차르 정부에 이익이 되

---

3 트로츠키를 가리킨다. 트로츠키는 1910년에 독일 사회민주당 기관지《포어베르츠》에 익명으로 러시아 사회민주노동당의 상황에 대한 비방 글을 기고했다. 제2인터내셔널 코펜하겐 대회에서 레닌과 플레하노프와 폴란드 사회민주주의자들의 대표는 특별성명을 통해 이 비방 사실을 폭로했고, 독일 사회민주당 집행부에 비방 글을 게재한 것을 항의했다.—원서 편집자

4 멘셰비키 청산파 G. D. 쿠친(Kuchin).《나샤 자리야》의 기고가.—원서 편집자

는 일이리라! 이런 종류의 저작물이 전제(專制) 러시아부터 공화제 프랑스까지 어디에서나 합법성을 독점적으로 누리는 것은 다 이유가 있지 않겠는가!

그러면 《라보체예 우트로》는 어떤 논거로 자신의 '조국 방위' 입장, 또는 '사회배외주의' 입장을 옹호하고 있는가? 한결같이 얼버무리기로, 한결같이 국제주의적 언사로! 그들은 자신들의 입장은 전혀 '민족적'인 것이 아니며, 전혀 '조국 방위'에 찬성하는 입장이 아니라고 주장한다. 단지 "제1그룹〔90그룹〕의 태도에서는 전혀 표명되고 있지 않은 것"을 자신들이 표명하고 있는 것일 뿐이라고 한다. 즉 "나라의 상태에 무관심하지 않은 태도", 나라를 "파괴와 멸망으로부터" "구하는" 것에 무관심하지 않은 태도일 뿐, 다른 것이 아니라는 것이다. 그들은 이렇게 주장한다. 우리의 입장은 "진정으로 국제주의적"인 것이며, 나라를 "해방"시키는 방법과 수단을 보여주는 것이다. 우리는 "전쟁의 기원과 그 사회적·정치적 본질을 동일하게〔제1 입장과!〕 평가했다." 우리는 "전시에 세계적 분쟁 발전의, 말 그대로 전 시기 동안 프롤레타리아트〔농담이 아니다!〕와 민주주의파의 국제적 조직과 국제적 활동이라는 일반 문제의 윤곽을 동일하게〔제1 입장과!〕 제시했다." 계속해서 그들은 이렇게 말한다. 우리는 우리의 요망서(要望書) 속에서, "현재의 사회적·정치적 정세하에서는 노동자계급은 나라의 방위에 어떠한 책임도 떠맡을 수 없다"고 밝혔다. 우리는 "무엇보다도 민주주의파의 국제적 임무에 확고히 찬성"하며, "코펜하겐과 치머발트를 이정표로 삼고서 이후를 도모하고자 하는 흐름에 우리 나름의 기여를 했다."(우리는 그런 사람이다!) 우리는 '합병 없는 평화'(강조는 《라보체예 우트로》) 슬로건에 찬성한다. 우리는 "제1 조류의 추상성과 세계시민주의적(코스모폴리탄) 아나키즘에 대응하여, 우리의 입장 및 전술의 현실성과 국제주의를 부각시켰다."

정말 하나하나가 모두 보석 같은 주장들이 아닌가! 그러나 이 모든 보석 안에는 무지와 레페틸로프[5] 식의 거짓 외에도, 부르주아적 관점에서 볼 때 완벽하게 냉철하고 올바른 외교술이 담겨 있다. 부르주아는 노동자에게 영향을 미치기 위해 사회주의자, 사회민주주의자, 국제주의자 등의 외피를 두르지 않으면 안 된다. 그렇게 하지 않고서는 영향력을 전혀 행사할 수 없기 때문이다. 《라보체예 우트로》 그룹은 변장을 한다. 분칠을 하고, 예쁘게 꾸미고, 사방에 추파를 던지면서 갈 데까지 간다! 노동자들에게 전시산업위원회에 참가하도록—즉 사실상 반동적인 약탈 전쟁('방위 전쟁')에 참가하도록—호소하는 것이 방해받지만 않는다면, 그들은 치머발트 선언에 백 번이라도 서명할 준비가 되어 있다(치머발트파 가운데, 선언의 소심함에 맞서 싸우지 않고, 또는 아무 유보도 달지 않고 서명한 사람들에게는 모욕일 것이다!). 그

---

5   러시아 극작가 그리보예도프(Griboyedov)의 희극 『지혜의 슬픔*Wit Works Woe*』에 나오는 인물.—원서 편집자

밖에 전쟁의 제국주의적 성격에 관한 결의안에 대해서도 마찬가지로 서명할 준비가 되어 있고, '국제주의'와 '혁명주의'에 충성을 맹세할 준비도 되어 있다(검열을 거친 신문에서 "나라의 해방"이란 표현은 지하 신문의 "혁명"과 같은 것이니까).

이것만 행동이고, 나머지는 모두 말이다. 단지 이것만 현실이고, 나머지는 모두 언사다. 이것만 경찰과 차르 군주제와 흐보스토프와 부르주아지에게 필요한 것이다. '3국협상'국 사회주의자들의 런던 회의에 대한 프랑스의 반동적인 신문 논평이 입증하고 있는 것처럼, 방위 참가 보장만 확실히 한다면 국제주의적이고 사회주의적인 언사에 대해서는, 영리한 나라의 영리한 부르주아일수록 보다 더 참을성이 있다는 것을 알 수 있다. 그리하여 이들 반동적 신문 중 하나는, 사회주의 신사양반들 사이에는 일종의 **안면경련**, 즉 같은 제스처와 같은 근육운동, 같은 말을 자기도 모르게 반복하는 일종의 신경병이 있다고 말했다. "우리나라"의 사회주의자들이 "우리는 국제주의자다. 우리는 사회혁명에 찬성한다"는 말을 반복하지 않고는 그 어떤 것에 대해서도 이야기하는 것이 가능하지 않은 것은 바로 이 이유 때문이라고 그 신문은 말했다. 부르주아 신문은 결론을 내린다. 이것은 위험하지 않다. '안면경련'일 뿐이다. "우리"에게 중요한 것은 그들이 나라의 **방위**에 찬성하고 있다는 것이다.

이것이 바로 영리한 프랑스와 영국의 부르주아가 결론을

이끌어내는 방식이다. 약탈 전쟁 참가가 민주주의나 사회주의 등의 언사로 옹호된다면, 이는 약탈 정부와 제국주의 부르주아지에게 이롭지 않은 것인가? 자신의 상전이 모든 사람을 사랑하고 있고, 모든 사람의 복지를 위해 헌신하고 있다고 모든 사람에게 맹세코 단언하는 종을 버리지 않고 보호하는 것이 그 상전의 이익에 어긋나는 것인가?

《라보체예 우트로》파는 치머발트를 걸고 맹세하며, 입으로는 플레하노프파와 "많은 점에서 입장을 달리 한다"고 천명함으로써(2호) 플레하노프파와 거리를 둔다. 그러나 실제로는 본질적인 면에서 그들에게 동의하여 그들과 함께, 그리고 그들의 부르주아지와 함께 배외주의적 부르주아지의 '방위' 기구에 참가한다.

조직위원회도 치머발트를 걸고 맹세할 뿐만 아니라, 정식으로 선언문에 '서명'을 한다. 그들은 플레하노프파와 거리를 둘 뿐만 아니라, A. M.[6]이라는 익명의 필자를 내세우기까지 하고 있다. A. M.은 익명성 뒤에 숨어 다음과 같이 선언한다. "우리 8월 블록[7]의 가맹자〔? A. M.이여, 아마 통틀어 2인의 '가맹자' 인 것이 아닌가?〕는 다음과 같은 성명을 낼 필요가 있다고 생각한다. 우리가 이해하기에 《프리지프》조직은 우리 당이 인내

---

6   마르티노프를 가리킨다.—원서 편집자

7   1912년 8월 빈에서 열린 비(非)볼셰비키 그룹들 및 경향들의 회합에서 트로츠키의 주도로 결성되었다.—원서 편집자

할 수 있는 한계를 크게 넘어서버렸고, 따라서 《프리지프》협력 그룹의 성원에게는 8월 블록의 조직 대열 내에 자리를 주어서는 안 된다." 누가 그 적나라한 사실을 이렇게 단호하게 말할 수 있는가! 이들 "가맹자" A. M.들은 얼마나 용감한 사람들인가!

앞에서 인용한 논문집을 발행한 조직위원회 '재외 서기국'을 구성하고 있는 다섯 명의 인사들 중 어느 한 사람도 그러한 용감한 성명을 내길 원치 않았다! 이로 미루어볼 때 다음과 같은 결론이 나온다. 5인 서기국원은 플레하노프와의 단절에 반대하지만(바로 얼마 전에 악셀로드는 멘셰비키인 플레하노프가 국제주의적인 볼셰비키보다 자기와 더 가깝다고 말했다), 노동자들이 두렵고 자신의 '명성'이 훼손될 것을 꺼려서 그것을 숨기는 쪽을 택한다. 대신 그들은 값싸고 안전한 국제주의를 가지고 한 건 올리고자 두 익명의 '가맹자'를 내세운 것이다…….

한편으로는 서기국원들 중 일부—마르티노프, 마르토프, 아스트로프(Astrov)—가 《나셰 디엘로》와 논쟁을 벌이고 있는데, 마르토프는 전시산업위원회 참가를 반대하는 개인 의견을 제출하기도 했다. 다른 한편으로는 분트파가 자신들의 민족주의를 은폐하고자, 코숩스키—분트의 실제 정책을 반영하는 인물—보다 '좌익적'임을 자임하고 있는 요노프(Yonov)를 흔쾌히 추대하여 앞장 세웠다. 요노프는 "기존 전술〔제2인터내셔널의 전술, 그것의 붕괴를 가져온 전술〕의 청산이 아닌, 더 심화된 발전"을 내건다. 편집자들은 요노프의 논설에 모호하며 외교적으로 얼버무리는 유보조항을 달았지만, 그 논설의 핵심 내용, 즉 "기존 전술"에서 부패하고 기회주의적인 것을 옹호하고 있는 내용에 대해서는 아무 이의도 달지 않았다. 8월 블록의 '가맹자' A. M.들은 《나샤 자리야》를 공공연하게 옹호한다. 그들은 《나샤 자리야》가 국제주의적 입장에서 확실히 "이탈"해버리긴 했지만, 그럼에도 "러시아에 대해 계급휴전 정책을 거부(?)했고, 국제적 연계를 즉시 회복할 필요를 인정했으며, 우리(즉 '가맹'하고 있는 익명의 A. M.들)가 아는 한 만코프(Mankov)를 의원단에서 제명하는 것에 찬동했다"는 점에서 《나샤 자리야》는 옹호되어야 한다고 말한다. 훌륭한 변론이다! 소부르주아적 나로드니키도 국제적 연계를 회복하는 것에 찬성하고, 케렌스키도 만코프에 반대한다. 그러나 "전쟁에 대한 무저항"에 찬성 입장을 표명한 사람들을 계급휴전 정책의 반대자라고 부르는 것은 빈말로 노동자들을 속이는 것을 의미한다.

조직위원회의 논문집 편집부는 "위험한 경향"이라는 제목의 논문과 한통속이 되어 나섰다. 이 글이야말로 정치적 얼버무리기의 모범이다! 한편으로는 조국 방위를 호소하는 격문의 저자들(모스크바와 페트로그라드의 사회배외주의자들)에 반대하는 요란한 좌익적 언사를 늘어놓고 있고, 다른 한편으로는 "위의 양 선언이 당의 어느 서클들로부터 나온 것인지 판단하기란 어렵다"고 쓰고 있다. 실제로는 그 선언들이 《나셰 디엘로》의 "서클들로부터" 나온 것이라는 데는 추호도 의심의 여지가 없다. 이 합법 잡지의 기고자들이 비합법 선언문 작성에 책임이 있는 것은 물론 아니지만 말이다. 조직위원회파는 이들 선언의 이데올로기적 뿌리의 문제와, 이들 뿌리가 청산주의·사회배외주의·《나셰 디엘로》 조류들과 완전히 일치하고 있는 문제를 다루어야 할 상황에서, 경찰 외에는 아무에게도 가치가 없는 사소한 일로 언쟁을 벌이느라, 즉 어느 어느 그룹의 성원 누가 집필자냐 하는 문제를 가지고 옥신각신하느라 바쁘다. 한편으로 편집부는 엄포를 놓는다. 우리 8월 블록의 국제주의자들은 "방위주의 경향에 가장 정력적으로 저항하기"(129쪽) 위해, "비타협적으로 싸우기"(126쪽) 위해 전열을 정비할 것이다. 그러나 다른 한편으로, 이러한 선포 바로 뒤에 다음과 같은 눈속임의 문구가 나온다. "조직위원회가 지지하고 있는 의원단의 방침은 그 어떤 공공연한 반대도 [지금까지는!] 받지 않았다!"(129쪽)

이 방침이라고 하는 것은, 필자들 자신들이 잘 알고 있듯이, 방침이 없다는 것이 방침이며, 있다면, 《나셰 디엘로》와 《라 보체예 우트로》를 은밀히 옹호하는 것이 방침이다.

논문집 가운데 가장 '좌익적'이고 가장 '원칙 있는' 논문인 마르토프의 논문을 검토해보자. 그의 원칙 고수라는 것이 어떤 것인가를 알기 위해서는 그의 핵심 사상을 표현하는 한 문장을 인용하는 것만으로도 충분하다. 그는 "만약 현 위기가 민주주의 혁명의 승리와 공화제를 가져온다면 전쟁의 성격은 근본적으로 바뀔 것이라는 것은 자명하다"(116쪽)고 쓰고 있다. 이것은 모두 뻔뻔스러운 거짓말이다. 민주주의 혁명과 공화제가 부르주아 민주주의 혁명과 부르주아 민주공화제를 의미한다는 것을 마르토프가 모를 리가 없다. 부르주아적이고 **동시에 제국주의적인** 대국들 사이의 이 전쟁은, 이들 대국 중 한 나라에서 군사적·절대주의적·봉건적인 제국주의가 급속히 일소되어버린다 하리더라도 그 성격이 **조금도** 바뀌지 않는다. 왜냐하면 그와 같은 조건에서는 순순히 부르주아적인 제국주의가 사라지는 것이 아니라, 오히려 **힘이** 더 세질 뿐이기 때문이다. 바로 이러한 이유 때문에 우리 신문(47호)은 9번 테제[8]에서 이렇게 선언했던 것이다. 러시아의 프롤레타리아트의 당은 현 전쟁에서, 공화주의자와 혁명파의 조국이라 하더라도, 그들이 플레하노프, 나로드니키, 카우츠키, 《나셰 디엘로》파, 치헤이제, 조직위원회 등과 같은 배외주의자인 한 그들의 조국을 옹호하지 않을 것이다.

마르토프의 논문 118쪽에 달린 각주의 얼버무리는 문구도 그에게 아무 도움이 되지 못할 것이다. 여기에서 그는 116쪽에서 이야기했던 것과는 모순되게, 부르주아 민주주의파가 "국제 제국주의에 대항하여" 싸우는 것이 가능할지 의심한다(물

8 「몇 가지 테제」를 보라.—원서 편집자

294

론 싸울 수 없다). 그는 부르주아지가 1793년의 공화국을 감베타 (Gambetta)와 클레망소(Clemenceau)의 공화국으로 전화시키지 나 않을까 하는 '의심'을 표한다. 여기에 여전히 기본적인 이론 상의 오류가 있다. 1793년에는 프랑스 부르주아 혁명에서의 선도 계급이 유럽의 **혁명 이전의**(pre-revolutionary) 군주제들과 싸웠던 반면, 1915년의 러시아가 상대로 싸우고 있는 것은 보다 뒤떨어진 나라들이 아니라, **사회주의 혁명의 전야에 있는** 보다 앞서 있는 나라들이다. 이로부터 다음과 같은 결론이 나온다. 1914~5년의 전쟁에서는, 승리하는 사회주의 혁명을 실행하는 프롤레타리아트만이 1793년의 자코뱅의 역할을 담당할 수 있다. 따라서 혁명이 프롤레타리아트의 당을 권력에 오르게 하고, 이 당이 혁명적 격변의 힘 전체와 국가기구 전체를 동원하여 독일과 유럽의 사회주의적 프롤레타리아트와 즉각적이고 직접적인 동맹을 맺는 쪽으로 나아갈 수 있을 경우에만 오직 러시아 프롤레타리아는 "조국을 옹호"하는 것이 가능하며, "전쟁의 성격이 근본적으로 바뀌는" 것도 가능하다.(《사회민주주의자》 47호, 11테제)[9]

마르토프는 자신의 글—여기서 그는 효과를 노린 문구로 얼버무리고 있다—을, "러시아 사회민주주의"는 "정치적 위기의 바로 초입부터 명확한 혁명적·국제주의적 입장을 취해야

9 「몇 가지 테제」를 보라.—원서 편집자

한다"는, 가장 효과를 노린 호소로 끝맺고 있다. 이 효과를 노린 말들이 그 바탕에 있는 모종의 썩은 것을 감추는 효과를 가지고 있는 것은 아닌지 알고 싶은 독자는 다음과 같은 질문을 스스로 던져야 할 것이다. 정치적 입장을 취한다는 것은 대체 무엇을 의미하는가? 1) 조직(예를 들어 그것이 '5인조'의 서기일지라도)의 이름으로 당면 정세에 대한 정식화된 평가와 여기에 사용될 전술을 제출하고, 일련의 결의를 만드는 것. 2) 당면 정세에 대한 전투적 슬로건을 제출하는 것. 3) 이상의 두 가지를 프롤레타리아 대중 및 그들의 자각한 전위의 **행동**과 결합시키는 것. '5인조'의 이데올로기적 지도자인 마르토프와 악셀로드는 이 세 가지 중 어느 하나도 제대로 해내지 못했을 뿐만 아니라, 이 세 가지 모두에서 사실상 **사회배외주의자들을 지지하고 엄호하고 있다!** 16개월간의 전쟁 기간 동안 5인의 재외 서기들은 "명확한 입장"을 취해본 적이 없다. 아니, 강령과 전술 문제에서 입장이라는 것을 전혀 취해본 일이 없다. 마르토프는 좌우로 왔다 갔다 하며 동요하고 있다. 악셀로드의 촉구는 우로만 향해 있다.(특히 그의 독일어 소책자를 보라). 여기에는 명확하고 정식화되고 체계화된 것이라곤 일절 없고, 입장 같은 것은 아무것도 없다! 마르토프는 자신의 이름으로 이렇게 쓰고 있다. "당면 정세에서 러시아 프롤레타리아트의 중심적인 전투적 슬로건은 차리즘과 전쟁을 동시에 일소하기 위한 전 인민 헌법 제정회의여야 한다." 이것은 중심적이지도, 전투적이지도 않은 슬로건이다. 그 슬로건이 쓸모없는 것은, 이 이중의 "일소"라는 개념의 기본적인 사회적·계급적 내용, 또는 명확한 정치적 내용을 드러내주고 있지 않기 때문이다. 그것은 값싼 부르주아 민주주의적 공문구일 뿐, 중심적이고 전투적이며 프롤레타리아적인 슬로건이 아니다.

끝으로, 주요한 문제에서, 즉 러시아에서의 대중과의 결합이란 면에서, 마르토프 일파가 내놓고 있는 것은 단지 제로 정도가 아니라 마이너스다. 그들은 그들 뒤에 아무것도, 그 누구도 가지고 있지 않다. 선거는, 부르주아지와 《라보체예 우트로》의 블록만이 일부 대중을 장악하고 있다는 것을 보여주고 있고, 조직위원회와 치헤이제파 의원단을 증거로 드는 것은 이 부르주아적 블록을 눈속임으로 가리는 것에 불과하다는 사실도 보여주고 있다.

| 《사회민주주의자》 49호, 1915년 12월 21일

기회주의와
제2인터내셔널의 붕괴

1914~5년의 전쟁에 의해 드러난, 제2인터내셔널 붕괴에 대한 각각의 계급들과 당들의 태도를 비교해보면 배우는 바가 많다. 한편으로 부르주아지는 '조국 방위'에 찬성하는 사회주의자들, 즉 전쟁에 찬성하고 부르주아지를 돕는 데 찬성하는 입장을 표하고 있는 사회주의자들을 열렬히 칭찬하고 있다. 그리고 다른 한편으로, 보다 더 솔직하고 보다 덜 외교적인 부르주아 대표자들은 인터내셔널의 붕괴, 사회주의 '환상'이 붕괴한 것이 고소해 죽겠다는 듯이 기쁨을 표하고 있다. 두 가지 색조가 있는 건 '조국을 방어(옹호)하고 있는' 사회주의자들도 마찬가지다. 하나는 독일인 W. 콜브(Kolb)와 W. 하이네 같은 '극단파'로서 이들은 인터내셔널의 붕괴를 인정하고, '혁명에 대한 환상'을 불러온 책임이 인터내셔널에 있다며 비난하고 있다. 이들은 **훨씬** 더 기회주의적인 인터내셔널이 재건되기를 갈망하고 있다. 그러나 실천에 있어서는, 이들이나 다른 부류인 카우츠키와 르노델(Renaudel), 반데르벨데 같은 '온건파'나 다르지 않다. 이 '온건'하고 신중한 사회주의적 '조국 옹호자들'은 인터

내셔널이 붕괴했다는 것을 완강히 부정하고, 단지 일시적 기능이 정지된 것일 뿐이라고 생각하며, 제2인터내셔널의 생명력과 생존할 권리를 옹호하고 있다. 반면 각국의 혁명적 사회민주주의자들은 제2인터내셔널의 붕괴를 인정하고, 제3인터내셔널을 창설해야 할 필요를 주장하고 있다.

누가 옳은가를 결정하기 위해, 현 전쟁과 관련한 하나의 역사적인 문서를 검토해보자. 이 문서는 세계의 모든 사회주의 당들이 만장일치로 공식 채택한 1912년의 바젤 선언이다. 충분히 주목할 만한 것으로, 어떠한 사회주의자도 이론상으로는 모든 각각의 전쟁들을 하나하나 구체적인 역사로 평가해야 할 필요를 감히 부정하려 하지 않았다. 그러나 이제까지 소수의 '좌익적' 사회민주주의자 외에는 누구도 바젤 선언을 공개적으로 단호히 부인하거나, 선언이 오류라고 공언하거나, 선언을 성실히 분석하여 선언의 명제들을 개전 후 사회주의자들의 행동과 대조해볼 만큼 대담함을 보이려 하지 않는다.

왜 그런가? 그것은 바젤 선언이 공식 사회주의자들 대다수의 논리와 행동이 완전히 기만적이라는 것을 무자비하게 폭로하고 있기 때문이다. 이 선언에는 '조국 방위'든, 방위 전쟁과 공격 전쟁을 구별하는 얘기든, 이런 얘기는 단 한 단어도 들어가 있지 않다! 독일과 4국협상 측 양 진영의 공식 사회민주주의 지도자들이 가장 많이 이야기하고 외쳐댄 주제에 관한 이야기가 이 선언에는 단 한 음절도 들어가 있지 않다. 바젤 선언은, 1912년에 전쟁을 유발하고 있던, 그리고 결국은 1914년에 전쟁을 야기한 이해관계의 충돌을 완전히 명료하고 정확하며 분명하게 평가하고 있다. 선언은 이렇게 규정하고 있다. 이 충돌은 '자본주의적 제국주의'의 기초 위에서 일어난 충돌이다. 발칸 반도 지배권을 둘러싼 오스트리아와 러시아 간의 충돌, 영국과 프랑스와 독일 간의 "소아시아에서의 정복 정책"(이들 모두의 정책이다!)을 둘러싼 충돌, 오스트리아와 이탈리아 간에 "알바니아를 각자 자신들의 세력권으로 끌어들여" 자신들의 "지배"하에 두려는 충돌, 영국과 독일 간의 상호 "적대"를 원인으로 두고 있으며, 나아가 "아르메니아, 콘스탄티노플 등을 탈취하려는 차리즘의 시도"로 인한 영국과 독일 양국의 충돌이 모두 제국주의적 충돌인 것이다. 이 모두가 현 전쟁에 백 퍼센트 적용된다는 것을 알 수 있을 것이다. 타민족을 노예화하기 위해 수행되고 있는 이 전쟁이 공공연하게 드러내고 있는 약탈적이고 제국주의적이고 반동적인 성격이 선언에 아주 명확하게 표현되어 있다. 선언은 다음과 같은 불가피한 결론을 끌어낸다. "인민에게 조금이라도 이익이 된다는 구실로 결코 정당화될 수 없는" 이 전쟁은 "자본가의 이윤과 왕조의 야망을 위하여" 준비되고 있는 전쟁이다. 또한 노동자의 입장에서 이 전쟁은 "서로를 향해 발포하는 범죄"다.

이들 명제에는 양대 역사시대를 나누는 근본적인 차이점을 이해하는 데 필요한 기본 원리가 담겨 있다. 그 하나의 시대는 1789년부터 1871년까지의 시대인데, 이 시대에 대부분의 경우 유럽에서의 전쟁들은 가장 **중요한** '인민'의 '이익'과 명백히 결부되어 있었다. 즉 봉건주의와 절대주의와 외세의 압제를 타도하기 위해, 수백만 인민을 끌어들인 강력한 부르주아 진보적인 민족해방운동과 결부되어 있었던 것이다. 바로 이러한 기반 위에서, 오직 그 기반 위에서만, '조국 방위' 개념, 즉 중세적 제도로부터 스스로를 해방시켜가고 있는 부르주아 민족에 대한 방어라는 개념이 나온 것이다. 오직 이러한 의미에서만 사회주의자는 '조국 방위'를 인정했다. 오늘날에도 그것은 **이러한 의미에서** 인정되어야만 한다. 예를 들어 러시아나 영국에 대항하는 페르시아 또는 중국의 방어, 독일이나 러시아에 대항하는 터키의 방어, 오스트리아와 이탈리아에 대항하는 알바니아의 방어 등.

1914~5년의 전쟁은, 바젤 선언에서 분명히 표현된 것처럼 전혀 다른 역사시대에 해당하며, 전혀 다른 성격을 지니고 있다. 이것은 노획물의 분배를 위한, 타국을 예속시키기 위한 약탈자들 사이의 전쟁이다. 러시아, 영국, 프랑스의 승리는 아르메니아와 소아시아 등의 압살을 의미한다. 이 내용이 바젤 선언에 **명시되어** 있다. 독일의 승리는 소아시아, 세르비아, 알바니아 등의 압살을 의미한다. 이것도 같은 선언에 **명시되어** 있으며, 모든 사회주의자들이 인정한 것이다! 세계 지배와 시장과 '세력권'과 타민족의 노예화를 위해 싸우고 있는 대국들(즉 대

약탈자들)이 내세우는 방위 전쟁과 조국 방위에 관한 모든 언사
는 사기이며 헛소리고 위선이다! 조국 방위에 찬성하는 '사회
주의자들'이 바젤 선언을 상기하거나 정확히 인용하기를 두려
워하는 것은 놀랄 일이 못 된다. 왜냐하면 선언이 그들의 위선
을 폭로하기 때문이다. 바젤 선언은 1914~5년 전쟁에서 '조국
방위' 입장에 서 있는 사회주의자들은 단지 말로만 사회주의자
일 뿐, 실제로는 배외주의자임을 증명하고 있다. 그들은 사회
배외주의자다.

이 전쟁을 민족해방과 결부된 전쟁으로 보는 입장에서 나
오는 한 가지 사회주의적 전술이 있다. 그리고 이 전쟁을 제국
주의적이고 약탈적이며 침략적인 전쟁으로 보는 입장에서 나
오는 다른 한 가지 사회주의적 전술이 있다. 바젤 선언에는 후
자가 명확하게 제시되어 있다. 선언은 이렇게 말한다. 전쟁은
"경제적·정치적 위기"를 불러일으킬 것인데, "자본 지배의 붕
괴를 앞당기기" 위해 이 위기를 이용해야 한다. 이 말들은 사회
혁명이 무르익었고, 가능하며, 전쟁과 관련하여 다가오고 있음
을 인정하는 것이다. 선언은 파리 코뮌과 1905년 혁명, 즉 혁명
과 파업과 내란을 예로 들면서 "지배계급들"이 "프롤레타리아
혁명"을 두려워하고 있다고 말한다. 누구든, 사회주의자들이
전쟁에 대한 자신들의 태도 문제를 "심의한 적도 없고", "결정
한 적도 없다"고 말한다면 그것은 거짓말이다. 바젤 선언은 이
문제를 결정했다. 전술 방침, 즉 프롤레타리아의 혁명적 행동과

내란이라는 방침을 세운 것이다.

바젤 선언이 하나의 공허한 웅변이고 관료적 문구이며 진지하게 받아들일 필요가 없는 위협이라고 생각한다면 그것은 잘못된 생각이다. 이는 선언에 의해 폭로된 자들이 언제나 하는 얘기다. 그것은 진실이 아니다! 바젤 선언은 제2인터내셔널 시대 전체, 즉 1889년부터 1914년까지의 전 기간에 걸친 방대한 양의 선전·선동 자료를 총괄하고 있다. 이 선언은 조금의 과장도 없이, 모든 나라의 사회주의자들이 낸 수백만 종의 전단과 신문 논설, 저서와 연설문을 요약하고 있다. 이 선언을 오류라고 말하는 것은 제2인터내셔널 전체가 전부 오류라고, 모든 사회민주당들의 수십 년 동안의 활동이 전부 오류라고 말하는 것이나 마찬가지다. 바젤 선언을 기각하는 것은 사회주의의 전 역사를 기각하는 것을 의미한다. 바젤 선언은 **생소하고 색다른** 이야기를 하는 것이 아니다. 선언은, **사회주의자가 대중을 이끄는 것을 가능하게 해주는** 것이 무엇인지에 대해서만, 오로지 그것만 말해주고 있을 뿐이다. 즉 '평화적인' 활동을 프롤레타리아 혁명의 준비로 인식하는 것, 그것이다. 바젤 선언은 게드가 1899년 대회에서 말한 것을 되풀이한 것일 뿐이다. 여기서 게드는 시장 획득을 위한, "자본가의 약탈"(brigandages capitalistes)을 위한 전쟁 시에는 언제나 고개를 쳐드는 사회주의자의 입각주의(入閣主義)를 조소하고 있다(『경계하라!En garde』 175~6쪽). 또 바젤 선언은 카우츠키가 1909년에 그의 소책자

『권력으로 가는 길』에서—여기서 그는 "평화적인 시대"의 종언과 전쟁·혁명·프롤레타리아트의 권력 투쟁 시대의 도래를 이야기하고 있다—말한 것을 되풀이한 것일 뿐이다.

바젤 선언은 전쟁공채에 찬성 투표를 하고, 내각에 들어가고, 1914~5년에 조국 방위를 인정한 사회주의자들이 사회주의를 철저하게 배반했음을 반박의 여지 없이 명확하게 증명하고 있다. 그것이 변절임은 부정할 수 없다. 오로지 위선자만이 그 사실을 부인할 것이다. 따라서 남은 문제는, 그것을 어떻게 설명할 것인가다.

문제를 개인의 것으로 국한시켜, 카우츠키, 게드, 플레하노프를 인용하는 것(그리고 "'심지어' 그와 같은 인물들"이라고 말하는 것)은 비과학적이고 불합리하고 우스운 짓이다. 그것은 형편없는 속임수다. 그들의 변절에 대한 진지한 설명이라면, 먼저 이 정치의 경제적 의의를 검토하고, 다음으로 그들의 기본 사상을, 끝으로 사회주의 내 유파들의 역사를 연구해야 한다.

1914~5년 전쟁에서 '조국 방위'의 경제적 본질은 무엇인가? 이 질문에 대한 대답은 바젤 선언 안에 있다. 모든 대국은 약탈과 세계 분할, 시장 획득 그리고 타민족의 예속을 목적으로 전쟁을 수행하고 있다. 부르주아지에게 전쟁은 더 높은 고율의 이윤을 가져다준다. 한 줌의 노동관료와 노동귀족, 그리고 노동운동의 '동반자'인 소부르주아지(인텔리겐차 등)에게 전쟁은 그 이윤의 부스러기를 약속해준다. '사회배외주의'(이 용어가 사회

애국주의라는 용어보다 더 정확하다. 왜냐하면 후자는 죄악을 미화시켜주기 때문이다)와 기회주의의 경제적 기초는 동일하다. 즉 그것은 프롤레타리아 대중을 적으로 하여 노동운동의 한 줌의 '상층'과 '자'국 부르주아지가 맺은 동맹이며, 부르주아지에게 착취당하고 있는 계급을 적으로 하여 부르주아지의 종복과 부르주아지 사이에 맺은 동맹이다. 사회배외주의는 완성된 기회주의다.

사회배외주의와 기회주의는 그 정치적 본질에서 동일하다. 계급협조, 프롤레타리아 독재에 대한 부인, 혁명적 행동의 폐기, 부르주아적 합법성에 순종하기, 프롤레타리아트에 대한 불신과 부르주아지에 대한 신뢰 등에서 동일하다. 정치적 사상도 동일하고, 전술상 정치적 내용도 동일하다. 사회배외주의는 밀레랑주의와 베른슈타인주의와 영국의 자유주의 노동자 정치의 직접적인 계속이자 완성이고, 그것들의 총화이자 총결산이며 최고의 성취물이다.

1889년부터 1914년까지의 전 기간 내내 사회주의에는 두 유파, 즉 기회주의 유파와 혁명적 유파가 있었다. 지금도 사회주의에 두 유파가 있다. 부르주아 거짓말쟁이와 기회주의 거짓말쟁이 들이 실시하고 있는, 문제를 개인에게 국한시키는 방법을 따르지 말고, 많은 나라들에서 나타나고 있는 유파들을 검토해보기로 하자. 유럽 10개국을 살펴보자. 독일, 영국, 러시아, 이탈리아, 네덜란드, 스웨덴, 불가리아, 스위스, 벨기에, 프랑스 중 앞의 8개국에서는 기회주의 유파와 혁명적 유파 간의 구분이 사회배외주의자와 혁명적 국제주의자 간의 구분과 일치한다. 사회적·정치적 의미에서 사회배외주의의 기본 중핵은 다음과 같다. 독일에서는 《월간 사회주의》 일파, 영국에서는 페비언파와 노동당(독립노동당도 양자와 함께 블록을 이루고 있는데, 이 블록에서 사회배외주의의 영향력은 영국 사회당에서보다 상당히 강하다. 영국 사회당에서는 약 7분의 3(즉 84 중 66)이 국제주의자다), 러시아에서는 《나샤 자리야》와 조직위원회(또한 《나셰 디엘로》도), 이탈리아에서는 비솔라티의 당, 네덜란드에서는 트롤스트라의 당, 스웨덴에서는 브란팅(Branting) 일파, 불가리아에서는 '시로키(Shiroki)'파, 스위스에서는 그로일리히(Greulich)와 '그의' 사람들[1]이 그에 해당한다. 사회배외주의자들을 향한 크든 적든 날카로운 항의가 나오고 있는 것은 바로 이들 모든 나라에서의 혁명적 사회민주주의자들로부터다. 10개국 중 두 나라는 예외인데, 그러나 거기에서조차도 국제주의자는 약할 뿐이지, 없는 것은 아니다. 없다기보다 알려져 있지 않다는 것이 맞다(바이양은 국제주의자들로부터 편지를 받은 사실을 시인했는데, 이 편지들을 공개하지 않고 있다).

사회배외주의는 완성된 기회주의다. 이 사실에는 의문의 여지가 없다. 부르주아지와의 동맹은 보통 이데올로기적이고 내밀한 형태를 취했는데, 이제는 공개적이고 노골적이다. 사회

---

[1] 초고에서 레닌은 '사람들'이라는 단어 위에 '계파'라고 적었다.—원서 편집자

배외주의는 이러한 부르주아지 및 총참모부와의 동맹에서 말고는 어디에서도 그 힘을 끌어내지 못한다. 누구든(카우츠키를 포함하여), 프롤레타리아 '대중'이 배외주의를 선호했다고 말하는 것은 거짓말이다. 어디서도 대중은 그런 의사에 대해 질문을 받아본 적이 없다(아마 이탈리아만 예외일 것이다. 이탈리아에서는 선전포고 전 9개월 동안 논쟁이 계속되었고, 대중 또한 비솔라티 당에 반대했다). 대중은 질겁하여 말을 할 수가 없었고 분열되었으며, 계엄령에 의해 짓눌렸다. 자유로운 투표는 오로지 지도자들만의 특권이었다. 그들은 프롤레타리아트에게 반대하여 부르주아지에게 찬성 투표를 했다! 기회주의를 당 내부의 현상으로 생각하는 것은 터무니없고 말도 안 되는 일이다! 독일과 프랑스를 비롯한 그 밖의 나라들의 모든 마르크스주의자들은, 기회주의는 부르주아지가 프롤레타리아트에게 미치는 영향력의 표현으로서, 부르주아적 노동자 정치이자, 한 줌도 안 되는 프롤레타리아의 주변 분자들과 부르주아지 사이의 동맹이라고 항상 말하고 주장해왔다. 수십 년 동안 '평화적' 자본주의의 조건 속에서 성장해온 기회주의는 1914~5년에 이르러서는 자신이 부르주아지와의 공공연한 동맹군임을 입증할 정도로 성숙했다. 기회주의와의 단결은 프롤레타리아트와 '자'국 부르주아지 간의 단결, 즉 '자'국 부르주아지에게의 종속과 국제적인 혁명적 노동자계급의 분열을 의미한다. 우리는 모든 나라에서 기회주의자들과의 즉각적인 분립이 바람직하다고 말하지는 않는다. 또는 심지어 현재 가능하다고도 말하지는 않는다. 우리가 말하는 것은 그러한 분립이 무르익었다는 것, 불가피해졌다는 것, 그리고 본질적으로 진보적이며 프롤레타리아트의 혁명적 투쟁에 필수적이라는 것이다. 또 역사는 '평화적' 자본주의를 벗어나 제국주의로 향하고 있고, 그럼으로써 이와 같은 분립을 향하고 있다는 것이다. Volentem ducunt fata, nolentem trahunt(운명은 하고자 하는 자는 인도하지만, 마지못해 하는 자는 끌고 간다).

개전 이래 모든 나라의 부르주아지, 특히 교전 당사자들은 '조국 방위'—즉 프롤레타리아트를 적으로 하여 제국주의 전쟁에서 부르주아지의 약탈적 이익을 방어하기—를 인정하는 사회주의자들을 칭송하는 데 한목소리를 내고 있다. 국제 부르주아지의 이러한 본질적인 이익이 어떻게 길을 열어, 사회주의 당 내부에, 노동계급 운동 내부에 침투하여 어떻게 표현되고 있는지 보라! 독일의 예는 이 점에서 특히 시사하는 바가 많은데, 왜냐하면 제2인터내셔널 시대에 가장 큰 당을 갖게 된 나라가 독일이기 때문이다. 그러나 바로 그 동일한 현상이 형태와 양상과 외형상의 사소한 편차만 띤 채 다른 나라들에서도 나타난다.

보수적인 독일 잡지 《프로이센 연보》는 1915년 4월호에, 사회민주당 당원으로서 모니토르라는 필명 뒤에 정체를 숨긴 한 사회민주주의자의 논문을 게재했다. 이 기회주의자는 20세기의 노동계급 운동에 대해 전세계의 부르주아지 전체가 취하고 있는 정책의 본질에 관한 진실을 발설해버렸다. 오늘날 노동계급 운동은 무시할 수도, 난폭한 힘으로 진압할 수도 없다고 그는 말한다. 노동계급 운동은 내부로부터, 그 상층을 매수하여 타락시키지 않으면 안 된다. 영국-프랑스 부르주아지가 수십 년간 바로 이런 방식의 정책으로 노동조합 지도자들과 밀레랑, 브리앙(Brian) 일파를 매수해온 것이다. 독일 부르주아지가 지금 취하고 있는 것도 바로 이런 방식이다. 모니토르는 부르주아지를 앞에 놓고(본질적으로는 부르주아지의 이름으로) 이렇게 말한다. 사회민주당의 행동은 현 전쟁에서 "나무랄 데가 없다."(즉 프롤레타리아트를 적으로 하여 부르주아지에게 나무랄 데 없이 봉사하고 있다.) 사회민주당이 민족적 자유주의 노동자 당으로 변신하는 과정은 아주 훌륭하게 진행되고 있다. 그러나 만약 이 당이 우익화하면 부르주아지에게는 위험할 것이라고, 모니토르는 덧붙이면서 다음과 같이 말한다. "사회민주당은 사회주의적 이상을 가진 노동자 당으로서의 성격을 유지해야만 한다. 당이 그것을 폐기하는 날에는 새로운 당이 등장하여 그 폐기된 강령을 받아 안고, 훨씬 더 급진적인 정식을 강령에 집어넣을 것이다."《프로이센 연보》4호, 1915년, 50~1쪽)

이 말들은 부르주아지가 언제나, 어디서나 내밀하게 해온 것을 공공연하게 표현한 것이다. 대중을 믿게 하기 위해서는 '급진적'인 말들이 필요하다. 기회주의자들은 위선적으로 그러한 말들을 되풀이할 준비가 되어 있다. 제2인터내셔널의 사회민주당들과 같은 그런 당들은 기회주의자들에게 쓸모 있고 필요했는데, 왜냐하면 그와 같은 당들이 있어서 1914~5년의 위기 동안에 사회주의자들이 부르주아지를 옹호하는 것이 가능했기 때문이다. 독일의 모니토르가 제시한 것과 똑같은 종류의 정책을, 영국에서 페비언파와 자유주의적 노동조합 지도자들이 취하고 있고, 프랑스에서는 기회주의자들과 조레스주의자들이 취하고 있다. 모니토르는 거침없이 말하는 냉소적인 기회주의자이다. 그런데 또 하나의 부류가 있다. 내밀하고 '성실한' 기회주의자들이다(엥겔스는 '성실한' 기회주의자들이야말로 노동계급 운동에 가장 위험하다고 말한 적이 있었는데 그 말은 옳았다). 그와 같은 기회주의자의 견본이 바로 카우츠키다.

그는 1915년 11월 26일자 《노이에 차이트》 9호에서 공식 당의 다수파가 당의 강령을 위반하고 있다고 썼다(카우츠키 자신은 전쟁이 발발하고 나서 한 해 내내 '조국 방위' 거짓말을 정당화하면서 다수파의 정책을 지지해왔다!). 그는 "다수파에 대한 반대파가 성장하고 있다"(272쪽)고 말한다. 대중은 "반대파 입장"이다. "전후에(전후에만?) …… 계급적대가 더욱더 첨예화되어 급진주의가 대중 사이에서 우세를 차지할 것이다."(272쪽) "우리는 전후에(전후에만?) 급진분자가 당에서 뛰쳐나가 반(反)의회적인(??'의회의 틀을 뛰어넘는'이라고 해야 맞을 것이다.) 대중행동 흐름에 합류하러 대거 몰려가는 사태를 맞게 될 위협에 놓여 있다. …… 이와 같이 우리 당은 공통점이 없는 양 극단으로 분해되고 있다."

카우츠키는 중용을 대표하여, '공통점이 없는' '양 극단'을 화해시키고 싶어한다! 오늘 (개전 이후 16개월이 지난 시점에) 그는 대중이 혁명적이라는 것을 인정한다. 그러더니 곧바로 그는 혁명적 행동을 "가두 모험주의"(272쪽)라고 비난하면서 혁명적 대중을, 이들 대중과 공통점이 없는 기회주의 지도자들과 '화해'시키고 싶어한다. 그러나 무엇을 근거로 하여? 단지 말을 근거로 하여! 국회에서의 '좌익' 소수파의 '좌익적' 말들을 근거로 하여! 그 소수파—카우츠키 같은—가 혁명적 행동을 모험주의라고 비난하게 놓아두자. 그러나 그 소수파는 좌익적 말들로 대중을 충족시켜주지 않으면 안 된다. 그러면 당에는 평화가 있을 것이며, 쥐데쿰들, 레기엔들, 다비트들, 모니토르들과의 통일단결이 있을 것이다!

그러나 그것은 모니토르의 강령과 완전히 일치하고 단지 감미로운 목소리와 달콤한 문구로 표현되었을 뿐, 부르주아지의 강령이다! 1915년 3월 18일 사회민주당 국회의원단의 회의에서 부름(wurm)도 이 강령에 따라 행동했다. 그는 이렇게 말했다. "〔나는〕의원단의 전술에 반대하여 노동자 대중들 사이에서 반대파가 성장하고 있으므로 대중의 인내를 너무 깊이 시험하려 들지 말라고 의원단에게 경고했다. 마르크스주의적 중앙을 굳건히 해야 할 때다."(『전쟁에 반대하는 계급투쟁! '리프크네히트 사건'의 자료*Klassenkampf gegen den Krieg! Material zum "Fall Liebknecht"*』, 67쪽. 초고로 출판됨.)

"마르크스주의적 중앙"(카우츠키를 포함하여) 전체의 명의로 대중이 혁명적이라는 것을 고백하고 있는 점에 주목하자! 이 것은 1915년 3월 18일의 일이다! 카우츠키는 8개월 보름 뒤인 1915년 11월 26일에 혁명적 대중을 좌익적 언사로 달래야 한다고 다시 제안했다!

카우츠키의 기회주의와 모니토르의 기회주의는 표현법과 말투에서, 그리고 같은 목적을 달성하는 방법상에서만 차이를 가지고 있을 뿐이다. 같은 목적이란 대중에 대한 기회주의자의 (즉 부르주아지의) 영향력을 유지 보존하는 것, 그리고 프롤레타리아트가 기회주의자에게(즉 부르주아지에게) 계속적으로 복종하도록 하는 것이다! 파네쿡과 호르터는 매우 적절하게도 카우츠키의 입장을 "수동적인 급진주의"(이러한 종류의 혁명주의를, '국내산' 모델을 가지고 철저히 연구해온 프랑스인들의 말에 따르면, 장황함 [verbiage]이다!)라고 불렀다. 나라면 그것을 내밀고, 소심하고, 달콤한 위선적 기회주의라고 부르겠다.

본질적으로, 사회민주주의 내 두 유파가 지금 서로 달리하는 것은 결코 말과 문구에서가 아니다. '조국 방위'(즉 부르주아지의 약탈의 방위)를 사회주의, 국제주의, 인민의 자유 등의 문구와 섞어 조합하는 기술에서는 반데르벨데, 르노델, 셈바, 하인드먼, 헨더슨, 로이드 조지 등이 결코 레기엔, 쥐데쿰, 카우츠키,

하제에 뒤지지 않는다! 따라서 실질적인 차이는 이러한 기회주의자들 사이에 있는 것이 아니라, 현 전쟁에서 조국 방위를 철저히 거부하는가, 아닌가, 그리고 전시 및 전후에 전쟁과 관련하여 혁명적 행동을 인정하는가, 아닌가로 시작한다. 이 단하나의 진지하고 실천적인 문제에서 카우츠키는 콜브와 하이네와 동일한 입장에 서 있다.

영국의 페비언파와 독일의 카우츠키파를 비교해보자. 전자는 대부분 자유주의자들로서, 마르크스주의를 결코 인정하지 않는다. 엥겔스는 1893년 1월 18일에 페비언파에 대해 다음과 같이 썼다. "사회혁명의 불가피성을 이해할 만큼 충분히 상황 판단력은 있지만, 이 대업을 미성숙한 프롤레타리아트에게만 맡겨둘 용의는 절대로 없는 야심가 도당 …… 그들의 기본적인 원칙은 혁명에 대한 두려움이다."[2] 이어서 1893년 11월 11일에는 다음과 같이 썼다. "조야하고 교육받지 못한 대중은 스스로를 해방시킬 수 없고, 저들 영리한 변호사, 문필가와 감상적인 여인네의 자비심 없이는 아무것도 이룰 수 없다는 것을 프롤레타리아트가 기꺼이 이해하려고만 한다면, 오만한 부르주아지가 프롤레타리아트를 위로부터 해방시키기 위해 그들에게 자비롭게 강림한다."[3] 이들과 비교해볼 때 카우츠키파는 그들의 '이론'상 얼마나 다르게 보이는가! 그러나 실제로는 전

2   레닌 주 엥겔스가 조르게(F. A. Sorge)에게 보낸 1893년 1월 18일자 편지를 보라.

쟁에 대한 태도에서 양자는 완전히 일치한다! 이것이야말로 어떻게 카우츠키파의 마르크스주의가 시들어 말라서 죽은 문자로, 한 조각의 위선적인 빈말로 변해 버렸는지를 보여주는 설득력 있는 증거다.

다음의 예들은 바젤에서 사회주의자들에 의해 전원일치로 채택된 혁명적 프롤레타리아 행동의 전술을 논박하기 위해 카우츠키가 개전 이래 사용해온 그 명백한 궤변을 드러내 보일 것이다. 카우츠키는 '초제국주의'라는 이론을 꺼내들었다. 그가 말하는 초제국주의란 "몇몇 나라의 자본이 다른 나라들의 자본에 대항하여 투쟁하던 기존의 형태를 지양하고, 그 대신 모두가 국제적으로 통합된 금융자본을 형성하여 세계를 공동으로 착취하는 것"을 뜻했다.(《노이에 차이트》5호, 1915년 4월 30일, 144쪽) 동시에 카우츠키는 스스로 다음과 같이 묻는다. "자본주의의 그와 같은 새로운 단계가 과연 실현될 수 있을까? 충분한 전제들이 여전히 부족하여 우리는 이 질문에 답할 수 없다." 새로운 단계가 "실현될 수 있는" 것이라고 스스로 공언할 만큼의 용기는 없었지만, 그것이 "생각해볼 수는 있는" 것이라는 근거로 이제 그는 명백히 위기와 전쟁의 단계에 도달한 이 시기에 프롤레타리아트의 혁명적 임무를 부정한다! 1909년에 『권력으로 가는 길』이라는 제목의 책을 쓴 제2인터내셔널의

3   레닌주 엥겔스가 조르게에게 보낸 1893년 11월 11일자 편지를 보라.

바로 그 지도자에 의해 혁명적 행동이 부정된 것이다. 거의 모든 주요 유럽 언어들로 번역된 그 책은 임박해 있는 전쟁과 혁명 사이의 연관을 드러내주며, "혁명이 시기상조라는 것은 있을 수 없다"는 것을 증명한 책이다!

1909년에 카우츠키는 '평화적' 자본주의 시대는 지나갔고, 전쟁과 혁명의 시대가 다가오고 있다는 것을 증명했다. 1912년의 바젤 선언은 이 견해를 전세계 사회주의 당들의 전술 전체의 기초로 삼았다. 1914년에 전쟁이 왔고, 슈투트가르트와 바젤에서 예견한 "경제적·정치적 위기"가 뒤따랐다. 그러자 카우츠키는 혁명적 전술에 반대하여 사용할 이론적 '핑곗거리'를 고안해냈다!

악셀로드가 제기한 것도, 단지 좀 더 '좌익적'인 언사로 포장되었을 뿐, 동일한 사상이었다. 그는 자유로운 스위스에서 저술 활동을 하고 있는데, 러시아의 혁명적 노동자들에게 영향력을 행사하고픈 소망을 가지고 있다. 그의 소책자 『국제 사회민주주의의 위기와 임무 *Die Krise und die Aufgaben der internationalen Sozialdemokratie*』(취리히, 1915년)에는, 기회주의 자와 전세계 부르주아지를 그리도 기쁘게 해주고 있는 다음과 같은 대발견이 나온다. "노동운동을 국제화하는 문제는 우리의 투쟁 형태와 방법을 혁명화하는 문제와 같은 문제가 아니며"(37쪽), 그리고 "프롤레타리아트의 해방운동을 국제화하는 문제의 핵심은 일상의 실천을 더욱더 발전시키고 국제화하는 데 있다."(40쪽) "예를 들어 노동보호법과 보험법이 그들의[노동 자들의] 국제적 행동과 조직화의 대상이 되어야 한다."(39쪽)

이와 같은 '국제주의'는 반데르벨데파와 함께 쥐데쿰파와 레기엔파, 하인드먼파뿐만 아니라, 로이드 조지파와 나우만파 와 브리앙파에 의해서도 완전히 찬동을 받고 있다는 것은 말 할 필요도 없다! 악셀로드는 조국 방위에 대한 카우츠키의 찬 성 논의에 대해 일말의 인용이나 평가조차 없이 그의 '국제주 의'를 옹호한다. 친불(親佛) 사회배외주의자들처럼 악셀로드는 바젤 선언에서 말하고 있는 것이 바로 혁명적 전술이라는 것 을 거론하기조차 두려워한다. 악셀로드는 미래─불확실하고 알 수 없는 미래─에 대해서는, 가장 좌익적이고 요란하게 혁 명적인 언사를 제출할 준비가 되어 있다. 그는 이렇게 말한다. 미래의 인터내셔널은 "혁명적 폭풍을 방출하는 것으로, 사회 주의 혁명을 개시하는 것으로 (전쟁 위험에 처한 정부와) 조우할 것이다."(14쪽) 이거 농담 아닙니다! 그러나 바로 지금, 현 위기 동안에 혁명적 전술을 적용하는 문제에 이르면, 악셀로드는 완벽히 카우츠키 식으로 이렇게 말한다. "혁명적 대중행동"─ 이러한 전술은, "만약, 예컨대 절대주의와의 임박한 결전의 전 조였던, 러시아에서 1901년의 학생 시위로 시작한 상황과 똑 같은 방식으로, 우리가 직접적으로 사회혁명의 전야에 있다 면, 일정하게 정당성을 가질 수도 있을 것이다."(40~1쪽) 그런 뒤 에 그는 완전히 콜브와 하이네와 쥐데쿰과 레기엔 식으로 '공상'과 '바쿠닌주의'를 맹렬히 비난한다. 러시아의 예야말로 악셀로드를 가장 적나라하게 폭로하는 실제 사례다. 1901년과 1905년 사이에는 4년이라는 시간이 끼어 있었고, 1901년에 그 누구도 러시아에서 혁명이(절대주의에 대한 최초의 혁명) 4년 후에 일어날 것이라 장담할 수 없었다. 사회주의 혁명 전 유럽의 정세도 완전히 같다. 누구도 이런 종류의 최초의 혁명이 4년 안에 일어날 것인지 여부를 말할 수 없다. 그러나 혁명적 정세가 실제로 존재한다는 것은 사실이며, 그것은 1912년에 예견되었고, 1914년에 현실이 되었다. 러시아와 독일에서 노동자와 굶주린 도시 주민 들의 1914년 시위 또한 의심할 바 없이 "결정적 전투가 다가오고 있음을 선언하는" 것이었다. 그러한 시위와 모든 종류의 혁명적인 대중행동(경제파업과 정치파업, 군대 내의 소요에서부터 봉기와 내란에 이르기까지)을 지지하고 발전시키는 것, 이 투쟁들에 명확한 슬로건을 공급하는 것, 대중에게 혁명으로 떨쳐 일어설 것을 호소하는 데 필수불가결한 비합법 조직을 만들고, 비합법 문헌을 발행하는 것, 그들이 혁명에 대한 명확한 이해를 갖도록 도와주고 혁명을 위해 조직하는 것을 도와주는 것, 이것이 사회주의자의 의무다. 러시아에서 1901년에, 부르주아 혁명—1905년에 시작한, 그러나 1915년에도 끝나지 않은—전야에 사회민주주의자들은 바로 이런 식으로 행동을 취했다. 유럽에서 사회민주주의자들은 1914~5년에, "사회주의 혁명 전야에" 바로 똑같은 방식으로 행동해야 할 의무가 있다.

혁명은 결코 미리 다 만들어져서 태어나는 것이 아니며, 주피터의 머리로부터 나오는 것도 아니다. 혁명은 일거에 타오르지 않는다. 혁명에 앞서 언제나 소요·위기·운동·반란의 과정, 즉 혁명의 개시 과정이 선행하며, 이 혁명의 개시가 언제나 혁명으로 발전하는 것은 아니다(예를 들어, 혁명적 계급이 충분히 강하지 못하다면). 악셀로드는 사회민주주의자가 혁명적 운동들을 발전시켜 현존하는 혁명적 정세 내에서 싹트도록 도와야 할 자신의 의무에서 벗어날 구실을 고안해낸다. 악셀로드는 그 자신의 기회주의를 좌익적 언사로 은폐하는 가운데 다비트와 페비언파의 전술을 옹호한다.

기회주의자들의 지도자 다비트는 1914년 11월 1일에 발표된 우리 당(러시아 사회민주노동당) 중앙위원회 선언에 이의를 제기하면서, "세계전쟁을 내란으로 전화시키기를 원한다면 그것은 미친 짓이다"라고 쓰고 있다.(『세계 전쟁에서 사회민주주의』, 베를린, 1915년, 172쪽). 그러나 선언은 내란 슬로건을 제출하면서 다음과 같이 덧붙이고 있다. "일단 전쟁이 사실로 되면, 그러한 전화가 주어진 어느 시점에 아무리 어렵게 보일지라도, 사회주의자는 이 방향으로 체계적이고 불굴의, 정력적인 준비 활동을 절대로 포기하지 않을 것이다."("Wie gross die Schwierigkeiten dieser Umwandlung zur gegebenen Zeit auch sein mögen—die Sozialisten werden niemals ablehnen, die Vorarbeiten in der bezeichneten Richtung systematisch, unbeugsam, und energisch

auszuführen, falls der Krieg zur Tatsache geworden ist." 다비트의 인용,
171쪽). 다비트의 저서가 나오기(1915년 5월 1일) 한 달 전에 우리
당이 "현 제국주의 전쟁을 내란으로 전화시키는 도상의" 체계
적인 "조치들"을 내건, 전쟁에 관한 결의(《사회민주주의자》 40호, 3
월 29일)를 발표한 것은 주목할 만한 가치가 있다. 이들 조치는
다음과 같은 내용이다. 1) 전쟁공채 투표를 거부한다. 2) '계급
휴전'을 거부한다. 3) 비합법 조직을 창설한다. 4) 참호 내에서
병사들 간의 교류, 유대를 지지한다. 5) 일반으로 프롤레타리
아트의 모든 종류의 혁명적 대중행동을 지지한다.

오 용감하신 다비트 씨! 1912년에 그는 파리 코뮌의 예를
인용하면서 그것을 "미친 짓"이라고 생각하지 않았다. 그러나
1914년에 그는 '미친 짓'이라고 떠들어대는 부르주아의 고함을
앵무새처럼 되뇌고 있다.

4국협상 측 나라들에 속한 사회배외주의자들의 전형적인
대표자인 플레하노프는 혁명적 전술에 대해 다비트와 완전히
일치하는 평가를 내렸다. 그는 ……에 관한[4] 사상을……. 더
정확히 말해서, 사회혁명의 전야—그로부터 결정적인 전투까
지는 4년, 또는 그 이상이 걸릴지도 모른다—라고 불렀다. 실
제로 이것들은 바젤 선언이 말한 "프롤레타리아 혁명"의 맹아

4   원고의 이 페이지가 여기에서 끊어진다. 다음 페이지가 시작하면서 단
    어가 몇 개 빠져 있다. 논문의 이어지는 부분은 이번에 처음으로 출판한
    것이다.—원서 편집자

들—아직은 미약하지만, 그럼에도 맹아들인—로서, 결코 일거에 강력해지지는 않겠지만, 그러나 상대적으로 미약한 맹아의 단계들을 불가피하게 통과할 것이다.

혁명적 대중행동과 혁명적 운동을 지지하고 확대·발전·강화시키는 것, 그리고 이 방향으로 선전·선동을 위한 비합법 조직을 만들어서 대중이 운동과 운동의 임무·방법·목표를 자각하도록 돕는 것—현 전쟁에서 사회민주주의적 활동의 그 어떤 실천적 강령도 필히 이 두 항목으로 귀착한다. 그 밖의 것은 모두 기회주의적·반혁명적인 문구들이다. 그 문구들이 아무리 좌익적인, 의사(疑似)마르크스주의적인, 평화주의적인 분칠로 위장하고 있다 하더라도 말이다.

제2인터내셔널의 수구 완고파들이 우리에게 반박할 때 보통 쓰는 방식대로 이번에도 "오오 이런 러시아적 전술이라니!"(다비트 책의 8장)라고 탄성을 지른다면, 우리의 대답은 다음과 같은 사실을 언급하는 것으로 충분하다. 1915년 10월 30일에 수백 명의 여성들이 당 중앙집행부 앞에서 시위를 벌이고, 대표단을 통해 다음과 같은 메시지를 중앙집행부에 전달했다. "오늘날 거대한 조직 기구가 존재하는 상황에서, 비합법 전단과 소책자를 배포하고, 불허된 집회를 개최하고자 한다면, 사회주의자탄압법 시절보다 훨씬 더 쉽게 할 수 있을 것이다. 수단과 방법이 부족한 것이 아니라, 의지가 결여되어 있는 것 같다."(《베르너 타그바흐트》 271호, 강조는 인용자)

이들 베를린 여성 노동자들은 11월 1일자 러시아 당 중앙 위원회의 '바쿠닌주의적', '모험주의적', '종파주의적'(콜브 일파 참조)인 '무모한' 선언에 현혹되었음에 틀림없다.

| 1915년 말에 집필

1924년《프롤레타르샤이 레보츠시아*Proletarshay Revotutsia*》

5호에 처음 발표

옮긴이 후기

이 책은 구소련에서 펴낸 프로그레스판 레닌 전집(총 45권) 21권을 번역한 것이다. 1915년 7월부터 같은 해 12월까지 씌어진 글들이 이 책에 수록되었으며, 대본의 다른 글들은 58권과 59권에 수록되었다.

이 전집 58권, 59권, 60권에 수록된 글들은 아주 특별하고 중요한 위치를 점하고 있다. 레닌의 주요 저작들 어느 하나 중요치 않은 것이 없지만, 특히 이 글들은 말 그대로 '진수', 레닌의 비타협적인 혁명적 투쟁의 진수를 담고 있다. 1914년 제국주의 전쟁을 거치면서 새롭게 정립되는 세계 프롤레타리아 혁명 전략·전술의 기본 얼개가 이 글들을 통해 만들어지고 있기 때문이다.

58권에 수록된 「전쟁과 러시아 사회민주주의」, 「사회주의 인터내셔널의 현황과 임무」, 59권에 수록된 「남의 깃발을 내걸고」, 「러시아 사회민주노동당 재외지부 회의」, 「제2인터내셔널의 붕괴」, 「제국주의 전쟁에서 자국 정부의 패배」에 이어 이 책에 실린 「평화 문제」, 「사회주의와 전쟁」, 「유럽합중국 슬로건에 대하여」, 「러시아의 패배와 혁명적 위기」, 「혁명의 두 가지 방향에 대하여」, 「기회주의와 제2인터내셔널의 붕괴」와 같은 글들이 바로 이 시기에 레닌이 정립해가고 있던 '제국주의 전쟁 타도/프롤레타리아 혁명'을 위한 강령·전술의 골격을 이루는 글들이다(피와 살을 붙인 완성판으로 말하면 내리 65권까지 봐야 하지만, 이 '골격'을 통해 기본 윤곽은 다 볼 수 있다).

『공산당 선언』에서 말하는 것처럼, 노동자에게는 조국이 없다고 외치며 프롤레타리아 혁명을 내걸었던 '사회주의자들'이, 그것도 제국주의 전쟁을 앞두고 이 전쟁이 야기하는 경제적·정치적 위기를 이용하여 자본주의의 붕괴를 앞당기는 투쟁을 하자고 함께 결의한 '사회주의자들'이 막상 전쟁이 터지자 '조국 방위'를 내걸고 노동자들을 전장으로 내몰아 서로를 향해 총을 발사하게 한다면, 어찌할 것인가? 함께 결의한 사회주의자로서는, 말할 것도 없이 이것은 결의를 배반한 것이고, 프롤레타리아 혁명과 국제주의의 대의를 짓밟고 계급을 배신하여 '자'국 부르주아지의 편으로 탈주한 것으로 규정할 것이고, 전시하에서 이 배반에 대한 투쟁을 계속해나갈 것이라는 것은 충분히 예상되는 일이다.

그런데 이 노골적인 조국 방위주의자들에 대해서는, 프롤레타리아 혁명도 내놓고 폐기해버렸으니 그렇게 '투명하게' 규정하고 싸우면 된다지만, 다음과 같은 경우는 어떠한가? 즉 말로는 '조국 방위'를 비난하고 국제주의를 옹호하면서도, '반전 평화'라는 이름으로 일단 전쟁에서 벗어나는 것이 가장 중요하다며 사실상 프롤레타리아 혁명의 당면 현실성을 부정하는 '사회주의적' 평화주의자들 말이다.

이에 대한 레닌의 대답은 한마디로 전쟁 반대 투쟁과 프롤레타리아 혁명을 위한 투쟁은 분리될 수 없다는 것, 프롤레타리아 혁명과 결부되지 않은 반전 강령/평화 요구는 '조국 방위'와 사회배외주의로 전락할 수밖에 없다는 것이다.

레닌은 "전쟁은 다른 수단(폭력)에 의한 정치의 계속"이라는 클라우제비츠의 말을 인용하곤 하는데, 말하자면 제국주의적 부르주아지/교전국 각국의 지배계급은 전쟁이라는 수단을 통해 기존의 제국주의 정치를 계속하고 있다는 것이다. 그리고 이 제국주의 정치는 국가 간의 정치만이 아니라 국내 정치, 대(對) 노동자·인민 정치도 의당 포함되는 것이다. 민족주의와 애국주의, 배외주의의 태풍으로 국내적 소요와 반란과 계급투쟁의 기운을 잠재우고, 나아가 자발적으로 '계급휴전' 선언을 유도하고, 그리하여 '자'국 지배계급에 대한 지지와 노자협조를 끌어낸다. 이와 같이 전쟁 중에도, 아니 전쟁을 수단으로 하여 지배계급의 정치는 멈추지 않고 계속 작동하며, 나아가 강렬히 작동한다. 이에 반해 노동계급 운동의 정치는 어떠한가? 노동계급 운동은 전쟁이 터졌다고, 전시라는 이유로,

하던 것을 다 멈추고, 계급투쟁 정치, 프롤레타리아 혁명 정치를 멈추고, 전쟁에 대한 안티 테제로서 오로지 '평화'만을 내걸고 싸우겠다면, 이것은 어떠한가? 이것이 가능하기는 한가?

레닌은 이것이 가능하지도 않거니와, 이런 '투쟁 방향', 이런 '슬로건'은 조국 방위론자들과 사회배외주의자들도 찬성하는, 심지어 "조프르 원수와 힌덴부르크 장군, 그리고 피로 물든 차르 황실에 이르기까지 모든 사람이 무조건적으로 찬성하는" 슬로건으로, 그것이 갖는 객관적인 의의는 오직 노동자들을 프롤레타리아 혁명으로부터 유리시키는 데 복무하는 전술이라는 점에 있다고 규정한다. 그 대신 레닌은 '내란' 슬로건과 '혁명적 패전주의' 전술을 제출한다. 전쟁을 끝장내고 평화를 가져오기 위해서라도 프롤레타리아 혁명으로 나아가야 하고, 이를 위해 '제국주의 전쟁의 내란으로의 전화'와 '자국 정부의 패전'을 촉진하는 투쟁을 전개해야 한다는 것이다.

실제로 레닌이 이 글들을 쓰고 있던 당시 제국주의 전쟁에서 어떠한 반전 강령·전술도, 어떠한 평화 요구도 프롤레타리아 혁명과 결부되지 않으면, '조국 방위(조국 옹호)'와 사회배외주의로 전락할 수밖에 없었다. 전쟁이 경과하면서 폭로된 핵심 교훈 중 하나다.

제2인터내셔널의 다수파인 사회배외주의적 우파 및 카우츠키 중앙파에 대립했던 좌파 일부가 내걸었던 '무병합의 민주주의적 평화' 슬로건을 보자. 당시 반전 투쟁에서 주류를 점한 이 슬로건에 깔려 있는 가정은, 조만간 대중은 유혈참상을 중지시켜야 할 필요성을 통감하여 평화 슬로건 아래로 모일 것이고, 그렇게 되면 사회주의자가 전 인민적 반전운동의 선두에 서서 이 운동을 혁명 쪽으로 이끌고 갈 수 있을 것이라는 논리다. 필연적으로 평화가 혁명의 길을 개척할 것이라는 논리에 기초한, 이러한 '평화를 통해 혁명으로!'라는 반전 프로그램은 사실상 프롤레타리아 혁명의 당면 현실성을 인정하지 않는 강령이며, 따라서 '제국주의 전쟁의 내란으로의 전화'와 '자국 정부의 패전을 촉진하는 투쟁'에 반대하는 강령이었다. 일단 '모든 사람을 결합시킬 수 있는 슬로건으로서 '평화' 요구 투쟁을 통해 먼저 대중을 결집시키는 것이 중요하기 때문에 처음부터 '내란 전화'와 '혁명적 패전주의'를 내거는 것은 대중과 유리된 모험주의이며 정세에 맞지 않는 환상이라는 것이다.

그러나 이 '민주주의적 평화' 슬로건에 대해서는 카우츠키파 같은 조국 방위론자들과 심지어 사회배외주의자들조차도 반대하지 않았다. 그 슬로건이 사실상 '조국 방위'와 사회배외주의를 공격하는 슬로건이 아니라는 것, 나아가 그 슬로건이 프롤레타리아 혁명을 위한 '내란'과 '혁명적 패전주의'에 대한 반대를 내포하는 슬로건이라는 것을 이들이 잘 알고 있었기 때문이다. '민주주의적 평화' 슬로건의 주창자들은 말로는 '조국 방위'와 사회배외주의를 비난했지만, 실제로는 그들과의 투쟁이 아니라 '사회주의자의 단결'이라는 이름으로 대동단결을 추구했다.

제국주의 전쟁에서 나타나는 모든 '조국 방위'를 거부하고 '자'국 정부의 패배와 전쟁의 내란으로의 전화를 위해 투쟁한다는, 철저한 제국주의 전쟁 타도 강령을 내세운 레닌은 처음에 사회주의 운동 내 극소수파로서 투쟁하지 않으면 안 되었다. 당시 독일 당내 좌파로서 제국주의 전쟁을 일관되게 반대해온 리프크네히트와 로자 룩셈부르크, 체트킨, 메링 등도 '내란'과 '패전' 슬로건을 지지하지 않았고, 볼셰비키 내에서도 일부의 반대에 부딪혔을 정도다. 전체적으로 볼 때 기존 제2인터내셔널의 좌파 내에서도 소수에 처했던 것이다.

말로만이 아니라 실제로, 행동으로 '조국 옹호', '조국 방위'를 거부한다는 것은 이와 같이 처음에 극소수파를 불사해야 할 만큼 쉬운 것이 아니었다. 레닌은 개전 후 2년 넘게 지난 1916년 12월, 「전쟁 문제와 관련한 원칙」에서 이렇게 밝히고 있다.

우리는 이미 몇몇 교전국의 경험을 통해 이제 현 전쟁에서 조국 방위(옹호)를 거부하는 것이 사실상 무엇을 의미하는지를 명확히 인식하고 있다. 그것은 현대 부르주아 사회의 모든 기초를 부인하는 것, 그리고 이론상으로 '일반적'일 뿐만 아니라 실천상 직접적으로 지금 곧 현대의 사회체제를 뿌리째 뽑아낸다는 것을 의미한다. 이것은, 우리가 자본주의는 이미 사회주의로 전화하기에 충분할 만큼 성숙했다는 아주 확고한 이론상의 확신에 도달했을 뿐만 아니라, 이 사회주의 혁명을 실천상으로도 곧바로 직접 실현시킬 수 있다고 인정할 수 있는 경우에만 실행 가능하다는 사실은 명백하지 않은가? 그러나 조국 방위 거부를 얘기할 때마다 이에 대해서는 거의 언제나 간과되어왔다. 고작 자본주의는 사회주의로 전화할 만큼 이미 성숙했다고 인정하는 데에 동의할 뿐, 직접적으로 다가온 사회주의 혁명의 정신에 따라 당 활동 전체를 당장 근본적으로 변화시켜야 한다는 사실, 이것에 대해서는 귀를 기울이려고 하지 않았던 것이다.

여기에는 '조국 방위'에 대한 거부와 그것의 정치적·전술적 슬로건인 '제국주의 전쟁의 내란으로의 전화!' 및 '제국주의 전쟁에서 자국 정부의 패배!'가 실제로 무엇을 의미하는지, 나아가 이 슬로건하에서 정말 투쟁하려고 한다면 어떠한 혁명투쟁의 실천적 임무를 수행하지 않으면 안 되는지가 잘 표현되어 있다. 좌파 내 다수를 이룬 사회주의적 평화주의자들이 말로는 '조국 방위'를 거부하고 반대하면서도 실제로는 조국 방위파와 대동단결하려고 한 것은, 이와 같이 사회주의 혁명을 실천상으로도 곧바로 직접 실현시킬 수 있다는 것을 인정하려 하지 않았기 때문이다.

끝으로, 이렇게 처음에 극소수파였지만, 나중에 레닌이 말한 것처럼 "그러나 실제로는 우리가 말한 대로 되었다.""제국주의 전쟁을 내란으로 전화시키자는 우리의 주장은 1917년 10월 25일에 이르러 기정사실이 되었다."

2017년 6월

옮긴이

찾아보기

294, 297

카우츠키 _12, 27, 41~3, 49~52,
　54~5, 70~2, 75~7, 83, 94,
　132, 151, 154, 191, 195,
　198~9, 203, 207~9, 213,
　215~27, 244, 248~9, 268,
　294, 301, 306~7, 310, 313~9
콜브 _268~9, 301, 316, 319, 324
크로포트킨 _62, 150~1
크바르크 _9~10, 12
키치너 _16

트로츠키 _11, 51, 93~7, 261~3,
　286, 290
트룰스트라 _78, 309

파네쿡 _15, 51, 315
《포어베르츠》_10, 286
《프로이센 연보》_82, 311~2
플레하노프 _38, 43, 50, 54,
　69, 71~2, 83, 92~3, 95~6,
　117, 132~3, 144~5, 147,
　150~1, 153, 191, 198~9,

208~9, 235, 247, 249, 255~7,
　259~60, 268~9, 284~6,
　290~1, 294, 307, 322

하이네 _69, 71, 76, 301, 316,
　319
하인드먼 _12, 80, 117, 198, 247,
　315, 319
호르터 _51, 315
힌덴부르크 _12, 16, 22, 76,
　268, 328

사회주의와 전쟁　　　060　레닌
　　　　　　　　　　　　　　　전집

Владимир
Ильич
Ленин

1판 1쇄 발행 2017년 7월 31일

지은이 블라디미르 일리치 레닌
옮긴이 양효식
펴낸이 김찬

펴낸곳 도서출판 아고라
출판등록 제2005-8호(2005년 2월 22일)
주소 경기도 파주시 가온로 256 1101동 302호
전화 031-948-0510
팩스 031-948-4018

ⓒ아고라, 2017
ISBN 978-89-92055-62-8 04300
ISBN 978-89-92055-59-8 04300세트

이 책은 허형옥 디자이너, 물질과 비물질,
대현지류, HEP프로세서, 더나이스, 경일제책
노동자들의 노동을 통해 만들어졌습니다.
또한 편집과 제작비 마련 과정에서 레닌북클럽
회원들의 도움을 받았습니다.

* 책값은 뒤표지에 있습니다.
* 레닌북클럽:
facebook.com/groups/leninbookclub